西潮與新潮

蔣夢麟 著

從清末動盪、民國分裂到抗戰歲月
蔣夢麟筆下的中國如何走向民族復興之路

「青年們,不要想找萬靈丹啊!
因為世界上是沒有服了能使百病消散的萬靈丹的。
我們要眼看天、腳踏地,看得遠、站得穩,一步一步地前進、再前進!」

從外來「西潮」到內生「新潮」,
蔣夢麟以個人經驗見證中國在百年動盪中的改革!

目 錄

西潮

英文版序

前言　邊城昆明

第一部　清朝末年

　　第一章　西風東漸 …………………………………… 016
　　第二章　鄉村生活 …………………………………… 019
　　第三章　童年教育 …………………………………… 033
　　第四章　家庭影響 …………………………………… 041
　　第五章　山雨欲來風滿樓 …………………………… 045
　　第六章　繼續就學 …………………………………… 056
　　第七章　參加郡試 …………………………………… 064
　　第八章　西化運動 …………………………………… 070

第二部　留美時期

　　第九章　負笈西行 …………………………………… 078
　　第十章　美國華埠 …………………………………… 091
　　第十一章　紐約生活 ………………………………… 098

第三部　民國初年

第十二章　急遽變化 …………………………… 104
第十三章　軍閥割據 …………………………… 118
第十四章　知識分子的覺醒 …………………… 122
第十五章　北京大學和學生運動 ……………… 127
第十六章　擾攘不安的歲月 …………………… 140

第四部　國家統一

第十七章　憲政的試驗 ………………………… 148
第十八章　中山先生之逝世 …………………… 152
第十九章　反軍閥運動 ………………………… 156
第二十章　國民黨之出掌政權 ………………… 162

第五部　中國生活面面觀

第二十一章　陋規制度 ………………………… 170
第二十二章　社會組織和社會進步 …………… 178
第二十三章　迷人的北京 ……………………… 183
第二十四章　杭州、南京、上海、北京 ……… 189

第六部　抗戰時期

第二十五章　東北與朝鮮 ……………………… 198
第二十六章　戰雲密布 ………………………… 206
第二十七章　抗戰初期 ………………………… 215

第二十八章　戰時的長沙 ·· 221

第二十九章　日軍入侵前夕之越南與緬甸 ······················ 225

第三十章　大學逃難 ··· 228

第三十一章　戰時之昆明 ·· 232

第七部　現代世界中的中國

第三十二章　中國與日本 —— 談敵我之短長 ················ 238

第三十三章　敵機轟炸中談中國文化 ······························ 247

第三十四章　二次大戰期間看現代文化 ·························· 271

新潮

引言

第一章　轟轟烈烈的土地改革 ··· 287

第二章　改革方案的施行 ·· 295

第三章　土地問題 ·· 300

第四章　大後方的民眾生活 ·· 306

第五章　中國文化 ·· 314

目錄

西潮

■ 西潮

英文版序

《西潮》裡所談的是中國過去100年間所發生的故事，從1842年香港割讓造成1941年珍珠港事變止，尤其著重後50年間的事。一個世紀是相當長的一段時間，但是在4,000多年的中國歷史裡，卻只是短暫的一個片段，幾乎不到四十分之一。不過中國在這段短短的時間內所經歷的變遷，在她悠久的生命史上卻是空前的，而且更大規模的變化還正在醞釀中。

自從盧溝橋的槍聲劃破長空，中國的局勢已經引起全世界人士的注意。國軍在淞滬、臺兒莊以及長沙的英勇戰績，已經贏得全球中國友人的同情與欽敬。在未來的歲月中，中國勢將在國際舞臺上擔任眾所矚目的角色。這些年來，愛護中國的人士未免把她估計得太高，不了解中國的人士則又把她估計得太低。無論估計過高或過低，對中國的關切是一致的；而她幾乎孤立無援地苦戰八年之久，也是無可否認的事實。在這漫長痛苦的八年中，她與具有優越的武器、嚴密的組織以及宗教的愛國狂熱的強敵相周旋，愈戰愈奮，始終不屈。

不論是本身的努力，或者友邦的援助，都不能使中國在旦夕之間達到現代工業化民主國家的水準；但是她的敵人也不可能在幾年之內，甚至幾百年之內，滅亡她。在未來的歲月中，中國將是舉世人士注意力的焦點，因為未來的和平與中國之能否臻於富強是息息相關的。

中國怎樣才能臻於富強呢？這個問題必須由她自己單獨來解決。友邦的密切合作固然可以加速她的成功，但是她必須獨立擔負起使自己成為世界和平支柱的責任。

中國既不是一個天神般萬能的國家,也不是一個低能的毫無作為的國家。她是一群有感情、有思想的凡人結合而成的國家。他們有愛、有恨;有美、有醜;有善、有惡;有成就、有失敗;有時充滿希望,有時陷於絕望。他們只是一群平平常常的人,世界人士不能對他們有分外的要求和期望。中國沒有解決一切困難的萬應靈丹,也沒有隨心所欲脫胎換骨的魔術。如果她已經有所成就的話,那也是平時以汗、戰時以血換來的。

如果有人問:「中國的問題究竟在哪裡?」作者只能答覆:中國正有無數的問題等待四億五千萬人民去解決,而且不是任何人短時間內所能解決的。有些問題是企圖征服她的敵人造成的,有些則是蛻變過程中她本身所製造的;另有一些問題是客觀環境引起的,也有一些問題則是歷史的包袱,有一些比較困難的問題已經在戰前幾年內解決,或者區域性解決,更有許多問題則尚待分別緩急,逐一解決。

回顧作者身經目睹的過去50年,以及作者所熟悉的過去100年,甚至追溯到作者所研習過的中國的悠久歷史,作者已經就其所知探求出若干問題的線索,有些問題深深植根於過去,有些則由急遽的變化所引起。作者已經力求平直客觀地陳述中國過去所發生的變遷,尤其是過去50年內所發生的事情。對於願意與中國合作,共同解決妨礙持久和平的若干問題的國際友人,本書或可提供一點數據,幫助他們了解中國人民的生活與問題。合作是勉強不來的,必須彼此相互了解,然後才能合作。欲謀持久的合作,必須先對一國的真實背景有所了解,包括心理、情感,以及道德等各方面。

因此,作者對於日常瑣事也往往不厭其詳地加以描寫,希望藉此使

英文版序

讀者對中國人民在戰時與平時所反映的心理、情感和道德等,能有比較親切的認識,日常瑣事往往可以反映一個國家的重大變遷,希望讀者多少能從作者所記述的身邊瑣事中,發現重大史實的意義。

蔣夢麟

1943 年於重慶

■ 西潮

前言　邊城昆明

　　炸彈像冰雹一樣從天空掉下，在我們周圍爆炸，處身在這樣的一次世界大動亂中，我們不禁要問：這些可怕的事情究竟為什麼會發生呢？

　　過去幾十年內世界上所發生的事情自然不是從天上掉下來的。任何事情都有它的起因。本書的大部分是二次大戰將結束時在昆明寫的，當我們暫時忘掉現實環境而陷入沉思時，我常常發現一件事情如何導致另一件事情，以及相伴而生的政治、社會變化。昆明是滇緬公路的終點，俯瞰著平靜的昆明湖，城中到處是敵機轟炸後的斷垣殘壁，很像龐貝古城的遺跡。我在這邊城裡冥想過去的一切，生平所經歷的事情像夢境一樣一幕一幕地展現在眼前；於是我檢出紙筆，記下了過去半世紀中我親眼目睹的生活中的急遽變化。

　　當我開始寫《西潮》的故事時，載運軍火的卡車正從緬甸源源駛抵昆明，以「飛虎隊」聞名於世的美國志願航空隊戰鬥機在我們頭上掠過。發國難財的商人和以「帶黃魚」起家的卡車司機徜徉街頭，口袋裡裝滿了鈔票。物價則一日三跳，有如脫韁的野馬。

　　一位英國朋友對西南聯大的一位教授說，我們應該在戰事初起就好好控制物價。這位教授帶點幽默地回答說：「是呀！等下一次戰爭時，我們大概就不會這樣笨了。」這位教授說，如果他有資本，他或許早已學一位古希臘哲學家的榜樣了。據說那位希臘哲學家預料橄欖將歉收而囤積了一大批橄欖，後來橄欖果然收成不好，這位哲學家也就發了大財。可惜我們的教授沒有資本，也沒有那種未卜先知的本領，而且他的愛國心也不容許他幹損人利己的勾當。

珍珠港事變以後，同盟國家節節失利。香港、馬來聯邦和新加坡相繼陷落，敵軍繼續向緬甸推進。中國趕派軍隊馳援印緬戰區，經激戰後撤至緬北的叢林澤地，有時還不得不靠香蕉樹根充飢。尤其使他們寢食難安的是從樹上落到他們身上的水蛭，這些吸血鬼鑽到你的皮下，不動聲色地吸走了你的血液。你如果想用刀把它拉出來，它就老實不客氣地連肉帶血銜走一口。對付這些吸血鬼最好的辦法是在它們身上擦鹽，但是在叢林裡卻又找不到鹽。在這種環境下，唯一的辦法是用手死勁去拍，拍得它們放口為止。

成千成萬的緬甸華僑沿著滇緬公路撤退回中國。敵機沿途轟炸他們，用機槍掃射他們，三千婦孺老幼就這樣慘死在途中。難民像潮水一樣沿滇緬公路湧入昆明。街頭擁滿了家破人亡的苦難人民，許多公共建築被指定為臨時收容所。經過兩三個月以後，他們才逐漸疏散到鄰近省分；許多人則直接回到福建和廣東老家。

8萬左右農民以及男女老幼胼手胝足建築成功的滇緬公路現在已經因另一端被切斷而告癱瘓。一度曾為國際交通孔道的昆明現在也成為孤城，旅客只有坐飛機才能去印度。25萬人加工趕築的滇緬鐵路，原來預定12個月內完成，但是部分築成以後也因戰局逆轉而中止了。中國已與世界各地隔絕，敵人從三方包圍著她，只有涓涓滴滴的外來補給靠越過世界駝峰的空運在維持。中國就在這種孤立無援的窘境中堅持到底，寸土必爭，直到戰事結束為止。

我們且把近代歷史暫時擱在一邊，讓我們回顧一下過去，看看能否從歷史中找出一點教訓。

第一部　清朝末年

西潮
第一部　清朝末年

第一章　西風東漸

　　差不多2,000年以前,幾位東方的智者,循著天空一顆巨星的指示,追尋到一個新宗教的誕生地。這個宗教便是基督教。基督教後來在西方國家的生活中占著極其重要的地位。基督教以和平仁愛為宗旨,要求教徒們遇到「有人掌摑你的右頰時,你就把左頰也湊過去」。基督教的教徒經過不斷的磨難和挫折,不顧羅馬猛獅的威脅和異教徒的摧殘迫害,逆來順受,終於在羅馬帝國各民族之間傳播開來了。幾百年之後,它以同樣堅忍的精神慢慢地流傳到中國。

　　景教徒在唐朝(618-907)時來到中國,唐室君主曾為他們建造了景教寺,但是景教徒的傳教成績卻很有限。再過了幾百年,在17世紀中葉,耶穌會教士帶著西方的天文學來到中國,終於得到明朝(1368-1644)皇帝的垂青。

　　在這同時,活力旺盛的西方民族,不但接受了新興的基督教,而且發展了科學,完成了許許多多的發明,為近代的工業革命奠立了基礎。科學和發明漸漸流傳到了東方,先是涓涓滴滴地流注,接著匯為川流江濤,最後成為排山倒海的狂潮巨浪,氾濫整個東方,而且幾乎把中國沖塌了。

　　中國人與基督教或任何其他宗教一向沒有什麼糾紛,不過到了19世紀中葉,基督教與以兵艦做靠山的商業行為結了夥,因而在中國人心目中,這個宣揚愛人如己的宗教也就成為侵略者的工具了。人們發現一種宗教與武力形影不離時,對這種宗教的印象自然就不同了,而且中國人也實在無法不把基督教和武力脅迫相提並論。慢慢地人們產生了一種印象,認為如來佛是騎著白象到中國的,耶穌基督卻是騎在砲彈上飛過來的。

第一章　西風東漸

　　我們吃過砲彈的苦頭，因而也就對砲彈發生興趣。一旦我們學會製造砲彈，報仇雪恥的機會就來了。我們可以暫時不管這些砲彈是怎麼來的，因為對我們這些凡夫俗子而言，保全性命畢竟比拯救靈魂來得重要。

　　歷史的發展真是離奇莫測。我們從研究砲彈而研究到機械發明；機械發明而導致政治改革；由於政治改革的需要，我們開始研究政治理論；政治理論又使我們再度接觸西方的哲學。在另一方面，我們從機械發明而發現科學，由科學進而了解科學方法和科學思想。一步一步地我們離砲彈越來越遠了，但是從另一角度來看，也可以說離砲彈越來越近了。

　　故事說得很長，但是都是在短短 100 年之內發生的，而且緊張熱烈的部分還不過 50 年的樣子。我說 100 年，因為香港本來可以在 1942 年慶祝香港成為英國占有的 100 週年紀念，但是這也是歷史上偶然的一件事，英國的舊盟邦日本卻在前一年以閃擊方式把香港搶走了。我提到香港，絕不是有意挖舊瘡疤，而是因為香港在中國歐化的早期歷史中，恰恰是現成的里程碑。大家都知道，香港這群小島是中國在所謂「鴉片戰爭」中失敗以後在 1842 年割讓給英國的。這次戰爭的起因是中國繼禁止鴉片進口之後，又在廣州焚毀大批鴉片。鴉片是英國由印度輸出的主要貨物，於是英國就以砲彈回敬中國，中國被擊敗了。

　　1842 年的中英條約同時規定中國的五個沿海城市開放為商埠。這就是所謂「五口通商」。大批西方商品隨著潮湧而至。這五個商埠以差不多相似的距離散布在比較繁盛的中國南半部，為中國造成了與外來勢力接觸的新邊疆。過去中國只有北方和西北那樣的內陸邊疆，現在中國的地圖起了變化，這轉變正是中國歷史的轉捩點。

　　這五個商埠——廣州、廈門、福州、寧波和上海——由南向北互

相銜接，成為西方貨品的集散地，舶來品由這五個口岸轉銷中國最富有的珠江流域和長江流域各地。

西方商人在兵艦支持之下像章魚一樣盤踞著這些口岸，同時把觸鬚伸展到內地的富庶省分。中國本身對於這些滲透並不自覺，對於必然產生的後果更茫無所知。億萬人民依舊悠然自得地過著日子，像過去一樣過他們從搖籃到墳墓的生活，從沒想到在現代的工作上下工夫。一部分人則毫不經心地開始採用外國貨，有的是為了實用，有的是為了享受，另一些人則純然為了好奇。

但是，西方列強的兵艦政策不但帶來了貨品和鴉片，同時也帶來了西方科學文化的種子。這在當時是看不出來的，但是後來這些種子終於發芽滋長，使中國厚蒙其利——這也是歷史上的一大諷刺。

這時候，日本也正以一日千里之勢向歐化的途程邁進，中國對此卻毫無所覺。半世紀以後，這個蕞爾島國突然在東海搖身一變，形成一個碩大的怪物，並且在1894年出其不意地咬了東亞睡獅一大口。中國繼香港之後，又丟了臺灣。這隻東亞睡獅這時可真有點感到疼痛了，茫茫然揉著惺忪的睡眼，不知道究竟是什麼擾了它的清夢。

我原先的計畫只是想寫下我對中國的所見所感，但是當我讓這些心目中的景象一一展布在紙上時，我所寫下的可就有點像自傳，有點像回憶錄，也有點像近代史。不管它像什麼，它記錄了我心目中不可磨滅的景象，這些景象歷歷如繪地浮現在我的腦際，一如隔昨才發生的經歷。在急遽遞嬗的歷史中，我自覺只是時代巨輪上一顆小輪齒而已。

第二章　鄉村生活

　　我出生在一個小村莊裡的小康之家。兄弟姊妹五人，我是最小的一個，三位哥哥，一位姊姊。我出生的前夕，我父親夢到一隻熊到家裡來，據說那是生男孩的徵兆。第二天，這個吉兆應驗了，託庇祖先在天之靈，我們家又添了一個兒子。

　　我大哥出生時，父親曾經夢到收到一束蘭花，因此我大哥就取名夢蘭。我二哥也以同樣的原因取名為夢桃。不用說，我自然取名為夢熊了。姊姊和三哥誕生時，父親卻沒有夢到什麼。後來在我進浙江高等學堂時，為了先前的學校裡鬧了事，夢熊這個名字入了黑名單，於是就改為夢麟了。

　　我出生在戰亂頻仍的時代裡。我出生的那一年，英國從中國拿走了對緬甸的宗主權；出生的前一年恰恰是中法戰爭結束的一年，中國對越南的宗主權就在那一年讓渡法國。中國把宗主權一再割讓，正是外國列強進一步侵略中國本土的序幕，因為中國之保有屬國，完全是拿它們當緩衝地帶，而不是為了剝削它們。中國從來不干涉這些邊緣國家的內政。

　　這情形很像一隻橘子，橘皮被剝去以後，微生物就開始往橘子內部侵蝕了。但是中國百姓卻懵然不覺，西南邊疆的戰爭隔得太遠了，它們不過是浩瀚的海洋上的一陣泡沫。鄉村裡的人更毫不關心，他們一向與外界隔絕，談狐說鬼的故事比這些軍國大事更能引起他們的興趣。但是中國的國防軍力的一部分卻就是從這些對戰爭不感興趣的鄉村徵募而來的。

　　我慢慢懂得一些人情世故之後，我注意到村裡的人講起太平天國革命的故事時，卻比談當前國家大事起勁多了。我們鄉間呼太平軍為「長毛」，因為他們蓄髮不剃頭。凡聽到有變亂的事，一概稱之為「長毛造

反」。大約在我出生的30年前，我們村莊的一角曾經被太平軍破壞。一位木匠出身的蔣氏族長就參加過太平軍。人們說他當過長毛的，他自己也直認不諱。他告訴我們許多太平軍擄掠殺戮煮吃人肉的故事，許多還是他自己親身參加的。我看他的雙目發出一種怪光，我父親說，這是因為吃人肉的緣故。我聽了這些恐怖的故事，常常為之毛骨悚然。這位族長說，太平軍裡每天要做禱告感謝天父天兄（上帝和耶穌）。有一天做禱告以後，想要討好一位老長毛，就說了幾句「天父夾天兄，長毛奪咸豐」一套吉利話。老長毛點頭稱許他。他抖了，就繼續念道「天下打不通，仍舊還咸豐」。「媽」的一聲，刀光一閃，從他頭上掠過。從此以後，他不敢再和老長毛開玩笑了。

這樣關於長毛的故事，大家都歡喜講，歡喜聽。但是村裡的人只有偶然才提到近年來的國際戰爭，而且漠不關心。其間還有些怪誕不經的勝利，後來想起來可憐亦復可笑。事實上，中國軍隊固然在某些戰役上有過良好的表現，結果卻總是一敗塗地的。

現代發明的鋒芒還沒有到達鄉村，因而這些鄉村也就像五百年前一樣保守、原始、寧靜。但是鄉下人卻不閒，農人忙著耕耘、播種、收穫；漁人得在運河裡撒網捕魚；女人得紡織縫補；商人忙著買賣；工匠忙著製作精巧的成品；讀書人則高聲誦讀，默記四書五經，然後參加科舉。

中國有成千上萬這樣的村落，因為地形或氣候的關係，村莊大小和生活習慣可能稍有不同，但是使他們聚居一起的傳統、家族關係，和行業卻大致相同。共同的文字、共同的生活理想、共同的文化和共同的科舉制度則使整個國家結為一體而成為大家所知道的中華帝國（我們現在稱「中華民國」，在辛亥革命以前，歐美人稱我們為「中華帝國」）。

以上所說的那些成千上萬的村莊，加上大城市和商業中心，使全國

第二章　鄉村生活

所需要的糧食、貨品、學人、士兵，以及政府的大小官吏供應無缺。只要這些村鎮城市不接觸現代文明，中國就可以一直原封不動。如果中國能在通商口岸四周築起高牆，中國也可能再經幾百年而一成不變。但是西洋潮流卻不肯限於幾個通商口岸。這個潮流先衝擊著附近的地區，然後循著河道和公路向外伸展。五個商埠附近的，以及交通線附近的村鎮首先被沖倒。現代文明像是移植過來的樹木，很快地就在肥沃的中國土壤上發榮滋長，在短短50年之內就深入中國內地了。

蔣村是散布在錢塘江沿岸沖積平原上的許多村莊之一，村與村之間常是綿延一兩里的繁茂的稻田，錢塘江以風景優美聞名於世，上游有富春江的景色，江口有著名的錢塘江大潮。幾百年來，江水沿岸積留下肥沃的泥土，使兩岸逐步向杭州灣擴伸。居民就在江邊新生地上築起臨時的圍堤截留海水晒鹽。每年的鹽產量相當可觀，足以供應幾百萬人的需要。

經過若干年代以後，江岸再度向前伸展，原來晒鹽的地方鹽分漸漸消失淨盡，於是居民就在離江相當遠的地方築起堤防，保護漸趨乾燥的土地，準備在上面蓄草放牧。再過一段長時期以後，這塊土地上面就可以植棉或種桑了。要把這種土地改為稻田，也許要再過50年。因為種稻需要大量的水，而挖池塘築圳渠來灌溉稻田是需要相當的時間的，同時土地本身也需要相當時間才能慢慢變為沃土。

我童年時代的蔣村，離杭州灣約有20里之遙。圍繞著它的還有無數的村莊。大大小小，四面八方都有，往南一直到山麓，往北到海邊，往東往西則有較大的城鎮和都市，中間有旱道或河汊相通。蔣氏族譜告訴我們，我們的祖先是從徽州遷到奉化暫駐，又從奉化遷到餘姚。徽州是錢塘江的發源地，我們的祖先到餘姚來，可能就是為了開墾江邊的新生

西潮
第一部　清朝末年

地。在我幼年時，我們蔣氏家廟的前面還有古堤岸的遺跡，那家廟叫做「四勿祠」，奉祠宋朝當過御史的一位祖先，他是奉化人，名叫蔣峴。然而一般人卻慣叫「陡塘廟」，因為幾百年前，廟前橫著一條堤塘。

讀者或許要問：什麼叫「四勿」呢？那就是《論語》裡的「非禮勿視，非禮勿聽，非禮勿言，非禮勿動」四句話。我們玩具店裡所看到的三隻猴子分別蒙起眼睛、耳朵、嘴巴，就是指這回事。至於為什麼沒有第四隻猴子，因為那三隻猴子坐著不動，就可以代表了。但是我們那位御史公卻把這四勿改為勿欺心，勿負主，勿求田，勿問舍，人稱之為四勿先生。這些自古流傳下來的處世格言是很多的。我們利用一切可能的方法，諸如寺廟、戲院、家庭、玩具、格言、學校、歷史、故事等等，來灌輸道德觀念，使這些觀念成為日常生活中的習慣。以道德規範約束人民生活是中國社會得以穩定的理由之一。

幾千年以來，中國的人口從北方漸漸擴展到南方，先到長江流域，繼至珠江流域，最後到了西南山區。中華民族一再南遷的理由很多，南方土地肥沃、塞外好戰部落入侵，以及人口的自然繁殖都有關係，且從宋朝以後，黃河一再氾濫，更使人們想念江南樂土。我的祖先在早期就由北而南，由南而東，最後終於在杭州灣沿岸定居下來。

蔣氏的始祖是3,000多年前受封的一位公子王孫。他的名字叫做百齡，是代周成王攝政的周公的第三個兒子。他在紀元前12世紀末期被封在黃河流域下游的一塊小地方，他的封地叫做蔣，他的子孫也就以蔣為氏了。蔣是茭白古名。那塊封地之所以定名為蔣，可能是那一帶地方茭白生長得特別繁茂的緣故。

在三國時代，也就是西元第三世紀，我們的一位祖先曾在歷史上露了臉。他的名字叫蔣琬，住在長江流域南部的湘鄉，從蜀先主入蜀。諸

第二章　鄉村生活

葛亮稱他是社稷之才。這證明住在長江以南的蔣姓子孫，在三世紀以前就從黃河流域南遷了。從我們的始祖造成現在，所有嫡系子孫的名字，在我們的族譜上都有記錄可考。至於確實到什麼程度，我卻不敢說，因為他們的生平事蹟很少有人知道，考證起來是很困難的。但相傳江南無二蔣，所以我們至少可以說一句：住在長江以南所有姓蔣的都是同宗同支的。究竟可以正確地追溯到多遠，我們可不知道了。不過我們確切知道：住在浙江省境的蔣姓子弟，都在徽州找到了共同的宗脈。

我在宗譜中從遷餘姚的始祖傳到我為第十五世。蔣氏首先定居在我們村裡的是五百多年前來的，那是元朝末年的事。這五百多年之中，兩個朝代是外來民族建立的，一個是漢族自己的王朝，蔣姓一族曾經看到元朝的沒落、明朝和滿清的興衰，以及幾乎推翻滿清的太平天國。朝代更換了，蔣村卻依然故我，人們還是照常地過活、做工，最後入土長眠。

太平軍到了村子裡，村中曾經有幾所房子被焚毀，留在村子裡的老弱有被活活燒死的，有一處大門口殘存的石階上留有紅斑，據傳說是某位老太婆在此燒死時所流的血。大多數的老百姓都逃到山裡躲起來，但是戰事一平定，大家又像蜜蜂回巢一樣回到村裡。在我童年時代，村裡還可以看到兵燹以後留下來的殘垣斷瓦。

村裡的人告訴我，滿洲人推翻明朝的消息，一直到新朝廷的聖旨到了村裡時，大家才知道。清帝聖旨到達村裡時，鄰村還正在演社戲呢！改朝換代以後，族人生活上的唯一改變是強迫留辮子，同時聖旨嚴禁男人再穿明朝式樣的衣服。大家敢怒不敢言，但是死後入殮時，男人還是穿明朝衣冠。因此我們族中流行著一句話：「男投（降）女不投，活投死不投。」就是說男人投降，女人卻不投降；活人投降，死人卻不投降。

西潮
第一部　清朝末年

一些人一直維持這個辦法到1911年清室覆亡、民國建立為止，中間經過250年之久。

我們村上只有60來戶人家，人口約300人，是個很小的村莊。它的三面環繞著河汊，南面是一條石板路，通往鄰近的村莊和城鎮。小河汊可以通到大河，再由大河可以到達杭州、蘇州和上海等大城市。

蔣村雖然小，水陸交通卻很便利。河汊上隨處是石橋，河的兩岸則滿是綠柳垂楊。河中盛產魚、蝦、鱔、鰻、龜、鱉。柳蔭之下，常有人悠閒地在垂釣。耕牛慢慢地踱著方步，繞著轉動牛車，把河水汲到水槽再送到田裡。冬天是連阡穿陌的麥穗，夏天是一片稻海，使人生四季長青之感，麥穗和稻穗隨著微風的吹拂，漾起一片漣漪，燕子就在綠波之上的藍空中穿梭翱翔。老鷹忽高忽低地繞村迴旋著，乘老母雞不備的時候就俯衝而下，攫走小雞。

這就是我童年時代的背景，也是我家族的環境。他們安安定定地在那裡生活了500多年，他們很少碰到水災或旱災，在這漫長的幾百年中也不過遇上一兩次的變亂和戰爭。他們和平而滿足地生活在他們自己的世界裡，貧富之間也沒有太大的差別。富饒的稻穀、棉花、蠶絲、魚蝦、雞鴨、蔬菜使人們豐衣足食。

幾百年來，不論朝代如何更換，不論是太平盛世或戰禍頻仍，中國鄉村的道德、信仰和風俗習慣卻始終不變。鄉下人覺得這個世界已經很不錯，不必再求進步。生命本身也許很短暫，但是投胎轉世時可能有更大的幸福。人死以後，據說靈魂就離開肉體，轉投到初生的嬰兒的身上。我自己就親眼看到過綁赴刑場處決的罪犯，對圍觀的群眾高喊：「十八年以後又是一條好漢！」這是何等的達觀！

我們村子裡的人說：一個壞人或作孽多端的人，死後要轉世為窮人，

或者變馬變豬,甚至靈魂支離割裂,變為蚊蠅小蟲。好人善士的靈魂轉世時則可以享受更高的福祿。這些都是隨佛教而來的印度傳說而被中國道教所採用的。佛教本身,倒不大理會這些事。

善惡當然有公認的標準。「萬惡淫為首,百善孝為先」。孝道使中國家庭制度維繫不墮;貞操則使中國種族保持純淨。敬老憐貧,忠信篤敬也被認為是善行。重利盤剝,奸詐謊騙則列為罪行。斥責惡行時,常罵人來生變豬變犬。

商業往來講究一諾千金。一般而論,大家都忠實可靠。欺詐的人必然受親朋戚友一致的唾棄。

婚姻是由媒妁之言、父母之命決定的。通例是男子二十而娶,女子十八而嫁。妻子死了,丈夫大概都要續絃。中人之家的女人如果死了丈夫,卻照例要守寡。守寡的可憐人算是最貞節的,死後皇帝還要給她們建貞節牌坊。這種牌坊在鄉間到處可以看見的。

村裡的事全由族長來處理,不待外界的干涉。祠堂就是衙門。「族長」不一定是老頭子,也可能是代表族中輩分最高一代的年輕人。族長們有責任監督敬先祭祖的禮儀遵奉不渝,族人中起了爭執時,他們還須負責加以評斷。沒有經過族長評理以前,任何人不許打官司。族長升堂審判叫做「開祠堂門」,全村的人都可以來參觀。祖宗牌位前面點起香燭,使得每個人都覺得祖先在天之靈就在冥冥之中監視似的,在祖先的面前,當事的兩邊不能有半句謊話。一般而論,說老實話的居多。

仲裁者力求做得公平。自然,村中的輿論也是重要因素,還有,鄰村的輿論也得考慮。族長們如果評斷不公,就會玷污了祠堂的名譽。因此,爭執多半在祠堂裡得到公平的解決,大家用不著上衙門打官司。

實際上真需要開祠堂門來解決的事情並不多,因為大家認為開祠堂

門是件大事，只有特別嚴重的案子才需要這麼做。一般的糾紛只是在祠堂前評個理就解決了。

讀書人和紳士在地方上的權威很大。他們參加排難解紛，也參加制定村裡的規矩，他們還與鄰村的士紳成立組織，共同解決糾紛，照顧鄰近村莊的共同福利。

田賦由地主送到離村約二十里的縣庫去，糧吏從來不必到村裡來。老百姓根本不理會官府的存在，這就是所謂天高皇帝遠。

除了崇拜祖先之外，大家要信什麼就信什麼。上佛寺、拜神仙、供關公、祭土地，悉聽尊便。沒有宗教限制，也沒有宗教迫害。你信你的神，我拜我的佛，各不相涉，並且還把各式各樣的神拼在一起大家來拜。這就是通常所稱的「道教」。如果基督徒肯讓基督與中國神祇並供在中國廟宇裡，我相信村裡人一定會像崇拜其他神佛一樣虔敬地崇拜基督。

一般老百姓都是很老實的，人家說什麼，他們就相信。迷信就是在這種背景下產生的，而且像滾雪球一樣越滾越大，幾百年積聚下來的迷信，當然是非常可觀了。

我提到過村裡的人相信靈魂輪迴之說。這似乎與散鬼遊魂之說互相矛盾。不過，凡關於鬼神的事，我們本來是不甚深究的，幾種矛盾的說法可以同時平行。據說靈魂與鬼是兩回事。靈魂轉入輪迴，鬼則飄遊宇宙之間。偉人聖哲的鬼就成了神，永遠存在於冥冥之中，凡夫俗子的鬼則逐漸飄散消逝，最後化為烏有。鬼能夠隨心所欲，隨時隨地出現。它可以住在祠堂裡，也可以住在墳墓裡，高興怎麼樣就怎麼樣。中國不惜巨資建造富麗堂皇的墳墓和宮殿式的祠堂，大概和這些信仰不是沒有關係的。這種鬼話各地皆有，雖各有不同，但大體是一致的。

第二章　鄉村生活

　　中國人對一切事物的看法都不脫人本位的色彩。如果鬼神與活人之間毫無關係或毫無接觸，那麼大家就不會覺得鬼神有什麼用處，或許根本就不會相信它們真的存在。寺廟祠堂裡固然有神佛的塑像，也有祖宗的靈牌，但是這些偶像或木主雖令人望之生畏，卻不能走出神龕直接與生人交談，除非在夢中出現。人們需要更具體更實際的表現，因此就有了巫婆、扶乩和解夢。

　　如果一個人懷念作古了的朋友或去世的親戚，他可以請一位巫婆把鬼魂召了來。當巫婆的多半是遠地來的女人。被召的鬼魂來時，巫婆的耳朵就會連續抽搐三次。普通人是不能控制耳朵的肌肉的，巫婆的耳朵能夠自己動，使得大家相信她的確有鬼神附體。她說話時，壓著喉嚨像貓叫，因此她講的話可以由聽的人隨意附會。如果巫婆在談話中摸清了對方的心思，她的話也就說得更清楚點，往往使聽的人心悅誠服。

　　真也好，假也好，這辦法至少使活著的親戚朋友心裡得點安慰。50年前，我自己就曾經透過巫婆與我故世的母親談話，那種驚心動魄的經歷至今還不能忘記。

　　扶乩可比較高級了，扶乩的人多半是有知識的。兩個人分執一根橫木條的兩端，木條的中央接著一根木棒，木棒就在沙盤裡寫字。神佛或者名人的鬼魂可以被請降壇，寫字賜教。扶乩可以預知未來，可以預言來年的收成，也可以預告饑荒，甚至和平或戰亂，幾乎什麼問題都可以問。完全不會作詩的也能寫出詩來。寫的人也能寫出素昧平生的人的名字。懂一點心理學的人大概都能解釋，這是一種潛意識的作用。但是有好幾位外國留學的博士學士，到如今還是相信扶乩。有一位哈佛大學畢業生，於抗戰期間任鹽務某要職，扶乩報告預言，推測戰局，終被政府革職。

巫婆只能召至去世的親戚朋友的鬼魂，扶乩卻能召喚神佛。在做夢時，鬼魂和神佛都能自動地來託夢。我聽過許多關於做夢應驗的事，但是多半不記得了。我記得一個圓夢的例子是這樣的：我的一位曾叔祖到杭州去應鄉試，俗稱考舉人，他在考棚裡夢到一隻碩大無比的手伸進窗子。因為他從來沒有見過這樣大的手，這個夢就被解釋為他將獨占鰲頭的徵兆。放榜時我的曾叔祖居然中試第一名，俗稱解元。

神佛、死去的親戚朋友或者精靈鬼怪可能由託夢提出希望、請求或者警告。一位死了的母親可能要求她兒子給她修葺墳墓。死了的父親可能向兒子討紙錢。死人下葬時總要燒點紙錢，以備陰間使用。

我們村裡發生過一件事，好幾年以後，大家談起來還是娓娓不倦。一位叫阿義的青年農夫預備用船載穀子進城去。那天早上，他坐在家裡發呆，人家問他為什麼，他說前一晚他死去的母親來託夢，警告他不要靠近水邊。他的游泳技術很高明，他猜不透這個夢究竟是什麼意思。

黃昏時，他安然划著船回家，用竹篙把船攏了岸。他對站在岸上的朋友開玩笑，說他自己的危險總算過去了，說罷還哈哈大笑。突然間他足下一滑就跌進河裡去了。掙扎了一陣子，他就沉入水底。朋友們趕緊潛水去救，但是到處找不到。半小時後他被拖上來了，但是已經手足冰冷，一命嗚呼。原來他跌入河中以後，手足就被水邊一棵陳年老柳的盤根纏住了。

大家說他是被水鬼抓下去的，或許那是一隻以柳樹根作窩的水猴子。好幾個游泳技術很好的人都在那個地方淹死。村裡的人常看到那個「水鬼」在月光下坐在附近的橋上賞月。它一看到有人走近，就撲通一聲鑽到水裡去。

各式各樣無法解釋的現象都使迷信的雪球越滾越大，錯覺、幻象、

第二章　鄉村生活

夢魘、想像、巧合、謠言都是因素。時間更使迷信愈積愈多。

村中的醫藥當然也很原始。我們得走好幾里路才能在大鎮裡找到草藥醫生，俗稱「草頭郎中」。對於通常的病痛或者某些特殊的病症，中藥是很有效的。但是對於許多嚴重的病症，草藥不但無效而且危險。

我自己曾經兩次病得奄奄一息，結果卻都給草藥救起了。有一次病了好幾個月，瘦得只剩皮包骨，結果是一位專精兒科的草藥醫生救了我的命。另一次我染了白喉，請了一位中醫喉科專家來醫治。他用一根細針在我喉頭附近刺了一遍，然後敷上一些白粉。我不知道那是什麼東西，只覺得喉頭涼爽舒服，很像抽過一支薄荷煙的感覺。

喉頭是舒服一點了，病狀卻起了變化。我的扁桃腺腫得像鵝蛋那麼大，兩頰鼓起像氣球。我甚至連流質的食物都無法下嚥。鼻子一直出血不止，最後連呼吸也感到困難了。正在奄奄一息的時候，我父親認為只有「死馬當作活馬醫」了。於是他就在古老的醫書裡翻尋祕方，結果真的找到一劑主治類似症候的方子。我吃了幾服重藥。頭一劑藥就發生驗效，一兩個小時之後，病勢居然大有起色。第二天早晨我的扁桃腺腫消了許多，個把星期以後飲食也恢復正常了。

我曾經親眼目睹跌斷的腿用老法子治好，傷風咳嗽、風溼和眼睛紅腫被草藥治好的例子更是多不勝舉。

中醫很早以前就發現可以從人體採取一種預防天花的「痘苗」，他們用一種草藥塞到病嬰的鼻孔裡，再把這種草藥塞到正常兒童的鼻孔裡時，就可以引起一種比較溫和的病症。這樣「種了痘」的孩子自然不免有死亡，因此我父親寧願讓孩子按現代方法種牛痘。我們兄弟姊妹以及許多親戚的子弟都用現代方法種痘，而且從來沒有出過毛病。

我們村子裡的人不知道怎樣治療瘧疾。我們只好聽它自生自滅地流

西潮
第一部　清朝末年

行幾個禮拜，甚至好幾個月。我們村子附近總算沒有發現惡性瘧疾，患了病的人雖然傷了元氣，倒還沒有人因此致命。後來傳教士和商人從上海帶來奎寧粉，叫做金雞納霜，吃了很有效，於是大家才發現了西藥的妙用。

村裡有些人相信神力可以治病。他們到寺廟裡焚香祝禱，然後在香爐裡取一撮香灰作為治療百病的萬應靈丹。這是一種心理治療，在心理學應用得上的時候，也的確能醫好一些病。

我家的花園裡，每月有每月當令的花，陰曆正月是茶花，二月是杏花，三月是桃花，四月是薔薇，五月是石榴，六月是荷花，七月是鳳仙，八月是桂花，九月是菊花，十月是芙蓉，十一月是水仙，十二月是臘梅。每種花都有特別的花仙做代表。

最受歡迎的季節花是春天的桃花，夏天的荷花，秋天的桂花和菊花。季節到來時，村裡的人就成群結隊出來賞花。

過年過節時，無論男女老幼都可以高興一陣子。最重要的年節，通常從十二月二十三日開始。灶神就在這一天報告這一家一年來的家庭瑣事。

中國人都相信多神主義，在道教裡，眾神之主是玉皇大帝。據說玉皇大帝也有公卿大臣和州官吏卒，和中國的皇帝完全一樣。玉皇大帝派灶神監視家庭事務，因此灶神必須在年終歲尾提出報告。灶神是吃素的，因此在它啟程上天時，大家就預備素齋來祭送。灶神對好事壞事都要報告，因此大家一年到頭都得謹言慎行。送灶神和迎灶神時都要設家宴、燒紙錢、放鞭炮。

除夕時，家家都大雞大肉地慶祝，叫做吃年夜飯。家庭的每一位份子都得參加。如果有人遠行未歸，也得留個空位給他。紅燭高燒到天

明，多數的大人還得守歲，要坐到子夜以後才睡。第二天早晨，也就是正月初一早晨，一家人都要參加拜天地。祭拜時自然又免不了點香燭，焚紙錢和放鞭炮。

新年的慶祝節目之一是燈節，從正月十三開始，一直到正月十八，十八以後年節也就算結束了。燈節時家家戶戶和大街小巷到處張燈結綵。花燈的式樣很多，馬、兔、蝴蝶、蜻蜓、螳螂、蟬、蓮花，應有盡有。我們常常到大城市去看迎神賽會，街上總是人山人海。

五月裡的端午節和八月裡的中秋節也是重要的節日。端午節有龍舟比賽。慶祝中秋節卻比較安靜，也比較富於詩意——吃過晚飯後我們就在月下散步，欣賞團圓滿月中的玉兔在月桂下搗藥。

迎神賽會很普遍，普通有好幾百人參加，沿途圍觀的則有幾千人。這些場合通常總帶點宗教色彩，有時是一位神佛出巡各村莊。神像坐在一乘木雕的裝飾華麗的轎子裡，前面由旌旗華蓋、猛龍怪獸、吹鼓手、踩高蹺的人等等開道前導。

迎神行列經過時，掉獅舞龍就在各村的廣場上舉行。踩高蹺的人，在街頭扮演戲劇中的各種角色。一面一面繡著龍虎獅子的巨幅旗幟，由十來個人舉著遊行，前前後後則由繩索圍起來。這樣的行列在曠野的大路上移動時，看來真好威風呀！這種舉大旗遊行的起源，據說是明代倭寇入侵時，老百姓以此向他們示威的。

碰到過年過節，或者慶祝神佛生日，或者其他重要時節，活動的戲團隊就到村莊上來表演。戲通常在下午3點鐘左右開始，一直演到第二天早晨，中間有一段休息的時間，以便大家吃晚飯。開演時總是鑼鼓喧天，告訴大家戲正在開始。演的戲多半是根據歷史故事編的，人民也就從戲裡學習歷史。每一齣戲都包括一點道德上的教訓，因此演戲可以同

時達到三重目的：教授歷史、灌輸道德、供給娛樂。

　　女角是由男人扮演的，這是和莎士比亞時代的英國一樣。演員塗抹形形色色的臉譜來象徵忠奸善惡。白鼻子代表奸詐、狡猾、卑鄙或小醜。在日常生活中我們也常常指這一類人為「白鼻子」。紅臉代表正直、忠耿等等，但是紅臉的人心地總是很厚道。黑臉象徵鐵面無私。這種象徵性的臉譜一直到現在還被各地國劇所採用。

　　這就是我的童年的環境。這種環境已經很快地成為歷史陳跡。這個轉變首由外國品的輸入啟其端，繼而西方思想和兵艦的入侵加速其程序；終將由現代的科學、發明和工業化，完畢其全程。

第三章　童年教育

在我的童年時代，沒有學校，只有家塾。男孩子在家塾裡準備功課應付科舉或者學點實用的知識以便經商。女孩子不能和男孩子一道上學，要讀書就得另請先生。窮苦人家的子弟請不起先生，因此也就注定了文盲的命運。

一位先生通常教數十位學生，都是分別教授的。家塾裡沒有黑板，也不分班級。先生從清晨到薄暮都端端正正地坐在那裡。學生們自然也就不敢亂蹦亂跳。那時候時鐘是很難見到的。家塾裡當然沒有鐘。冬天白晝比較短。天黑後我們就點起菜油燈，在昏暗的燈光下唸書，時間是靠日晷來計算的。碰到陰天或下雨，那就只好亂猜了。猜錯一兩個小時是常事，好在書是個別教授的，猜錯個把鐘頭也無所謂。

我在六歲時進家塾，一般小孩子差不多都在這個年歲「啟蒙」的。事實上我那時才五歲零一個月的樣子，因為照我家鄉的演算法，一個人生下來就算一歲了。家塾裡的書桌太高，我的椅子下面必須墊上一個木架子之後才夠得上書桌，因此我坐到椅子上時，兩隻腳總是懸空的。

我最先念的書叫《三字經》，每句三個字，而且是押韻的，因此小孩子記起來比較容易。事隔六十多年，我現在還能背出一大半，開頭幾句是：「人之初，性本善。性相近，習相遠。苟不教，性乃遷。」性善論是儒家人生哲學和教育原理的出發點，這種看法曾對18世紀的大光明時代的法國學派產生過重大的影響。

雖然我現在已經懂得什麼叫性本善，在當時卻真莫名其妙。

我恨透了家塾裡的生活。有一天，我乘先生不注意我的時候，偷偷地爬下椅子，像一隻掙脫鎖鏈的小狗，一溜煙逃回家中，躲到母親的懷裡。

母親自然很感意外,但是她只是很慈祥地問我:「你怎麼跑回家來了,孩子?」

我答道:「家塾不好,先生不好,書本不好。」

「你不怕先生嗎?他也許會到家裡來找你呢!」母親笑著說。

「先生,我要殺了他!家塾,我要放把火燒了它!」我急著說。

母親並沒有把我送回家塾。那位先生也沒有找上門來。

第二天早上,奶媽喊醒了我,對我說了許多好話,總算把我勸回家塾。從童年時代起我就吃軟不吃硬。好好勸我,要我幹什麼都行,高壓手段可沒有用。經過奶媽一陣委婉的勸諫,我終於自動地重新去上學了。

我帶著一張自備的竹椅子,家裡一位傭人跟著我到了家塾,把竹椅子放到木架上,使我剛好搆得到書桌。先生沒有出聲,裝作不知道我曾經逃過學。但是我注意到好幾位同學對著我裝鬼臉。我討厭他們,但是裝作沒有看見。我爬上椅子坐在那裡,兩隻腳卻懸空掛著,沒有休息的地方。我的課也上了。書卻仍舊是那本《三字經》。我高聲朗誦著不知所云的課文,一遍又一遍地唸得爛熟。等到太陽不偏不倚地照到我們的頭上時,我們知道那是正午了。先生讓我們回家吃午飯,吃過飯我馬上次到家塾繼續念那課同樣的書,一直到日落西山才散學。

一日又一日地過去,課程卻一成不變。一本書唸完了之後,接著又是一本不知所云的書。接受訓練的只是記憶力和耐心。

唸書時先生要我們做到「三到」,那就是心到、眼到、口到。所謂心到就是注意力集中,不但讀書如此,做任何事情都得如此。眼到對學習中國文字特別重要,因為中國字的筆劃錯綜複雜,稍一不慎就可能讀別

字。所謂口到就是把一段書高聲朗誦幾百遍，使得句子脫口而出，這樣可以減輕記憶力的負擔。先生警告我們，唸書不能取巧強記，因為勉強記住的字句很容易忘記。如果我們背書時有些疙瘩，先生就會要我們一遍又一遍地再念，甚至念上一兩百遍。碰上先生心情不好，腦袋上就會吃栗子。天黑放學時，常常有些學生頭皮上帶著幾個大疙瘩回家。

不管學生願意不願意，他們必須守規矩，而且要絕對服從。我們根本不知道什麼叫禮拜天。每逢陰曆初一、十五，我們就有半天假。碰到節慶，倒也全天放假，例如端午節和中秋節。新年的假期比較長，從十二月二十一直到正月二十。

在家塾裡唸了幾年以後，我漸漸長大了，也記得不少的字。這時先生才開始把課文的意思解釋給我們聽，因此念起書來也不再像以前那樣吃力了。從四書五經裡，我開始慢慢了解做人的道理。按照儒家的理念，做人要先從修身著手，其次齊家，然後治國、平天下。其中深義到後來我才完全體會。

在最初幾年，家塾生活對我而言簡直像監獄，唯一的區別是：真正監獄裡的犯人沒有希望，而家塾的學生們都有著前程無限的憧憬。所有的學者名流、達官貴人不都是經過寒窗苦讀的煎熬嗎？

「吃得苦中苦，方為人上人。」

「天子重英豪，文章教爾曹。萬般皆下品，唯有讀書高。」

「別人懷寶劍，我有筆如刀。」

這些詩詞驅策著我向學問之途邁進，正如初春空氣中的芳香吸引著一匹慵懶的馬兒步向碧綠的草原。否則，我恐怕早已丟下書本跑到上海去做生意去了。理想、希望和意志可以說是決定一生榮枯的最重要因

素。教育如果不能啟發一個人的理想、希望和意志,單單強調學生的興趣,那是捨本逐末的辦法。只有以啟發理想為主,培養興趣為輔時,興趣才能成為教育上的一個重要因素。

在老式私塾裡死背古書似乎乏味又愚蠢,但是背古書倒也有背古書的好處。一個人到了成年時,常常可以從背得的古書裡找到立身處事的指南針。在一個安定的社會裡,一切守舊成風,行為的準則也很少變化。因此我覺得中國的老式教學方法似乎已足以應付當時的實際需要。自然,像我家鄉的那個私塾當然是個極端的例子,那只有給小孩子添些無謂的苦難。我怕許多有前途的孩子,在未發現學問的重要以前就給嚇跑了。

在我的家塾裡,課程中根本沒有運動或體育項目。小孩子們不許拔步飛跑,他們必須保持「體統」一步一步慢慢地走。吃過午飯以後,我們得馬上練字。我們簡直被磨得毫無朝氣。

話雖如此,小孩子還是能夠自行設法來滿足他們嬉戲的本能。如果先生不在,家塾可就是我們的天下了。有時候我們把書桌搬在一起,拼成一個戲臺在上面演戲。椅子板凳就成了舞臺上的道具。有時候我們就玩捉迷藏。有一次,我被蒙上眼睛當瞎子,剛巧先生回來了,其餘的孩子都偷偷地溜了,我輕而易舉地就抓到一個人 —— 我的先生。當我發現闖了禍時,我簡直嚇昏了。到現在想起這件事尚有餘悸。

春天來時,放了學我們就去放風箏,風箏都是我們自己做的。風箏的形式不一,有的像蜈蚣,有的像蝴蝶。夜晚時,我們把一串燈籠隨著風箏送上天空,燈籠的數目通常是五個、七個或九個。比較小的孩子就玩小風箏,式樣通常是蜻蜓、燕子,或老鷹。「燕子」風箏設計得最妙,通常是成對的,一根細竹片的兩端各扎一隻「燕子」,然後把竹片擺平在

第三章　童年教育

風箏繩子上。送上天空以後，一對對的「燕子」隨風擺動，活像比翼雙飛的真燕子。有一次，我還看到好幾隻真的燕子在一隻「燕子」風箏附近盤旋，大概是在找伴兒。

滿天星斗的夏夜，村子裡的小孩子們就捉螢火蟲玩兒。有些小孩子則寧願聽大人們講故事。講故事的大人，手中總是搖著一柄大蒲扇，一方面為了驅暑，一方面也是為了驅逐糾纏不清的蚊子。口中銜旱菸桿，旁邊放著小茶壺，慢條斯理地敘述歷史人物的故事、改朝換代的情形，以及村中的掌故。

大人告訴我們，大約 250 年前，清兵入關推翻了明朝，盜賊蜂起，天下大亂，但是我們村中卻安謐如恆。後來聖旨到了村裡，命令所有的男人按照滿洲韃子的髮式，剃去頭頂前面的頭髮，而在後腦勺上留起辮子。男子聽了如同晴天霹靂，女人們則急得哭了。剃頭匠奉派到村子裡強制執行，他們是奉旨行事。如果有人抗旨不肯剃頭，就有殺頭的危險。留頭究竟比留髮重要，二者既然不可兼得，大家也就只好乖乖地伸出脖子，任由剃頭匠剃髮編辮了。當然，後來大家看慣了，也就覺得無所謂，但是初次剃髮留辮子的時候，那樣子看起來一定是很滑稽的。

從這位講故事的長者口中，我們總算學到了一點歷史，那是在家塾中學不到的。此外，我們還得到一點關於人類學的傳說。故事是這樣的：

幾萬年以前，我們的祖先也像猴子一樣長著尾巴。那時的人可說介於人與猿猴之間。人猿年歲長大以後，他的尾巴就漸漸變為黃色。人猿的尾巴共有十節，十節中如有九節變黃，他就知道自己快要死了。於是他就爬到窯洞裡深居簡出，結果就死在窯洞裡面。再經過幾千年以後，人的尾巴掉了，所以現在的人都沒有尾巴，但是尾巴的痕跡仍舊存在。不信，你可以順著背脊骨往下摸，尾巴根兒還是可以摸得到的。

下面是一則關於技擊的故事：

一位學徒在一家店前賣米。在沒有生意的時候，這位學徒就抓著米粒玩，他一把一把地把米抓起來，然後又一把一把地把米擲回米筐裡。有一天，一位和尚來化米，那位學徒不但沒有拿米給和尚，反而抓了幾顆米擲到和尚的臉上。想不到那幾顆米竟然顆顆深陷到和尚的皮肉裡面去了。和尚似乎不生氣，反而向那位學徒深深一鞠躬，雙手合十，唸了一聲「南無阿彌陀佛」就走了。

七天之後，一位拳師經過村裡，他看到米店學徒臉色蒼白，就問學徒究竟是怎麼回事。學徒把和尚化米的事說了，拳師聽了不禁搖頭嘆息：「啊呀，你怎麼可得罪他呢？他是當今武林首屈一指的人物呀！他在向你鞠躬的時候，你已經受了致命的內傷，不出七七四十九天，你就活不成了！幸好我還有藥可以給你醫治，不過你要趕快躲開，永遠不要再撞上這位和尚。49 天之後他還會再來的。趕快備口棺木，放幾塊磚頭在棺材裡，假裝你已經死了入殮待葬就是了。」

49 天之後，和尚果然又來找學徒了。人們告訴他學徒已經死了。和尚嘆口氣說：「可憐！可憐！」和尚要看看棺材，大家就帶他去看，他用手輕輕地把棺蓋從頭至尾撫摸一遍，唸一聲「南無阿彌陀佛」就走了。和尚走了之後，大家打開棺蓋一看，裡面的磚頭已經全部粉碎。

小孩子們全都豎起耳朵聽這些故事，這些故事就是我們課外知識的主要來源之一。

我們家塾裡的先生，前前後後換了好幾個。其中之一是位心地仁厚然而土頭土腦的老學究。他的命途多舛，屢次參加府試都沒有考上秀才，最後只好死心塌地教私塾。他的臉團團如滿月，身材矮胖，一副銅框眼鏡老是低低地滑到鼻梁上，兩隻眼睛就打從眼鏡上面看人。他沒有

第三章　童年教育

留須，鼻子下面卻養著一撮蓬鬆的灰色鬍子。碰到喝蛋花湯的日子，他的鬍子上常常掛著幾片黃蛋花。他的故事多得說不盡，簡直是一部活的百科全書。但是他的文才很差，我想這或許就是他屢試不中的緣故。不過人很風趣，善於笑謔。他在有些事情上非常健忘，看過朋友回到家塾時，不是忘了雨傘，就是丟了扇子。老是這樣丟三落四究竟不是事，於是他就把他出門時必帶的東西開了個清單：煙管、雨傘、毛巾、扇。每當他告辭回家時，他就唸一遍：「煙管、雨傘、毛巾、扇。」冬天不需要帶扇子的時候，他也照樣要按清單念扇子。有時候他也記得根本沒有帶扇子出門，有時候卻仍然到處找扇子，他的朋友和學生就在暗中竊笑。

　　我童年時的知識範圍，可以說只局限於四書五經，以及私塾先生和村中長輩所告訴我的事。我背得出不少的古書，也記得很多的故事。因此我的童年教育可以說主要的是記憶工作。幸而我生長在鄉村，可以從大自然獲得不少的知識和啟發。有一次，我注意到生長在皂莢樹上的甲蟲頭上長著鹿角一樣的角，這些角和枝上的刺長得一模一樣，人家告訴我，這些甲蟲是樹上長出來的，因此也就和母體長得很像。不過我總覺得有點相信不過。我心裡想，如果一棵樹真能生下甲蟲，那麼甲蟲產下的卵也就應該可以作皂莢樹的種子了。甲蟲卵既然種不出皂莢樹，那麼甲蟲的角和皂莢樹的刺這樣相像一定另有原因。後來我看到一隻鳥在皂莢樹上啄蟲吃，但是這隻鳥對於身旁長著鹿角的甲蟲卻視而不見。於是我恍然大悟，原來甲蟲的角是摹擬著刺而生的，目的是保護自己以免被鳥兒啄死。

　　河汊的兩岸長著許多柏樹，柏子可以榨油制蠟燭，因此柏樹的土名就叫蠟燭樹。冬天裡農夫們用稻草把樹幹裹起來，春天到了，就把稻草取下燒掉。一般人相信，這種辦法可以產生一種神祕的力量殺死寄生

蟲。事實上這件事毫無神奇之處，只要我們在樹幹上紮上足夠的稻草，寄生蟲就只好在稻草上產卵，燒掉稻草等於毀掉蟲卵，寄生蟲也就無法繁殖了。

在我童年時代裡，這類對自然的粗淺研究的例子很多，舉了前面的兩個例子，我想也就夠了。

由此可見我的童年教育共有三個來源。第一是在私塾裡唸的古書，來自古書的知識，一方面是立身處世的指標，另一方面也成為後來研究現代社會科學的基礎。第二個知識來源是聽故事，這使我在欣賞現代文學方面奠立了基礎。第三個知識來源是對自然的粗淺研究，不過這種粗淺研究的根基卻可以移接現代科學的幼苗。如果我生長在草木稀少的大城市裡，那我勢將失去非常重要的自然訓練的機會，我的一生也可能完全改觀，因為每一個小孩子所具備的感受力、觀察力、好奇心和理解力等等天賦，都可能被我童年所受的全憑記憶的傳統訓練所窒息。

我得承認，我並沒有像某些同學那樣用功讀書，因為我不喜歡死記，我願意觀察、觸控、理解。我的先生們認為這是我的不幸，我的個性上的禍根。

我喜歡玩，喜歡聽故事。我喜歡打破砂鍋問到底，使大人感到討厭。我喜歡看著稻田裡的青蛙捉蚱蜢，或者鵝鴨在河裡戲水。我欣賞新篁解籜。我的先生認為這些癖好都是禍根。我自己也相信將來不會有出息。但是命運是不可捉摸的，我的這些禍根後來竟成為福因，而先生認定的某些同學的福因結果都證明是禍根。那些好的學生後來有的死於肺癆，有的成為書呆，有的則在西化潮流橫掃中國時無法適應日新月異的環境而落伍了。

第四章　家庭影響

　　童年時代和青春時代的可塑性最大，因而家庭影響往往有決定性的作用。這時期中所養成的習慣，不論好壞，將來都很難根除。大致說來，我所受的家庭影響是良好而且健全的。

　　我的父親是位小地主，而且是上海當地幾家錢莊的股東。祖父留給父親的遺產相當可觀，同時父親生活儉樸，因此一家人一向用不著為銀錢操心。父親為人忠厚而慷慨，蔣村的人非常敬重他，同時也受到鄰村人士的普遍崇敬。他自奉儉約，對公益事業卻很慷慨，常常大量捐款給慈善機構。

　　他從來沒有說過一句存心騙人的話，因此與他交往的人全都信任他的話。他相信風水和算命。同時又相信行善積德可以感召神明，使行善者添福增壽，因此前生注定的命運也可以因善行而改變。我父親的道德人品對我的影響的確很大，我唯一的遺憾是沒有好好學到父親的榜樣。

　　我的母親是位很有教養而且姿容美麗的女人。我童年時對她的印象已經有點模糊了。我記得她能夠彈七絃古琴，而且能夠撫琴幽歌。她最喜歡唱的一支歌，叫做〈古琴引〉，詞為：音音音，爾負心。真負心，辜負我，到如今。記得當年低低唱，淺淺斟，一曲值千金。如今放我枯牆陰，秋風芳草白雲深，斷橋流水過故人。悽悽切切，冷冷清清。悽悽切切，冷冷清清。

　　有人說：像我母親那樣青春美貌的婦人唱這樣悲切的歌，是不吉利的。

　　母親彈琴的書齋，屋後長著一棵幾丈高的大樟樹。離樟樹不遠的地方種著一排竹子，這排竹子也就成為我家的籬笆。竹叢的外面圍繞著一條小

河。大樟樹的樹蔭下長著一棵紫荊花和一棵香團樹,但是這兩棵樹只能在大樟樹扶疏的枝葉之間爭取些微的陽光。母親坐在客廳裡,可以諦聽小鳥的囀唱,也可以聽到魚兒戲水的聲音。太陽下山時,平射過來的陽光穿過竹叢把竹影投映在窗簾上,隨風飄動。書齋的牆上滿是名家書畫。她的嵌著白玉的古琴則安放在長長的紅木琴几上,琴几的四足則雕著鳳凰。

她去世以後,客廳的布置一直保留了好幾年沒動。她的一張畫高懸在牆的中央。但是母親已經不在了!她用過的古琴用一塊軟緞蓋著,仍舊放在紅木琴几上。我有時不禁要想像自己就是那個飲泣孤塚幽幽低訴的古琴。

我母親去世還很年輕。我看到母親穿著華麗的繡花裙襖躺在棺裡,裙襖外面罩一個長長的紅綢披風,一直蓋到足踝,披風上綴著大紅的頭兜,只有她的臉露在外面,一顆很大的珍珠襯著紅頭兜在她額頭發出閃閃的亮光。

我的繼母是位治家很能幹的主婦,待人也很和氣,但不久也去世了,此後父親也就不再續絃了。

我的祖父當過上海某銀莊的經理。太平天國時(1851-1864),祖父在上海舊城設了一個小錢攤,後來錢攤發展為小錢莊,進而成為頭等錢莊。這種錢莊是無限責任的機構,做些信用貸款的生意。墨西哥鷹洋傳到中國成為銀兩的輔幣以後,洋錢漸漸受到國人的歡迎。後來流通漸廣,假幣也跟著比例增加,但是錢莊裡的人只要在指尖上輕輕地把兩塊銀元敲敲,他們就能夠辨別哪個是真,哪個是假,我祖父的本領更使一般錢莊老闆佩服,他一眼就能看出哪個是真的,哪個是假的。

不幸他在盛年時傷了一條腿,後來嚴重到必須切去,祖父也就因為血液中毒辭世。父親當時還只有12歲左右,祖父給他留下了7,000兩銀

第四章　家庭影響

子，在當時說起來，這已經是一筆相當大的遺產了。父親成了無告的孤兒，就歸他未來的丈人照顧。由於投資得當，排程謹慎，這筆財產逐漸增加，30 年之後，已經合到 7 萬兩銀子。

從上面這一點家庭歷史裡，讀者不難想像我的家庭一定在早年就已受到西方影響了。

父親很有點發明的頭腦。他喜歡自己設計，或者畫出圖樣來，然後指示木匠、鐵匠、銅匠、農夫或篾匠，按照尺寸照樣打造。他自己設計過造房子，也實驗過養蠶、植桑、造樓（照著西方一種過時了的式樣），而且按著他的想像製造過許多的東西。最後他想出一個打造「輪船」的聰明辦法，但是他的「輪船」卻是不利用蒸汽的。父親為了視察業務，常常需要到上海去。他先坐槳划的木船到寧波，然後從寧波乘輪船到上海。他常說：「坐木船從蔣村到寧波要花三天兩夜，但是坐輪船從寧波到上海，路雖然遠十倍，一夜之間就到了。」因此他就畫了一個藍圖，預備建造一艘具體而微的輪船。

木匠和造船匠都被找來了。木匠奉命製造水輪，造船匠則按照我父親的計畫造船，隔了一個月，船已經造得差不多。小「輪船」下水的那一天，許多人跑來參觀，大家看了這艘新奇的「輪船」都讚不絕口。「輪船」停靠在我家附近的小河裡，父親僱了兩位彪形大漢分執木柄的兩端來推動水輪。「輪船」慢慢開始在水中移動時，岸上圍觀的人不禁歡呼起來。不久這隻船的速度也逐漸增加。但是到了速度差不多和槳划的船相等時，水手們再怎樣出力，船的速度也不增加了。乘客們指手畫腳，巴不得能使船駛得快一點，有幾位甚至親自動手幫著轉水輪。但是這隻船似乎很頑固，始終保持原來的速度不增加。

父親把水輪修改了好幾次，希望使速度增加。但是一切努力終歸白

西潮
第一部　清朝末年

費。更糟的是船行相當距離以後，水草慢慢纏到水輪上，而且愈積愈多，最後甚至連轉都轉不動了。父親嘆口氣說：「唉！究竟還是造輪船的洋人有辦法。」

那條「輪船」最後改為普通槳划的船。但是船身太重，划也划不動。幾年之後，我們發現那條船已經棄置在岸上朽爛腐敗，船底長了厚厚一層青苔。固然這次嘗試是失敗了，父親卻一直想要再來試一下，後來有人告訴他瓦特和蒸汽機的故事，他才放棄了造船的雄心。他發現除了輪船的外表之外，還有更深奧的原理存在。從這時候起，他就一心一意要讓他的兒子受現代教育，希望他們將來能有一天學會洋人製造神奇東西的「祕訣」。

這個造輪船的故事也正是中國如何開始向西化的途程探索前進的例項。不過，在人倫道德上父親卻一直不大贊成外國人的辦法。固然也認為「外國人倒也跟我們中國人一樣地忠實、講理、勤勞」，但是除此之外，他並不覺得外國人有什麼可取的地方。話雖如此，他卻也不反對他的孩子們學習外國人的生活方式和習慣。

我的先生卻反對我父親的看法。他說：「『奇技淫巧』是要傷風敗俗的。先聖前賢不就是這樣說過嗎？」他認為只有樸素的生活才能保持高度的道德水準。我的舅父也有同樣的看法。他用一張紅紙寫下他的人生觀，又把紅紙貼在書桌近旁的牆上：「每日清晨一支香，謝天謝地謝三光。國有忠臣護社稷，家無逆子鬧爺孃，……但願處處田稻好，我雖貧時也不妨。」

我的舅父是位秀才，他總是攜帶著一根長長的旱菸桿，比普通的手杖還長。他經常用菸管的銅鬥敲著磚地。他在老年時額頭也不顯皺紋，足見他心境寧靜，身體健康，而且心滿意足。他斯文有禮，我從來沒有看到他發脾氣。他說話很慢，但是很清楚，也從來不罵人。

第五章　山雨欲來風滿樓

　　新年裡常常有些小販到村子裡賣畫片，有些畫的是國家大事，有的則是戲中情節。有一年新年春假期裡，有一套新鮮的圖畫引起小孩子們的濃厚興趣。這套五彩圖畫繪的是1894年（甲午年）中日戰爭的故事。其中有一張畫的是渤海上的海戰場面，日本艦隊中的一艘軍艦已被幾罐裝滿火藥的大瓦罐擊中起火，軍艦正在下沉。圖中還畫著幾百個同樣的大瓦罐在海上漂浮。這種瓦罐，就是當時民間所通用的夜壺，夜間小便時使用的。另一幅畫則畫著一群戴了銬鏈的日本俘虜，有的則關在籠子裡。中國打了大勝仗！自然，那只是紙上的勝仗，但是我們小孩子們卻深信不疑。後來我年紀大一點以後，我才知道中國實際上是被日本打敗了，而且割讓了臺灣，我們的海軍被日本消滅，高麗也被日本搶走了。短短九年之內，中國已經相繼喪失了三個承認中國宗主權的外圍國，最先是越南，繼之是緬甸，現在又丟了高麗。

　　一個夏天的傍晚，一位臨時僱工氣喘如牛地從我父親的書房裡跑了出來。他說在書房裡聽到一陣叮噹的聲音，但是房裡找不到人影。他說一定是鬼在作怪。後來一追究，原來是時鐘在報時。

　　從無可稽考的年代起，鄉下人一直利用刀片敲擊火石來取火，現在忽然有人從上海帶來了幾盒火柴。大人對這種簡便的取火方法非常高興。小孩們也很開心，在黑暗的角落裡，手上的火柴一擦，就可以發出螢火蟲一樣的光亮。火柴在當時叫「自來火」，因為一擦就著；也叫「洋火」，因為它是從外洋運進來的。

　　時鐘實際上並無需要，因為在鄉村裡，時間算得再準也沒有用處。早兩三個鐘頭，遲兩三個鐘頭又有什麼關係？鄉下人計時間是以天和月

西潮
第一部　清朝末年

做單位的，並不以分或小時來計算。火柴其實也是奢侈品——用刀片火石不也是一直過得很好嗎？至於煤油，那可又當別論了，煤油燈可以把黑夜照得如同白晝，這與菜油燈的昏暗燈光比起來真有天淵之別。

美孚洋行是把中國從「黑暗時代」導引到現代文明的執炬者。大家買火柴、時鐘是出於好奇，買煤油卻由於生活上的必要。但事情並不到此為止。煤油既然成為必需品，那麼，取代信差的電報以及取代舢舨和帆船的輪船又何嘗不是必需品呢？依此類推，必需的東西也就愈來愈多了。

很少人能夠在整體上發現細微末節的重要性。當我們毫不在意地玩著火柴或者享受煤油燈的時候，誰也想不到是在玩火，這點星星之火終於使全中國烈焰燭天。火柴和煤油是火山爆發前的跡象，這個「火山」爆發以後，先是破壞了蔣村以及其他村莊的和平和安寧，最後終於震撼了全中國。

基督教傳教士曾在無意中把外國貨品介紹到中國內地。傳教士們不顧艱難險阻，瘴癘瘟疫，甚至生命危險，遍歷窮鄉僻壤，去拯救不相信上帝的中國人的靈魂。他們足跡所至，隨身攜帶的煤油、洋布、鐘錶、肥皂等等也就到了內地。一般老百姓似乎對這些東西比對福音更感興趣。這些舶來品開拓了中國老百姓的眼界，同時也激起了國人對物質文明的嚮往。傳教士原來的目的是傳布耶穌基督的福音，結果卻無意中為洋貨開拓了市場。

我不是說傳教士應對中國現代商業的成長負主要責任，但是他們至少在這方面擔任了一個角色，而且是重要的一角，因為他們深入到中國內地的每一個角落。主角自然還是西方列強的商船和兵艦。基督教傳教士加上兵艦，終於逼使文弱的、以農為本的古老中國步上現代工商業的道路。

第五章　山雨欲來風滿樓

　　我曾經目睹買辦階級的成長以及士大夫階級的沒落。我自己也幾乎參加了士大夫的行列，但是最後總算偷偷地溜掉了。所謂買辦階級，就是本國商人和外國商人之間的中國人。外國商人把貨品運到上海、天津等通商港埠，這些貨品再透過買辦，從大商埠轉銷到各城鎮村莊。買辦們在轉手之間就可以大筆地賺錢，因此吃這一行飯的人也就愈來愈多。事業心比較強、際遇比較好的人，紛紛加入直接間接買賣外國貨品的新行業。有的人發了大財，有的人則豐衣足食。際遇比較差的可就落了伍，有的依舊種田耕地，有的則守在舊行業裡謀生。田地的出息有限，舊行業在外國的競爭之下又一落千丈，於是舊有的經濟制度很快地就開始崩潰了。結果是一大群人無可避免地失去了謀生餬口的機會。這些不幸的人，一方面嫉妒新興的暴發戶，一方面又不滿於舊日的行業，或者根本喪失了舊有的職業，結果就鋌而走險。曹娥江大潮正在衝擊著水閘，象徵著即將破壞蔣村安寧的動亂正在奔騰澎湃。

　　一個秋天的下午，我正在田野裡追逐嬉戲，我忽然聽到一陣緊急狂驟的鑼聲。敲鑼的人一面狂奔著，一面高喊堤塘已經沖塌了，洪水正向村中漫過來。我拚命跑回家，把這消息告訴路上所碰到的一切人。

　　大家馬上忙做一團，我們趕快準備好船隻、木浴盆，以及所有可以浮得起來的東西，以便應付即將來臨的災難。有的人則決定爬到大樹上去暫避。第二天早晨，洪水已經沖到我們家的大門，水頭像巨蟒一樣奔進院子。到了中午時，小孩已經坐上浴盆，在大廳裡划來划去了。

　　堤塘的缺口終於用沙包堵住，曹娥江也不再氾濫了。洪水在我們村裡以及鄰近村莊停留約一個星期，然後慢慢退到低地，最後隨江河入海，同時捲走了所有的稻作。

　　大約一星期以後，一隻大船在傍晚時分載著許多人向我們村莊划過

西潮
第一部　清朝末年

來。這隻船在我家附近停下,船上的人紛紛離船上岸。我們為防意外,趕緊閉起大門。他們用大石頭來搗大門,最後終於排闥而入。領頭的人身材魁偉,顯然孔武有力,辮子盤在頭頂上。他帶著一夥人走到天井裡,高喊:「我們肚子餓,我們要借糧。」其餘人也就跟著吶喊助威。他們搜尋了穀倉,但是沒有馬上動手搬;他們要「借」。最後經過隔壁一位農人的調停,他們「借」走了幾擔穀子以後,就回船啟航了。這是隨後發生一連串變亂的首次警號。

性質相近然而比較嚴重的事件,接二連三地在鄰村發生。開始時是「借」,隨後就變質為搶劫。搶劫事件像野火一樣到處蔓延,鄉間微薄的官兵武力根本無法加以阻遏。而且搶糧食不能處以極刑,但是在那種情勢下,恐怕只有極刑才能加以遏止,至少暫時不致如此猖獗。

「借糧」的事件一直延續至那年冬天。不久之後,殺人擄掠的暴行終於在孫莊首次發生。被害的孫君在上海有一爿生意興隆的木行。孫君的父親曾在上海承包「洋行」的營造工程而發了大財。

那是一個凜冽的冬夜,孫莊的人很早就躲到被窩裡去了。有人從窗子裡發現黑暗中有一隊火把正從大路上向孫莊移動。火把臨近孫莊時,大家聽到一陣槍聲。強盜來了!強盜衝開孫家的大門,搶走了孫家所有的金銀財帛——名貴的羊裘皮襖、金銀器皿、珍珠寶石,無一倖免。他們並且擄走孫君,把他綁在一根長竹竿的頂端,然後又把他壓到河底。第二天孫家的人拖起竹竿才發現他的屍體。

搶劫的風潮迅速蔓延到各村莊。幾百年來鄉村人們所享受的和平與安寧,一夜之間喪失殆盡。我們沒有一夜能夠安穩地睡覺。我父親從上海買來了手槍以及舊式的長槍。大家開始練習放槍,小孩子也不例外。我們拿鳥雀當活靶,因此連鳥雀都遭了殃。我們輪班睡覺,值班的人就

第五章　山雨欲來風滿樓

負責守夜。一聽到犬吠，我們就向天空放槍警告盜匪，自然有時是虛驚，有時卻的確把強盜嚇跑了。為了節省彈藥，我們常常在槍聲中夾帶些爆竹。

永遠這樣緊張下去究竟不是事。父親最後無可奈何地帶了一家大小搬到上海住下來。

我們搬家之前的兩年內，我曾在紹興繼續我的學業。我還在家塾裡唸書的時候，父親曾經問我將來願意做生意還是預備做官。我的兩位哥哥都已經決定步入仕途。父親要我決定之前，仔細考慮一番。

做官可以光宗耀祖，幾百年來，年輕人無不心嚮往之。自然我也很希望將來能做官。在另一方面，最近發財的人可以享受新穎奇巧的外國貨，這般人的生活也是一種強烈的引誘。名利之間的選擇，多少與一個人思想中所已灌輸進去的觀念和理想有點關聯。

我聽人家說，我們中國人分為士、農、工、商四個階級。每一個階級在整個社會裡都有特定的任務，士大夫都是統治階級，因此也是最尊榮的一級，依照亞里斯多德的主張，哲學家當為國王，所以我們可以說，哲人學士如果做不到帝王，至少也應該是公卿宰相。中國的貴族階級除少數例外，都不是世襲的，而是由於本身努力而達到的。俗語說：秀才是宰相的根苗。如果我去經商，那麼將來不就與功名無緣了嗎？

因此我決心續求學問。自然，我當時對學問的意義不會太了解；我只覺得那是向上層社會爬的階梯。在我們村子裡，農、工、商三類人都不稀罕。種田的不必說了，商人也不少。好多人在上海做生意，從上海帶回來很多好玩的東西：小洋刀、哨子、皮球、洋娃娃、汽槍、手錶等等，多不勝舉。至於工匠，我們的一位族長就是木匠，他的兒子們也是的。一位遠房叔叔是銀匠，專門打造鄉村婦女裝飾的指環、手鐲、釵簪

之類。至於讀書的人,那可不同了。凡是族人之中有功名的,家廟中都有一面金碧輝煌的匾額,舉人以上的家廟前面還有高高的旗桿,懸掛他們的旗幟。我還記得有一天縣太爺到鄰村查辦命案,他乘坐一頂四人抬的綠呢暖轎,紅纓帽上綴著一顆金頂,胸前掛著一串朝珠。四名轎伕每人戴著一頂尖錐的黑帽,帽頂插著一根鵝毛。暖轎前面有一對銅鑼開道,縣太爺所經之處,老百姓就得肅靜迴避。他是本縣的父母官,我們老百姓的生命財產都得聽他發落。他的權勢怎麼來的?讀書呀!

於是我知道了讀書人的地位,也知道做一名讀書人的好處。他可以一級一級地往上爬,甚至有一天當了大官,還可以在北京皇宮裡飲御賜香茗呢!像我這樣的一位鄉下孩子,足步向未踰越鄰近的村鎮,希望讀書做官應是很自然的事。我幼稚的心靈裡,幻想著自己一天比一天神氣,功名步步高昇,中了秀才再中了舉人,中了舉人再中進士,終於有一天當了很大很大的官,比那位縣知事要大得好多好多,身穿蟒袍,腰懸玉帶,紅纓帽上綴著大紅頂子,胸前掛著長長的朝珠,顯顯赫赫地回到故鄉,使村子裡的人看得目瞪口呆。這些美麗的憧憬,在我眼前一幕一幕展開,我的前程多麼光明呀!只要我用心熟讀經書就行了。

我的童年教育雖然枯燥乏味,卻也在我的思想裡模模糊糊地留下學問重於一切的印象。政府官吏都是經過科舉選拔的。但是隻有有學問的人,才有希望金榜題名。官吏受人敬重,是因為學問本身在中國普遍受人敬重的關係。

因此我最後決定努力向學。準備參加科舉考試,父親自然欣然同意,家塾的教育是不夠的,因此父親把我送到離村約四十里的紹興府去進中西學堂,我的兩位哥哥則已先我一年入學。我們是乘條又小又窄的河船去的。小船的一邊是一柄長槳,是利用腳力來划的,另一邊則是一

第五章　山雨欲來風滿樓

柄用手操縱的短槳,作用等於船舵。沿岸我們看到許多紀念烈女節婦的牌坊。沿岸相隔相當的距離就有一個比較熱鬧的市鎮。我們一大早動身,中途在一個大鎮過了一夜,第二天下午就到了府城。

顧名思義,中西學堂教的不但是中國舊學,而且有西洋學科。這在中國教育史上還是一種新嘗試。雖然先生解釋得很粗淺,我總算開始接觸西方知識了。在這以前,我對西洋的認識只是限於進口的洋貨。現在我那充滿了神仙狐鬼的腦子,卻開始與思想上的舶來品接觸了。

我在中西學堂裡首先學到一件不可思議的事是地圓學說。我一向認為地球是平的。後來先生又告訴我,閃電是陰電和陽電撞擊的結果,並不是電神的鏡子裡所發出來的閃光;雷的成因也相同,並不是雷神擊鼓所生。這簡直使我目瞪口呆。從基本物理學我又學到雨是怎樣形成的。巨龍在雲端張口噴水成雨的觀念只好放棄了。了解燃燒的原理以後,我更放棄了火神的觀念。過去為我們所崇拜的神佛,像是烈日照射下的雪人,一個接著一個融化。這是我了解一點科學的開端,也是我思想中怪力亂神信仰的結束。我在鄉村裡曾經養成研究自然的習慣,我喜歡觀察,喜歡說理,雖然有時自己根本就不知道其中的深意。這種習慣在中西學堂裡得到繼續發展的機會。我還是像過去一樣強於理解而不善記憶,凡是合理的新觀念我都樂於接受,對記憶中的舊觀念則棄如敝屣。

中西學堂的課程大部分還是屬於文科方面的:國文、經書和歷史。記憶的工作相當多,記憶既非我之所長,我的考試成績也就經常在中等以下。我在學校中顯得庸庸碌碌,較之當時頭角崢嶸的若干學生,顯有遜色。教師們對我的評價如此,我自己也作如是觀。

校中外語分為英文、日文、法文三組。我先選修英文,後來又加選日文。我的日文教師是中川先生,我從他那裡學到了正確的日文發音。

西潮
第一部　清朝末年

英文是一位中國老師教的，他的英語發音錯得一塌糊塗，後來我千辛萬苦才算改正過來。他一開始就把我們匯入歧途，連字母發音都咬不準。最可笑的是他竟把字母 Z 唸成「烏才」。

1898 年，我在學校裡聽到一個消息，說是光緒皇帝聽了康有為和梁啟超的話，已經決定廢科舉，辦學校。這使老一輩的學人大驚失色。但是康、梁的維新運動如曇花一現，不久慈禧太后再度垂簾聽政，康有為和梁啟超亡命日本。中國又回到老路子，我放假回到鄉村時，看到大街的牆上張貼著黃紙繕寫的聖旨，一面是漢文，一面是滿文，寫的是通緝康、梁的命令。看起來，維新運動就此壽終正寢了。這個維新運動，以後叫做戊戌政變，是近代中國史上的一個轉捩點。雖不為革命黨人所樂道，而歷史的事實卻不能因政見不同而抹殺的。我記得梁氏逝世的消息傳到南京以後，蔡子民先生和我兩人曾在中央政治會議提請國民政府明令表揚其功業。適值胡展堂（漢民）先生為主席，一見提案，面孔漲得通紅，便開口大罵。於是我們自動把提案取消了事。

紹興的名勝古蹟很多，它原是古代越國的都城。越王勾踐在紀元前 494 年被以蘇州為京城的吳王夫差所擊敗。勾踐定下「二十年計劃」，臥薪嘗膽，生聚教訓，終於在紀元前 473 年擊敗驕奢淫逸的吳王夫差，復興越國。

勾踐臥薪嘗膽，雪恥復國的故事，差不多已經成為家喻戶曉的格言了。這則歷史教訓使一切在公私事業上遭受挫折的人重新燃起希望，它說明了忍耐、勇氣、刻苦，和詳密計劃的重要性。我在勾踐臥薪嘗膽的故址領受這個歷史教訓，自然印象特別深刻。

南宋（1127-1276）的高宗也曾在紹興駐節。當時金兵南侵，宋康王渡江南遷，京城也從開封遷到杭州。離紹興府城不遠，還有南宋皇帝的陵寢。

第五章　山雨欲來風滿樓

紹興師爺是全國皆知的。全國大小衙門，幾乎到處有紹興師爺插足，紹興老酒更是名震遐邇。紹興府出過許多歷史上有名的學者、哲學家、詩人和書法家。紹興府包括八個縣，我的故鄉餘姚便是其中一縣。

紹興的風景也很有名，這裡有迂迴曲折的小溪，橋梁密布的小河，奔騰湍急的大江，平滑如鏡的湖泊，以及蜿蜒起伏的丘陵，山光水色使學人哲士留連忘返。

我在紹興讀了兩年書，知識大增。我開始了解1894年中日戰爭的意義：日本戰勝中國是吸收西洋學術的結果。光緒皇帝的維新運動是受了這次失敗的刺激。中國預備學敵人的榜樣，學校裡有日文課程就是這個道理。

在紹興的兩年學校生活結束以後，鄉村裡盜警頻仍，使我們無法再安居下去。於是父親帶了我們一家遷到上海。我的大哥已在搬家的前一年亡故了。到了上海以後，我暫時進了一家天主教學校繼續念英文，教我們英文的是一個法國神父。我心裡想，這位英文先生既然是外國人，發音一定很準確。他的發音與我過去那位中國先生迥然不同，過去那位先生把「兄弟」唸成「布朗德」，現在的法國先生卻教我們念「布拉達」。後來我才發現那不是英國音或美國音，而是法國音。不過我在這個天主教學校裡的時間不久。因為一時找不到合適的學校，父親就讓我二哥到一位美國太太那裡學英文，二哥又把學到的英文轉授給我，因此二哥就成為學英文的「掮客」了。我對這辦法很不滿意，但是父親認為這是很聰明的安排，因為這樣可以省錢。

上海在1899年前後還是個小城，居留的外國人也只不過三四千人，但是這些洋人卻都趾高氣揚，自視甚高。市政倒辦得不錯，街道寬大清潔，有電燈，也有煤氣燈。我覺得洋人真了不起，他們居然懂得電的祕

西潮
第一部　清朝末年

密。他們發明了蒸汽機,又能建造輪船。他們在我的心目中已經成為新的神,原先心目中的神佛在我接受科學新知之後已經煙消雲散了。但是有時候他們又像魔鬼,因為他們不可一世的神氣以及巡捕手中的木棒使我害怕,外灘公園門口掛著一個牌子寫著:「犬與華人不得入內」。犬居華人之上,這就很夠人受的了。在我的心目中,外國人是半神半鬼的怪物,很像三頭六臂的千手觀音,三隻手分別拿著電燈、輪船、洋娃娃,另外三隻手分別拿著巡棍、手槍、鴉片。從某一邊看,他是天使;從另一邊看,他卻是魔鬼。

中國人對西方文明的看法總不出這兩個極端,印象因人而異,也因時而異。李鴻章看到西方文明醜惡猙獰的一面,因此決定建立海軍,以魔鬼之矛攻魔鬼之盾。光緒帝看到西方文明光明和善的一面,因此想建立新式的學校制度。慈禧太后和義和團看到可憎的一面,想用中國的陳舊武器驅逐魔鬼。麻煩的是這位怪物的黑暗面和光明面是不可分的。它有時像是佛法無邊的神,有時又像猙獰凶殘的魔鬼,但是它憑藉的力量是相同的。我們要就不接受西方文明,要接受就得好壞一齊收下。日本就是一個很好的榜樣。沒奈何,我們只好向我們過去的敵人學習了。

我們在上海住了將近兩年。有一天晚上,我們聽說慈禧太后已經命令各省總督把所有的外國人一齊殺光。於是我們連夜舉家遷離上海,那是1900年的事,也就是義和團戰爭的開始。義和團的人自稱能用符咒對付刀槍子彈,拳術也是訓練節目之一。因此,義和團有拳匪之稱。他們預備破壞一切外國製造的東西,同時殺死所有使用外國貨的人。他們要把運進這些可惡的外國貨而阻絕他們生路的洋人通通殺光。把這些害人的外國貨介紹到中國來的教會、學校、傳教士、基督徒都罪無可逭。用刀劍、法術把這些人殺光吧!放把火把外國人的財產通通燒光!

第五章　山雨欲來風滿樓

　　朝廷本身也想把康有為、梁啟超介紹進來的外國思想一掃而光，免得有人再搞什麼維新運動。義和團要消滅物質上的外國貨，慈禧太后則想消滅精神上的外國貨。不論是物質上的或是精神上的，反正都是外國貨，都是外國人造的孽。殺呀！殺光外國人！工業革命開始時，英國人曾經搗毀了威脅他們生活的機器。義和團做得更徹底，他們要同時破壞血肉構成的「機器」。

　　南方的人對外國人的看法稍有不同，他們歡迎外國貨，他們不覺得外國貨是盜匪的起因，他們認為毛病在於清室的苛捐雜稅以及官吏的腐敗無能。他們要革命。

　　北方的老百姓和朝廷，認為外國人杜絕了他們的生路，那是對的。但是他們想借破壞血肉構成的「機器」來解決問題卻錯了。南方的人認為朝廷本身的腐敗是苦難唯一的原因，想不到更大的原因是洋貨進口。推理錯了，但是展開革命的行動卻是對的。歷史似乎包括一連串意外事件的，不合邏輯的推理，和意想不到的結果。歷史上的風雲人物似乎不過是命運之神擺布的工具而已。

　　外國人咒罵中國的盜匪，殊不知盜匪正是他們自己的貨品所引起的。在我的童年時代裡，大家都害怕老虎、鬼怪和強盜，但是實際上並沒有真的老虎、鬼怪或強盜。我們只在圖畫書中看到這些東西。忽然之間，強盜在實際生活中出現了，好像是老虎衝進你的居室，也像是鬼怪在你背後緊追不捨。最後我們所懼怕的是強盜，老虎和鬼怪卻都被遺忘了。

西潮
第一部　清朝末年

第六章　繼續就學

在我15歲的時候，父親又帶我回到故鄉。我們怕義和團之亂會蔓延到上海，因此就回到鄉下去住。在蔣村住了不久，鄉下土匪愈鬧愈凶，又遷到餘姚城裡。我在餘姚縣裡的一所學校裡念英文和算術，另外還請了一位家庭教師教中文。

大概一年之後，我到了杭州。杭州是浙江的省會，也是中國蠶絲工業的中心和五大茶市之一。杭州的綢緞和龍井茶是全國聞名的。

「上有天堂，下有蘇杭」，杭州的風景更是盡人皆知。城東南有杭州灣的錢塘大潮；城西有平滑如鏡的西湖，湖邊山麓到處是古寺別墅。《馬哥孛羅遊記》中就曾盛道杭州的風景。杭州是吳越和南宋的故都，南宋曾在這裡定都150年之久，因此名勝古蹟很多。墨人騷客更代有所出。湖濱的文瀾閣收藏有《四庫全書》及其他要籍，正是莘莘學子潛心研究的好去處。

我在這個文化城中瞎打瞎撞，進了一所非常落伍的學校。校長是位木匠出身的美國傳教士。我以為在這所教會學校裡，至少可以學好英文。事實上卻大謬不然。這位傳教士抱著一股宗教熱忱來到中國，在主持這所教會學校之前，曾經在我的故鄉紹興府傳過教。因為他只教「聖經」，我也摸不清他肚子裡究竟有多少學問。在我們學生的心目中，士、農、工、商，士為首，對木匠出身的人多少有點輕視。我的英文教師更是俗不可耐的人物。他入教不久，靈魂也許已經得救，但是那張嘴卻很能夠使他進拔舌地獄。我為了找位英文好教師，曾經一再轉學，結果總使我大失所望。

在這所教會學校裡，學生們每天早晨必須參加做禮拜。我們唱的是

第六章　繼續就學

中文讚美詩,有些頑皮的學生就把讚美詩改編為打油詩,結果在學校裡傳誦一時。雖然我也參加主日學校和每天早晨的禮拜,我心靈卻似緊閉雙扉的河蚌,嚴拒一切精神上的舶來品。我既然已經擺脫了神仙鬼怪這一套,自然不願再接受類似的東西。而且從那時起,我在宗教方面一直是個不可知論者,我認為與其求死後靈魂的永恆,不如在今世奠立不朽的根基。這與儒家的基本觀念剛好相符合。

校園之內唯一像樣的建築是禮拜堂和校長官舍。學生則住在鴿籠一樣的土房裡,上課有時在這些宿舍裡,有時在那間破破爛爛的飯廳裡。

大概是出於好奇吧,學生們常常喜歡到校長官舍附近去散步。校長不高興學生走進他的住宅,不速之客常常被攆出來。有一次,一位強悍的學生說什麼也不肯走開,結果與一位路過的教員發生衝突。

圍觀的人漸聚漸多。那位學生說先生摑他的耳光,同時放聲大哭,希望引起群眾的同情。這場紛擾遂即像野火一樣波及全校。學生會多數決議,要求校長立即開革那位打人的教員。校長斷然拒絕學生的要求,群眾的情緒愈漲愈高。校長冷然告訴學生說:如果他們不喜歡這個學校,就請他們捲鋪蓋。不到兩個小時,全體學生都跑光了。

我所受的教會學校教育就此結束。但我毫不後悔,我巴不得早一天離開這個學校。

或許有人要問:為什麼這樣的事會突然發生呢?其實這不只是學生桀驁難馴的表現而已,那耳光不過是導火線。這類事件也絕不局限於這所小小的教會學校,學生反抗學校當局已經成為全國的普遍風氣。

一年以前,上海南洋公學首先發生學潮。一位學生放了一瓶墨水在教授的坐椅上,教授不注意一屁股坐了上去,弄得全身墨跡。教授盛怒之下報告了校長,接著幾個嫌疑較大的學生被開除。這引起了學生會和

西潮

第一部　清朝末年

學校當局之間的衝突，學生會方面還有許多教授支持。結果全體學生離開學校。

年輕的一代正在轉變，從馴服轉變為反抗。一般老百姓看到中國受到列強的侵略，就怪清廷顢頇無能；受到國父革命理論薰陶和鼓勵的學生們則熱血沸騰，隨時隨地準備發作。首當其衝的就是學校當局。

浙江省立高等學堂接著起了風潮。起因是一位學生與來校視察巡撫的一名轎伕發生齟齬，結果全校罷課，學生集體離開學校。類似的事件相繼在其他學校發生，卒使許多學府絃歌中輟。學潮並且迅速蔓延到全國。

思想較新的人同情罷課的學生，斥責學校當局過於專制；思想守舊的人則同情學校當局，嚴詞譴責學生。不論是同情學生或者是同情學校當局的，似乎沒有人體會到這就是革命的前夕。從學生初鬧學潮開始，到1911年辛亥革命成功、中華民國誕生為止，其間不過短短八年而已。

這種反抗運動可說是新興的知識分子對一向控制中國的舊士大夫階級的反抗，不但是知識上的反抗，而且是社會和政治的反抗。自從強調物競天擇、適者生存的進化論以及其他科學觀念輸入中國以後，年輕一代的思想已經起了急遽的變化。18世紀的個人觀念與19世紀的工業革命同時並臨：個人自由表現於對舊制度的反抗；工業革命則表現於使中國舊行業日趨式微的舶來品。中國的舊有制度正在崩潰，新的制度尚待建設。

全國普遍顯得擾攘不安。貧窮、饑饉、瘟疫、貪汙、國際知識的貧乏以及外國侵略的壓力都是因素，青年學生不過是這場戰亂中的急先鋒而已，使全國學府遍燃烽火的，不是一隻無足輕重的墨水瓶，不是一個在教會學校裡被颳了耳光的學生，也不是一次學生與轎伕之間的齟齬而已。

第六章　繼續就學

我們離開那所教會學校以後，我們的學生會自行籌辦了一個學校，取名「改進學社」。這個名稱是當時著名的學者章炳麟給我們起的。這位一代大儒，穿了和服木屐，履聲郭橐，溢於堂外。他說，改進的意思是改良、進步。這當然是我們願意聽的。我們的妄想是，希望把這個學校辦得和牛津大學或者劍橋大學一樣，真是稚氣十足。但是不久我們就嘗到幻滅的滋味。不到半年學生就漸漸散了，結果只剩下幾個被選擔任職務的學生。當這幾位職員發現再沒有選舉他們的群眾時，他們也就另覓求學之所去了。

我自己進了浙江高等學堂。我原來的名字「夢熊」已經入了鬧事學生的黑名單，因此就改用「夢麟」註冊。我參加入學考試，幸被錄取。當時的高等學堂，正當罷課學潮之後重新改組，是一向有「學人之省」之稱的浙江省的最高學府。它的前身是求是書院。「求是」是前輩學者做學問的一貫態度。求是書院和紹興的中西學堂有很多相似的地方，課程中包括一些外國語和科學科目。後來新學科愈來愈見重要，所占時間也愈來愈多，求是書院終於發展為一種新式的學校，同時改名為浙江高等學堂。

這個學堂既然辦在省城，同時又由政府負擔經費，它自然而然地成為全省文化運動的中心。它的課程和中西學堂很相似，不過功課比較深，科目比較多，先生教得比較好，全憑記憶的工作比較少。它已粗具現代學校的規模。

我自從進了紹興的中西學堂以後，一直在黑暗中摸索。看到東邊有一點閃爍的亮光，我就摸到東邊；東邊亮光一閃而逝以後，我又連忙轉身撲向西邊。現在進了浙江高等學堂，眼前豁然開朗，對一切都可以看得比較真切了。我開始讀英文原版的世界史。開始時似乎很難了解外國人民的所作所為，正如一個人試圖了解群眾行動時一樣困難。後來我才

慢慢地了解西方文化的發展,自然那只是一種粗枝大葉而且模模糊糊的了解。但是這一點了解已經鼓起我對西洋史的興趣,同時奠定了進一步研究的基礎。

在浙江高等學堂裡所接觸的知識非常廣泛。從課本裡,從課外閱讀,以及師友的談話中,我對中國以及整個世界的知識日漸增長。我漸漸熟悉將近 4,000 年的中國歷史,同時對於歷代興衰的原因也有相當的了解。這是我後來對西洋史從事比較研究的一個基礎。

近代史上值得研究的問題就更多:首先是 1894 年使臺灣割讓於日本的中日戰爭,童年時代所看到的彩色圖畫曾使我對它產生錯誤的印象;其次是 1898 年康有為和梁啟超的維新運動,那是我在中西學堂讀書時所發生的;再其次是 1900 年的義和團戰爭,我在上海時曾經聽到許多關於義和團的消息;然後是 1904 年的日俄戰爭,我在杭州唸書時正在進行。每一件事都有豐富的數據足供研究而且使人深省。

我們也可以用倒捲珠簾的方式來研究歷史:1885 年的中法戰爭使中國喪失了越南;太平天國始於 1851 年而終於 1864 年,其間還出現過戈登將軍和華德將軍的常勝軍;1840 年鴉片戰爭的結果使中國失去了香港;如果再往上追溯,明末清初有耶穌會教士來華傳教,元朝有馬哥孛羅來華遊歷;再往上可以追溯到中國與羅馬帝國的關係。

梁啟超在東京出版的《新民叢報》是份綜合性的刊物,內容從短篇小說到形而上學,無所不包。其中有基本科學常識、有歷史、有政治論著,有自傳、有文學作品。梁氏簡潔的文筆深入淺出,能使人了解任何新穎或困難的問題。當時正需要介紹西方觀念到中國,梁氏深入淺出的才能尤其顯得重要。梁啟超的文筆簡明、有力、流暢,學生們讀來裨益匪淺,我就是千千萬萬受其影響的學生之一。我認為這位偉大的學者,

第六章　繼續就學

在介紹現代知識給年輕一代的工作上，其貢獻較同時代的任何人為大。他的《新民叢報》是當時每一位渴求新知識的青年的智慧泉源。

在政治上，他主張在清廷主持之下進行立憲維新。這時候，革命黨人也出版了許多刊物，鼓吹孫中山先生的激烈思想。中山先生認為共和政體勝於君主立憲，同時他認為中國應由中國人自己來統治，而不應由腐敗無能的滿洲人來統治。浙籍學生在東京也出版了一個定名《浙江潮》的月刊。這個雜誌因為攻擊清廷過於激烈，以致與若干類似的雜誌同時被郵政當局禁止寄遞。但是日本政府卻同情中國留學生的革命運動，因此這些被禁的雜誌仍舊不斷地從日本流入上海租界。因此上海就成為革命思想的交易所，同情革命的人以及營求厚利者再從上海把革命書刊走私到其他城市。

浙江高等學堂本身就到處有宣傳革命的小冊子、雜誌和書籍，有的描寫清兵入關時的暴行，有的描寫清廷的腐敗，有的則描寫清廷對滿人和漢人的不平等待遇。學生們如飢似渴地讀著這些書刊，幾乎沒有任何力量足以阻止他們。

事實上，清廷腐敗無能的例項，在校門之外就俯拾即是。杭州城牆之內就有一個滿洲人住的小城，裡面駐紮著監視漢人的旗兵。兩百多年前，政府特地劃出這個城中之城作為駐紮杭州的旗兵的營房。這些旗兵的子子孫孫一直就住在這裡，名義上仍舊是軍人。滿漢通婚原則上是禁止的，但是滿人如果願意娶漢人為妻是准許的，實際上這類婚姻很少就是了。太平軍圍城時，杭州的旗人全部被殺。內戰結束以後，原來駐紮湖北荊州的一部分旗兵移駐杭州，來填補空缺。這些從荊州來的旗人當時還有健在的，而且說的是湖北話。雖然他們多數已經去世，但是他們的子女仍舊住在那裡，而且說他們父輩所說的方言。道地湖北人很容易

察覺這些旗人的湖北口音。但是從第三代開始，他們就說杭州的本地方言了。

當時的浙江高等學堂裡有10名旗人子弟。這幾位年輕人對學校中的革命運動裝聾作啞，應付得很得當。其中一人原是蒙古人的後裔，他甚至告訴我，他也贊成革清朝的命，因為他雖然是旗兵，卻不是滿人。

這些所謂旗兵，實際上絕對不是兵；他們和老百姓毫無區別。他們在所謂兵營裡娶妻養子，對衝鋒陷陣的武事毫無所知。唯一的區別是他們有政府的俸餉而無所事事，他們過的是一種寄生生活，因之身體、智力和道德都日漸衰退。他們經常出入西湖湖濱的茶館，有的則按當時的習尚提著鳥籠到處遊蕩，一般老百姓都敬而遠之。如果有人得罪他們，就隨時有捱揍的危險。這些墮落、腐化、驕傲的活榜樣，在青年學生群中普遍引起憎恨和鄙夷。他們所引起的反感，比起革命宣傳的效果只有過之而無不及。

我們從梁啟超獲得精神食糧，孫中山先生以及其他革命志士，則使我們的革命情緒不斷增漲。到了重要關頭，引發革命行動的就是這種情緒。後來時機成熟，理想和行動兼顧的孫中山先生終於決定性地戰勝主張君主立憲的新士大夫階級。

這就是浙江高等學堂的一般氣氛。其他學校的情形也大都如此。我對這一切活動都感興趣。我喜歡搜求消息，喜歡就所獲得的數據加以思考分析，同時也喜歡使自己感情奔放，參加行動。但是我常常適可而止。為求萬全，我仍舊準備參加科舉考試。除了革命，科舉似乎仍舊是參加政府工作的不二途徑，並且我覺得革命似乎遙遙無期，而且困難重重。我有時候非常膽小而怕羞，有時候卻又非常大膽而莽撞，因此我對自己的性格始終沒有自信。所以我的行動常常很謹慎，在採取確切的行

動之前，喜歡先探索一下道路。尤其碰到岔路時，我總是考慮再三，才能作決定。如果猶豫不決，我很可能呆坐道旁，想入非非。但是一旦作了決定，我必定堅持到底。我一生犯過許多錯誤，但沒有犯不可挽回的錯誤，所以沒有讓時代潮流把我捲走。

第七章　參加郡試

　　郡試快到了。一天清早，我從杭州動身往紹興去，因為我們那一區的郡試是在紹興舉行。行李夫用一根扁擔挑起行李走出校門，我緊緊地跟在他的後面。扁擔的一端繫著一隻皮箱和一隻網籃，另一端是鋪蓋卷。走到校門口，碰到一位教師，他向我微微一笑，並祝我吉星高照。

　　穿過許多平坦的石板路，又穿過許多迂迴狹窄的小巷，我們終於到了錢塘江邊。渡船碼頭離岸約有一里路，我小心翼翼地踏上吱吱作響的木板通過一條便橋到達碼頭。渡船上有好幾把笨重的木槳，風向對時也偶然張起帆篷。船行很慢，同時是逆水行駛，所以整整花了兩個小時才渡過錢塘江。當時誰也想不到30年之後竟有一條鋼鐵大橋橫跨寬闊的江面，橋上還可以同時行駛火車和汽車。

　　上岸以後僱了一乘小轎。穿過綿亙數里的桑林，到達一個人煙稠密的市區，然後轉船繼續向紹興出發，船上乘客擠得像沙丁魚。我們只能直挺挺地平躺著睡，如果你縮一縮腿，原來放腿的地方馬上就會被人占據；如果你想側轉身睡一下，你就別想再躺平。

　　在船上過了一夜，第二天早晨到達紹興。寄宿在一個製扇工匠的家裡，房間又小又暗，而且充滿了製扇用的某種植物油氣味。晚上就在菜油燈下讀書，但是燈光太暗，看小字很吃力。我們不敢用煤油燈，因為屋子裡到處是易燃的製扇材料，黑暗中摸索時還常要跌跤。

　　考試開始時，清晨四點左右大家就齊集在試院門前，聽候點名。那是一個初秋的早晨，天氣相當冷。幾千位考生擠在院子裡，每人頭上戴著一頂沒有頂子的紅纓帽，手裡提著一個燈籠、一隻考籃。大廳門口擺著一張長桌。監考官就是紹興知府，昂然坐在長桌後面。他戴著藍色晶

第七章　參加郡試

頂的紅纓帽，穿著深藍色的長袍，外罩黑馬褂，胸前垂著一串朝珠。那是他的全套官服。他提起硃筆順著名單，開始點名。他每點一個名，站在他旁邊的人就拖著長腔唱出考生的名字。考生聽到自己的名字以後，就高聲答應：「有！某某人保。」保的人也隨即唱名證明。監考官望一眼以後，如果認為並無舛錯，就用硃筆在考生名字上加上紅點。

考生點名後就可以進考棚了。他的帽子和衣服都得經過搜尋，以防夾帶，任何寫了字的紙頭都要沒收。

考生魚貫進入考棚，找出自己的位置分別就座。座位都是事先編好號碼的。考卷上有寫好考生姓名的浮籤，繳卷時就撕去浮籤。考卷的一角另有彌封的號碼，錄取名單決定以後才開拆彌封，以免徇私舞弊。清末時，政府各部門無不百弊叢生。唯有科舉制度頗能保持獨立，不為外力所染。科舉功名之所以受人器重，大概就是這個緣故。

考試的題目不出四書五經的範圍，所以每個考生必須把四書五經背得爛熟。我在家塾裡以及後來在紹興中西學堂裡，已經在這方面下過苦功。題目寫在方形的燈籠罩子上，白單子上寫著黑字，燈籠裡面點著蠟燭，因此從遠遠的地方就可以看得很清楚。提燈籠的人把燈籠擎得高高的，在考生座位之間的甬道上來回走好幾次，所以大家都不會看漏題目。

將近中午時，辦事人員開始核對考生的進度，每一份考卷的最末一行都蓋上印子。下午四點鐘左右，炮聲響了，那是收卷的第一次訊號。大門打開，吹鼓手也嗚嗚啦啦開始吹奏起來。考生繳了卷，在樂聲中慢慢走出大門，大門外親戚朋友正在焦急地等待著。繳了卷的人完全出來以後，大門又重新關上。第二次繳卷的訊號大約在一小時以後發出，同樣的鳴炮奏樂。第三次下令收卷則在六點鐘左右，這一次可不再鳴炮奏樂。

西潮
第一部　清朝末年

　　考試以後，我們要等上十天八天，才能知道考試結果。因而放榜以前我們可以大大地玩一陣。試院附近到處是書鋪，我常碰到全省聞名的舉人徐錫麟，在書鋪裡抽出書來看。我認識他，因為他曾在紹興中西學堂教算學。想不到不出數年，他的心臟被挖出來，在安徽巡撫恩銘靈前致祭，因他為革命刺殺了恩銘。街頭巷尾還有像棋攤子，棋盤兩邊都寫著「觀棋不語真君子，落子無悔大丈夫」兩句俗語。街上有臨時的酒樓飯館，出售著名的紹興酒和價廉物美的菜餚。一毛錢買一壺酒。醉蚶、糟雞、家鄉肉，每盤也只要一毛。如肯費三四毛錢，保管你買得滿面春風，齒頰留香。城裡有流動的戲團隊，高興的時候，我們還可以看看戲。

　　放榜的那一天，一大群人擠在試院大門前一座高牆前面守候。放榜時鳴炮奏樂，儀式非常隆重。榜上寫的是錄取考生的號碼，而非姓名。號碼排成一圓圈，以免有先後次序的分別。

　　我發現自己的號碼也排入圓圈，列在牆上那張其大無比的長方形榜上，真是喜出望外。號碼是黑墨大字寫的，但是我還是不肯相信自己的眼睛，連揉了幾次眼，發現自己的號碼的的確確排在榜上的大圈圈內，這才放了心。連忙擠出人群，回到寄宿的地方。在我往外擠的時候，看到另一位考生也正在往外跑。他打著一把傘，這把傘忽然被一根柵欄鉤住，他一拖，傘就向上翻成荷葉形。可是這位興奮過度的考生，似乎根本沒有注意他的傘翻向天了，還是匆匆忙忙往前跑。

　　幾天之後，舉行複試。複試要淘汰一部分人，所以初試錄取的還得捏一把汗。複試時運氣還算不錯。放榜時，發現自己的名字列在居中的某一行上。

　　第三次考試只是虛應故事而已。除了寫一篇文章以外，名義上我們還得默寫一段《聖諭廣訓》（皇帝訓諭士子的上諭）；但是我們每人都可以

第七章　參加郡試

帶一冊進考場，而且老實不客氣地照抄一遍。這次考試由學政（俗稱學臺）親自蒞場監考。試院大門口的兩旁樹著兩根旗桿，旗桿上飄著長達15尺的長幡，幡上寫的就是這位學臺的官銜。記得他的官銜是：「禮部侍郎提督浙江全省學政……」

再過幾天之後，我一大早就被窗外一陣噹噹小鑼驚醒。原來是試差來報喜。我已經考取了附生，也就是平常所說的秀才。試差帶來一份捷報，那是一張大約六尺長、四尺寬的紅紙，上面用宋楷大字寫著：

貴府相公某蒙禮部侍郎提督浙江全省學政某考試錄取餘姚縣學附生

所謂「縣學」只有一所空無所有的孔廟，由一位「教諭」主持，事實上這位「教諭」並不設帳講學，所謂「縣學」是有名無實的。按我們家庭經濟狀況，我須呈繳100元的贄敬，拜見老師。不過經過討價還價，只繳了一半，也並沒有和老師見過面。

當討價還價正在進行的時候，父親惱怒地說，孔廟裡應該拜財神才是。旁邊一位老先生說，那是說不得的。從前有一位才子金聖歎，因為譏笑老師，說了一句「把孔子牌位取消，把財神抬進學宮」的話，奉旨殺了頭。臨刑前這位玩世不恭的才子嘆道：「殺頭至痛也，聖歎於無意中得之，豈不快哉。」

郡試以後，又再度回到浙江高等學堂，接受新式教育。我離開紹興時，房東告訴我，一位同住在他店裡的考生憤憤不平地對他說，學臺簡直瞎了眼，居然取了像我這樣目不識丁的人，其意若曰像他那樣滿腹經綸的人反而落第，真是豈有此理。我笑笑沒說什麼，考試中本來不免有幸與不幸的！

回到學校以後，馬上又埋頭讀書，整天為代數、物理、動物學和歷史等功課而忙碌。課餘之暇，又如飢似渴地閱讀革命書刊，並與同學討

論當時的政治問題。郡試的那段日子和浙江高等學堂的生活恍若隔世。靜定的，霧樣迷濛的中世紀生活，似乎在一夜之間就轉變為洶湧的革命時代的漩渦。我像是做了一場大夢。

兩個月以後，寒假到了，奉父親之命回到鄉間，接受親戚朋友的道賀。那時我是19歲，至親們都希望我有遠大的前程，如果祖墳的風水好，很可能一步一步由秀才而舉人，由舉人而進士，光大門楣，榮及鄉里，甚至使祖先在天之靈也感到欣慰。二哥已早我幾年考取了秀才，那時正在北京大學（京師大學堂）讀書。當時的學生們聽說「京師大學」四個字，沒有不肅然起敬的。想不到15年之後我竟為時會所迫承乏了北京大學的校長職務。回想起來，真令人覺得命運不可捉摸。

在紹興時曾經收到一份捷報，不久，試差又用一份同樣以紅紙寫的捷報，敲著銅鑼分向我家鄉的親戚家屬報喜。開筵慶祝的那一天，穿起藍綢衫，戴了一頂銀雀頂的紅纓帽。好幾百親戚朋友，包括婦孺老少，齊來道賀，一連吃了兩天喜酒。大廳中張燈結綵，並有吹班奏樂助興。最高興的自然是父親，他希望他的兒子有一天能在朝中做到宰相，因為俗語說，「秀才為宰相之根苗」。至於我自己，簡直有點迷惘。兩個互相矛盾的勢力正在拉著，一個把我往舊世界拖，一個把我往新世界拖，我不知道怎麼辦。

在鄉間住了三個星期，學校重新開學，我又再度全神貫注地開始研究新學問。在浙江高等學堂再逗留了半年光景，到暑假快開始時，又離開了。滿腦子矛盾的思想，簡直使尚未成熟的心靈無法忍受，新與舊的衝突，立憲與革命的衝突，常常鬧得頭腦天旋地轉，有時覺得坐立不安，有時又默坐出神。出神時，會覺得自己忽然上衝霄漢，然後又驟然落地，結果在地上跌得粉碎，立刻被旋風吹散無蹤了。

第七章　參加郡試

　　我的近親當中曾經發現有人患精神病，我有時不禁懷疑自己是否也有點神經質的遺傳。父親和叔祖都說過，我小時候的思想行動本來就與常兒不同。我還記得有一天伯祖罵我，說我將來如不成君子必成流氓。雖然不大明白這話的意思，但是我心裡想，一定要做君子。

　　這個世界的確是個瘋狂的世界，難道我也真的發了瘋嗎？至少有一個問題在腦子裡還是很清楚的：那就是如何拯救祖國，免受列強的瓜分。革命正迅速地在全國青年學生群中生根發展。投身革命運動的青年學生愈多，孫中山先生的影響也愈來愈廣。清室覆亡已經近在旦夕了。

　　我渴望找個更理想、更西化的學校。因為這時候已經看得清楚：不論立憲維新或者革命，西化的潮流已經無法抗拒。有一天早晨，無意中闖進禁止學生入內的走廊，碰到了學監。他問有什麼事，我只好臨時扯了個謊，說母親生病，寫信來要我回家。

　　「哦！那太不幸了。你還是趕快回家吧！」學監很同情地說。

　　回到宿舍，收拾起行李，當天上午就離開學校，乘小火輪沿運河到了上海。參加上海南洋公學的入學考試，結果幸被錄取。那是 1904 年的事，為爭取滿洲控制權的日俄戰爭正在激烈進行。

西潮
第一部　清朝末年

第八章　西化運動

　　雖然新舊之爭仍在方興未艾，立憲與革命孰長孰短亦無定論，中國這時已經無可置疑地踏上西化之路了。日本對帝俄的勝利，更使中國的西化運動獲得新的鼓勵，這時聚集東京的中國留學生已近五萬人，東京已經成為新知識的中心。國內方面，政府也已經開始一連串的革新運動，教育、軍事、警政都已根據日本的藍圖採取新制度。許多人相信，經過日本同化修正的西方制度和組織，要比純粹的西洋制度更能適合中國的國情，因此他們主張透過日本接受西洋文明。但是也有一般人認為，既然我們必須接受西洋文明，何不直接向西洋學習？

　　我是主張直接向西方學習的，雖然許多留學日本的朋友來信辯難，我卻始終堅持自己的看法。進了南洋公學，就是想給自己打點基礎，以便到美國留學。這裡一切西洋學科的課本都是英文的，剛好合了我的心意。

　　南洋公學創辦時，採納了美國傳教士福開森博士的許多意見。南洋公學是交通大學的前身，交通大學附近的福開森路，就是為紀念這位美國傳教士而命名的。南洋公學的預科，一切按照美國的中學學制辦理，因此南洋公學可說是升入美國大學的最好階梯。學校裡有好幾位講授現代學科的美國人。在校兩年，在英文閱讀方面已經沒有多大困難，不過講卻始終講不好。學校教的英文並不根據語音學原理，我的舌頭又太硬，始終跟不上。

　　課程方面分為兩類，一類是中國舊學，一類是西洋學科。我在兩方面的成績都還過得去，有一次還同時僥倖獲得兩類考試的榮譽獎。因此蒙校長召見，謬承獎勉。

第八章　西化運動

校舍是根據西洋設計而建築的，主要建築的中心有一座鐘樓，數里之外就可以望見。有一排房子的前面是一個足球場，常年綠草如茵，而且打掃得很整齊。學校當局鼓勵學生玩足球和棒球，學生們對一般的運動也都很感興趣。

我生來體弱，進了南洋公學以後，開始體會到要有高深的學問，必須先有強健的體魄。除了每日的體操和輕度的運動之外，還給自己定了一套鍛鍊身體的辦法。每天六點鐘光景，練習半小時的啞鈴，晚間就寢前再練一刻鐘。繼續不斷地練了三年，此後身體一直很好，而且心情也總是很愉快。

包括德、智、體三要素的史賓賽教育原則，這時已經被介紹到中國。為了發展德育，就溫習了「四書」，同時開始研究宋明的哲學家以及歷代中外偉人的傳記，希望藉此機會學習他們的榜樣，碰到認為足資借鑑的言行時，就把它們摘錄在日記本上，然後仔細加以思考，試著照樣去做，同時注意其成績。這些成績也記載在日記上，以備進一步的考核。

每當發現對某些問題的中西見解非常相似，甚至完全相同時，我總有難以形容的喜悅。如果中西賢哲都持同一見解，那麼照著做自然就不會錯了。當發現歧見時，就加以研究，設法找出其中的原因。這樣就不知不覺地做了一項東西道德行為標準的比較研究。這種研究工作最重要的結果是，學到了如何在道理觀念中區別重要的與不重要的，以及基本的與浮面的東西。

從此以後，對於如何立身處世開始有了比較肯定、比較確切、也比較自信的見解，因為道德觀念是指導行為的準繩。

我開始了解東西方的整體性，同時也更深切地體會到宋儒陸象山所

說的「東海有聖人出焉，此心同，此理同。西海有聖人出焉，此心同，此理同」的名言。同時開始體會到紊亂中的統一，因為我發現基本道理原極有限，了解這些基本道理之間的異同矛盾正可以互相發明，互相印證。使我感到頭暈眼花的，只是細微末節的紛擾而已。孟子和陸象山告訴我們，做學問要抓住要點而捨棄細節，要完全憑我們的理智辨別是非。於是我開始發展以理解為基礎的判斷能力，不再依據傳統的信仰。這是思想上的一次大解放，像是脫下一身緊繃繃的衫褲那樣舒服而自由。

但是理解力也不能憑空生存。想得太多，結果除失望外一無成就。這樣是犯了孔子所說的「思而不學」的毛病。當然，導向正確思想的途徑還是從思想本身開始，然後從經驗中學習如何思想。你不可能教導一個根本不用腦筋的人如何去思想。後來我留美時讀到杜威的《我們如何思想》，使我的信念更為加強。

儒家說，正心誠意是修身的出發點，修身則是治國、平天下的根基。因此，我想，救國必先救己。於是決心努力讀書、思考，努力鍛鍊身體，努力敦品勵行。我想，這就是修身的正確途徑了，有了良好的身心修養，將來才能為國服務。

在南洋公學讀書的時候，清廷終於在1905年採取了教育改革的重要步驟，毅然宣布廢止科舉。年輕一代迷戀過去的大門從此關閉。廢科舉的詔書是日本戰勝帝俄所促成的。代替科舉的是抄襲自日本的一套新教育制度。日本的教育制度是模仿西方的。追本溯源，中國的新教育制度仍舊來自西方。中國現在總算不折不扣地踏上西化的途程了。

在這以前，上海曾經是中國革命分子文化運動的中心。中國的知識分子和革命領袖，躲在上海公共租界和法租界，可以享受言論自由和出版自由。政治犯和激烈分子在租界裡討論，發表他們的見解，思想自由

第八章　西化運動

而且蓬勃一時，情形足與希臘的城邦媲美。

我自己除了在南洋公學接受課本知識之外，也參加了各式各樣的活動，但是學習的性質居多，談不到積極工作。到禮拜六和禮拜天時，常常到福州路的奇芳茶館去坐坐。那時候，上海所有的學生都喜歡到「奇芳」去吃茶，同時參加熱烈的討論。茶館裡有一位叫「野雞大王」的，每日在那裡兜售新書，他那副樣子，去過「奇芳」的人沒有一個會忘記的。他穿著一身破爛的西裝，頭上戴著一頂灰色的滿是油垢的鴨舌頭帽。他專門販賣革命書刊給學生，他的貨色當中還包括一本《性學新論》的小冊子，據他解釋，那只是用來吸引讀者的。誰也不知道他的名字。吳稚暉先生說，他知道他是誰，並告訴了我他的名字，我卻忘記了。我們也不曉得他住在什麼地方。任何革命書刊都可以從他那裡買得到。這些書，因租界當局應中國政府之請，在名義上是禁止販賣的。

科舉廢止的同一年，孫中山先生在東京組織同盟會，參加的學生有好幾百人，中山先生被選為主席。這一年也就是日本和俄國簽訂《樸茨茅斯條約》，結束日俄戰爭的一年。日本在擊敗西方列強之一的俄國以後，正蠢蠢欲動，預備侵略中國。十年之後，日本向中國提出著名的「二十一條」要求，16年以後，發動九一八瀋陽事變，最後終於在民國廿六年與中國發生全面戰爭。

當時，上海正在熱烈展開抵制美貨運動，抗議美國國會通過排華法案。學生和商人聯合挨戶勸告商店店主不要售賣美國貨。店主亟於賣掉被抵制的貨品，只好削價脫售，有許多顧客倒也樂於從後門把貨色買走。群眾大會中，大家爭著發表激烈演說，反對排華法案。有一次會中，一位慷慨激昂的演說者搥胸頓足，結果把鞋跟頓掉了。鞋跟飛到聽眾頭上，引得哄堂大笑。

西潮

第一部　清朝末年

　　翌年也發生一件重要的事情，江浙兩省的紳士與上海的學生和商人聯合起來反對英國人投資建築蘇杭甬鐵路。示威的方式包括群眾大會、發通電、街頭演說等等，同時開始招股準備用本國資金建築這條鐵路，路線要改為由上海經杭州到寧波。以上海代替蘇州的理由很奇怪，說蘇州是個內陸城市，鐵路不經過蘇州，可以使蘇州免受外國的影響。英國人對路線讓步了，鐵路也在第二年動工興建。

　　那幾年裡，全國各校的學生倒是都能與學校當局相安無事，一方面是因為他們對校外活動的興趣提高，另一方面是因為他們對於給學校當局找些無謂的麻煩已經感到厭倦。不過，他們卻把注意力轉移到為他們做飯的廚師身上去了。當時上海學生的夥食費是每月六塊錢；在內地，只要三塊錢。因此飯菜不會好到哪裡去。但是學生對夥食很不滿意，不是埋怨米太粗糙，就是埋怨菜蔬質地太差，因此常常要求加菜——通常是加炒蛋，因為炒蛋最方便。當時雞蛋也很便宜，一塊錢可以買五六十個。有時候，學生們就砸碎碗碟出氣，甚至把廚師揍一頓。幾乎沒有一個學校沒有飯廳風潮。

　　1907年，安徽省城安慶發生了一次曇花一現的革命。革命領袖是徐錫麟，我們在前面曾提起他過。他是安徽省警務督辦，曾在紹興中西學堂教過書。我們在前面也曾經提及（中西學堂就是我最初接觸西方學問的地方，我在那裡學到地球是圓的），他中過舉人，在中西學堂教過幾年書以後，又到日本留學。他回國後向朋友借了5萬塊錢，捐了道臺的缺，後來被派到安慶。他控制了警察以後，親手槍殺安徽巡撫，並在安慶發動革命。他與兩名親信帶了警校學生及警察部隊占領軍械庫，在庫門口架起大砲據守。但是他們因缺乏軍事訓練，無法使用大砲，結果被官兵衝入，徐錫麟當場被捕。他的兩位親信，一名叫陳伯平的陣亡了，

第八章　西化運動

一位叫馬子夷的事後被捕。

馬子夷是我在浙江高等學堂的同學，他和陳伯平從日本赴安慶時，曾在上海逗留一個時期。兩個人幾乎每天都來看我，大談革命運動。他們認為革命是救中國的唯一途徑，還約我同他們一道去安慶。但是一位當錢莊經理的堂兄勸我先到日本去一趟。那年暑假，我就和一位朋友去東京，順便參觀一個展覽會。我們離滬赴日的前夕，馬子夷、陳伯平和我三個人在一枝春酒樓聚餐話別。第二天我去日本，他們也搭長江輪船赴安慶。想不到一枝春酒樓一別竟成永訣。

初次乘大洋輪船，樣樣覺得新奇。抽水馬桶其妙無比。日本茶房禮貌周到。第二天早晨，我們到達長崎，優美的風景給我很深的印象。下午經過馬關，就是李鴻章在1895年與日本簽訂《馬關條約》的地方。我們在神戶上岸，從神戶乘火車到東京，在新橋車站落車。一位在東京讀書的朋友領我們到小石川二十三番君代館住下。東京的街道當時還沒有鋪石子，更沒有柏油，那天又下雨，結果滿地泥濘。

我到上野公園的展覽會參觀了好幾十趟，對日本的工業發展印象很深。在一個展覽戰利品的戰跡博物館裡，看到中日戰爭中俘獲的中國軍旗、軍服和武器，簡直使我慚愧得無地自容。夜間整個公園被幾萬盞電燈照耀得如同白晝，興高采烈的日本人提著燈籠在公園中遊行，高呼萬歲。兩年前，他們陶醉於對俄的勝利，至今猶狂喜不已。我孤零零地站在一個假山頂上望著遊行的隊伍，觸景生情，不禁泫然涕下。

到日本後約一星期，君代館的下女在清晨拿了一份日文報紙來，從報上獲悉徐錫麟在安慶起義失敗的消息。如果我不來日本而跟那兩位朋友去安慶，恐怕我不會今日在此講「西潮」的故事了。

我對日本的一般印象非常良好。整個國家像個大花園，人民衣飾整

飭，城市清潔。他們內心或許很驕傲，對生客卻很有禮貌。強迫教育使國民的一般水準遠較中國為高，這或許就是使日本成為世界強國的祕密所在。這是我在日本停留一月後帶回來的印象。後來赴美國學教育學，也受這些感想的指示。但是國家興衰事情並不如此簡單，讓我等機會再談罷。

不久以後，又開始為學校功課而忙碌。第二年暑假，跑到杭州參加浙江省官費留美考試，結果被錄取。於是向父親拿到幾千塊錢，預備到加利福尼亞深造。

第二部　留美時期

第九章　負笈西行

　　我拿出一部分錢，買了衣帽雜物和一張往舊金山的頭等船票，其餘的錢就以兩塊墨西哥鷹洋對一元美金的比例兌取美鈔。上船前，找了一家理髮店剪去辮子。理髮匠舉起利剪，抓住我的辮子時，我簡直有上斷頭臺的感覺，全身汗毛直豎。咔嚓兩聲，辮子剪斷了，我的腦袋也像是隨著剪聲落了地。理髮匠用紙把辮子包好還給我。上船後，我把這包辮子丟入大海，讓它隨波逐浪而去。

　　我拿到醫生證明書和護照之後，到上海的美國總領事館請求簽證，按照移民條例第六節規定，申請以學生身分赴美。簽證後買好船票，搭乘美國郵船公司的輪船往舊金山。那時是 1908 年 8 月底。同船有十來位中國同學。郵船啟碇，慢慢駛離中國海岸，我的早年生活也就此告一段落。在上船前，我曾經練了好幾個星期的鞦韆，所以在 24 天的航程中，一直沒有暈船。

　　這隻郵船比我前一年赴神戶時所搭的那艘日本輪船遠為寬大豪華。船上最使我驚奇的事是跳舞。我生長在男女授受不親的社會裡，初次看到男女相偎相依，婆娑起舞的情形，覺得非常不順眼。旁觀了幾次之後，我才慢慢開始欣賞跳舞的優美。

　　船到舊金山，一位港口醫生上船來檢查健康，對中國學生的眼睛檢查得特別仔細，唯恐有人患沙眼。

　　我上岸時第一個印象是移民局官員和警察所反映的國家權力。美國這個共和政體的國家，她的人民似乎比君主專制的中國人民更少個人自由，這簡直弄得我莫名其妙。我們在中國時，天高皇帝遠，一向很少感受國家權力的拘束。

第九章　負笈西行

　　我們在舊金山逗留了幾個鐘頭，還到唐人街轉了一趟。我和另一位也預備進加州大學的同學，由加大中國同學會主席領路到了柏克萊（Berkeley）。晚飯在夏德克路的天光餐廳吃，每人付二角五分錢，吃的有湯、紅燒牛肉、一塊蘋果餅和一杯咖啡。我租了班克洛夫路的柯爾太太的一間房子。柯爾太太已有相當年紀，但是很健談，對中國學生很關切。她吩咐我出門以前必定要關燈；洗東西以後必定要關好自來水龍頭；花生殼絕不能丟到抽水馬桶裡；銀錢絕不能隨便丟在桌子上；出門時不必鎖門；如果我願意鎖門，就把鑰匙留下藏在地毯下面。她說：「如果你需要什麼，你只管告訴我就是了。我很了解客居異國的心情。你就拿我的家當自己的家好了，不必客氣。」隨後她向我道了晚安才走。

　　到柏克萊時，加大秋季班已經開學，因此我只好等到春季再說。我請了加大的一位女同學給我補習英文，學費每小時五毛錢。這段時間內，我把全部精力花在英文上。每天早晨必讀舊金山紀事報，另外還訂了一份《展望》（The Outlook）週刊，作為精讀的數據。《韋氏大學字典》一直不離手，碰到稍有疑問的字就打開字典來查，四個月下來，居然字彙大增，讀報紙雜誌也不覺得吃力了。

　　初到美國時，就英文而論，我簡直是半盲、半聾、半啞。如果我希望能在學校裡跟得上功課，這些障礙必須先行克服。頭一重障礙，經過四個月的不斷努力，總算大致克服了，完全克服它也不過是時間問題而已。第二重障礙要靠多聽人家談話和教授講課才能慢慢克服。教授講課還算比較容易懂，因為教授們的演講，思想有系統，語調比較慢，發音也清晰。普通談話的範圍比較廣泛，而且包括一連串互不銜接而且五花八門的觀念，要抓住談話的線索頗不容易。到劇院去聽話劇對白，其難易則介於演講與談話之間。

西潮
第二部　留美時期

　　最困難的是克服開不得口的難關。主要的原因是我在中國時一開始就走錯了路。錯誤的習慣已經根深蒂固，必須花很長的時間才能矯正過來。其次是我根本不懂語音學的方法，單憑模仿，不一定能得到準確的發音。因為口中發出的聲音與耳朵聽到的聲音之間，以及耳朵與口舌之間，究竟還有很大的差別。耳朵不一定能夠抓住正確的音調，口舌也不一定能夠遵照耳朵的指示發出正確的聲音。此外，加利福尼亞這個地方對中國人並不太親熱，難得使人不生身處異地、萬事小心的感覺。我更特別敏感，不敢貿然與美國人廝混，別人想接近我時，我也很怕羞。許多可貴的社會關係都因此斷絕了。語言只有多與人接觸才能進步，我既然這樣故步自封，這方面的進步自然慢之又慢。後來我進了加大，這種口語上的缺陷，嚴重地影響了我在課內課外參加討論的機會。有人問我問題時，我常常是臉一紅，頭一低，不知如何回答。教授們總算特別客氣，從來不勉強我回答任何問題。也許他們了解我處境的窘困，也許是他們知道我是外國人，所以特別加以原諒。無論如何，他們知道，我雖然噤若寒蟬，對功課仍舊很用心，因為我的考試成績多半列在乙等以上。

　　日月如梭，不久聖誕節就到了。聖誕前夕，我獨自在一家餐廳裡吃晚餐，菜比初到舊金山那一天晚上好得多，花的錢，不必說，也非那次可比。飯後上街閒遊，碰到沒有拉起窗簾的人家，我就從窗戶眺望他們歡欣團聚的情形。每戶人家差不多都有滿飾小電燈或蠟燭的聖誕樹。

　　大除夕，我和幾位中國同學從柏克萊渡海到舊金山。從渡輪上可以遠遠地看到對岸的鐘樓裝飾著幾千盞電燈。上岸後，發現舊金山到處人山人海。碼頭上候船室裡的自動鋼琴震耳欲聾。這些鋼琴只要投下一枚鎳幣就能自動彈奏。我隨著人潮慢慢地在大街上閒逛，耳朵裡滿是小喇

第九章　負笈西行

叭和小鼗鼓的嘈音。玩喇叭和鼗鼓的人特別喜歡湊著漂亮的太太小姐們的耳朵開玩笑，這些太太小姐們雖然耳朵吃了苦頭，但仍然覺得這些玩笑是一種恭維，因此總是和顏悅色地報以一笑。空中到處飄揚著五彩紙條，有的甚至纏到人們的頭頸上。碎花紙像彩色的雪花飛落在人們的頭上。我轉到唐人街，發現成群結隊的人在欣賞東方色彩的櫥窗裝飾。噼噼啪啪的鞭炮聲，使人覺得像在中國過新年。

午夜鐘聲一響，大家一面提高嗓門大喊「新年快樂」，一面亂揿汽車喇叭或者大搖響鈴。五光十色的紙條片更是漫天飛舞。這是我在美國所過的第一個新年。美國人的和善和天真好玩給我留下深刻的印象。在他們的歡笑嬉遊中可以看出美國的確是個年輕的民族。

那晚回家時已經很遲，身體雖然疲倦，精神卻很輕鬆，上床後一直睡到第二天日上三竿起身。早飯後，我在柏克萊的住宅區打了個轉。住宅多半沿著徐緩的山坡建築，四周則圍繞著花畦和草地。玫瑰花在加州溫和的冬天裡到處盛開著。柏克萊四季如春，通常長空蔚藍不見朵雲，很像雲南的昆明、臺灣的臺南，而溫度較低。

新年之後，我興奮地等待著加大第二個學期在二月間開學。心中滿懷希望，我對語言的學習也加倍努力。快開學時，我以上海南洋公學的學分申請入學，結果獲准進入農學院，以中文學分抵補了拉丁文的學分。

我過去的準備工作偏重文科方面，結果轉到農科，我的動機應該在這裡解釋一下。我轉農科並非像有些青年學生聽天由命那樣的隨便，而是經過深思熟慮才慎重決定的。我想，中國既然以農立國，那麼只有改進農業，才能使最大多數的中國人得到幸福和溫飽。同時我幼時在以耕作為主的鄉村裡生長，對花草樹木和鳥獸蟲魚本來就有濃厚的興趣。為

國家,為私人,農業都似乎是最合適的學科。此外我還有一個次要的考慮,我在孩提時代身體一向羸弱,我想如果能在田野裡多接觸新鮮空氣,對我身體一定大有裨益。

第一學期選的功課是植物學、動物學、生理衛生、英文、德文和體育。除了體育是每週六小時以外,其餘每科都是三小時。我按照指示到大學路一家書店買教科書。我想買植物學教科書時,說了半天店員還是聽不懂,後來我只好用手指指書架上那本書,他才恍然大悟。原來植物學這個名詞的英文字(botany)重音應放在第一音節,我卻把重音念在第二音節上去了。經過店員重複一遍這個字的讀音以後,我才發現自己的錯誤。買了書以後心裡很高興,既買到書,同時又學會一個英文字的正確發音,真是一舉兩得。後來教授要我們到植物園去研究某種草木,我因為不知道植物園(botanical garden)在哪裡,只好向管清潔的校工打聽。唸到「植物園」的「植物」這個英文字時,我自作聰明把重音念在第一音節上,我心裡想,「植物學」這個英文的重音既然在第一音節上,舉一反三,「植物園」中「植物」一字的重音自然也應該在第一音節上了。結果弄得那位工友瞠目不知所答。我只好重複了一遍,工友揣摩了一會之後才恍然大悟。原來是我舉一反三的辦法出了毛病,「植物(的)」這個字的重音卻應該在第二音節上。

可惜當時我還沒有學會任何美國的俚語村言,否則恐怕「他×的」一類粗話早已脫口而出了。英文重音的捉摸不定曾經使許多學英文的人傷透腦筋。固然重音也有規則可循,但是每條規則總有許多例外,以致例外的反而成了規則。因此每個字都得個別處理,要花很大工夫才能慢慢學會每個字的正確發音。

植物學和動物學引起我很大的興趣。植物學教授在講解顯微鏡用法

第九章　負笈西行

時曾說過笑話：「你們不要以為從顯微鏡裡可以看到大如巨象的蒼蠅。事實上，你們恐怕連半隻蒼蠅腿都看不到呢！」

我在中國讀書時，課餘之暇常常喜歡研究鳥獸蟲魚的生活情形，尤其在私塾時代，一天到晚死背枯燥乏味的古書，這種膚淺的自然研究正可調節一下單調的生活，因而也就慢慢培養了觀察自然的興趣，早年的即興觀察和目前對動植物學的興趣，有一個共通的出發點——好奇，最大的差別在於使用的工具。顯微鏡是眼睛的引申，可以使看到肉眼無法辨別的細微物體。使用顯微鏡的結果，使人發現多如星的細菌。望遠鏡是眼睛的另一種延伸，利用望遠鏡可以觀察無窮數的繁星。我渴望到黎克天文臺去見識見識世界上最大的一具望遠鏡，但是始終因故不克遂願。後來花了二毛五分錢，從街頭的一架望遠鏡去眺望行星，發現銀色的土星帶著耀目的星環，在蔚藍的天空冉冉移動，與學校裡天體掛圖上所看到的一模一樣。當時的經驗真是又驚又喜。

在農學院讀了半年，一位朋友勸我放棄農科之類的實用科學，另選一門社會科學。他認為農科固然重要，但是還有別的學科對中國更重要。他說，除非我們能參酌西方國家的近代發展來解決政治問題和社會問題，否則農業問題也就無法解決。其次，如果不改修社會科學，我的眼光可能就局限於實用科學的小圈子，無法了解農業以外的重大問題。

我曾經研究過中國史，也研究過西洋史的概略，對各時代各國國力消長的情形有相當的了解，因此對於這位朋友的忠告頗能領略。他的話使我一再考慮，因為我已再度面臨三岔路口，遲早總得有個決定。我曾經提到，碰到一足以影響一生的重要關頭，我從不輕率作任何決定。

一天清早，我正預備到農場看擠牛奶的情形，路上碰到一群蹦蹦跳跳的小孩子去上學。我忽然想起：我在這裡研究如何培育動物和植物，

為什麼不研究研究如何培育人材呢？農場不去了，一直跑上柏克萊的山頭，坐在一棵古橡樹下，凝望著旭日照耀下的舊金山和金門港口的美景。腦子裡思潮起伏，細數著中國歷代興衰的前因後果。忽然之間，眼前恍惚有一群天真爛漫的小孩，像凌波仙子一樣從海灣的波濤中湧出，要求我給他們讀書的學校，於是我毅然決定轉到社會科學學院，選教育為主科。

從山頭跑回學校時已近晌午，我直跑到註冊組去找蘇頓先生，請求從農學院轉到社會科學學院。經過一番詰難和辯解，轉院總算成功了。從1909年秋天起，我開始選修邏輯學、倫理學、心理學和英國史，我的大學生涯也從此步入正途。

歲月平靜而愉快地過去，時間之沙積聚的結果，我的知識也在大學的學術氣氛下逐漸增長。

從邏輯學裡我學到思維是有一定的方法的。換一句話說，我們必需根據邏輯方法來思考。觀察對於歸納推理非常重要，因此我希望訓練自己的觀察能力。我開始觀察校園之內，以及大學附近所接觸到的許許多多事物。母牛為什麼要裝鈴？尤加利樹的葉子為什麼垂直地掛著？加州的罌粟花為什麼都是黃的？

有一天早晨，我沿著柏克萊的山坡散步時，發現一條水管正在汩汩流水。水從哪裡來的呢？沿著水管找，終於找到了水源，我的心中也充滿了童稚的喜悅。這時我已到了相當高的山頭，我很想知道山嶺那一邊究竟有些什麼。翻過一山又一山，發現這些小山簡直多不勝數。越爬越高，而且離住處也越來越遠。最後只好放棄初衷，沿著一條小路回家。歸途上發現許多農家，還有許多清澈的小溪和幽靜的樹林。

這種漫無選擇的觀察，結果自然只有失望。最後我終於發現，觀察

第九章　負笈西行

必須有固定的對象和確切的目的，不能聽憑興之所至亂觀亂察。天文學家觀察星球，植物學家則觀察草木的生長。後來我又發現另外一種稱為實驗的受控制的觀察，科學發現就是由實驗而來的。

念倫理學時，我學到道德原則與行為規律的區別。道德原則可以告訴我們，為什麼若干公認的規律切合某階段文化的需要；行為規律只要求大家遵守，不必追究規律背後的原則問題，也不必追究這些規律與現代社會的關係。

在中國，人們的生活是受公認的行為規律所規範的。追究這些行為規律背後的道德原則時，我的腦海裡馬上起了洶湧的波瀾。一向被認為最終真理的舊有道德基礎，像遭遇地震一樣開始搖搖欲墜。同時，赫利·奧佛斯屈里特（Harry Overstreet）教授也給了我很大的啟示。傳統的教授通常只知道信仰公認的真理，同時希望他的學生們如此做。奧佛斯屈里特教授的思想卻特別敏銳，因此促使我探測道德原則的基石上的每一裂縫。我們上倫理學課，總有一場熱烈的討論。我平常不敢參加討論，一方面由於我英語會話能力不夠，另一方面是由於自卑感而來的怕羞心理。因為1909年前後是中國現代史上最黑暗的時期，而且我們對中國的前途也很少自信。雖然不參加討論，聽得卻很用心，很像一隻聰明伶俐的小狗豎起耳朵聽它主人說話，意思是懂了，嘴巴卻不能講。

我們必須讀的參考書包括柏拉圖、亞里斯多德、約翰福音和奧里留士等。唸了柏拉圖和亞里斯多德之後，使我對希臘人窮根究底的頭腦留有深刻的印象。我覺得「四書」富於道德的色彩，希臘哲學家卻洋溢著敏銳的智慧。這印象使我後來研究希臘史，並且做了一次古代希臘思想和中國古代思想的比較研究。研究希臘哲學家的結果，同時使我了解希臘思想在現代歐洲文明中所占的重要地位，以及希臘文被認為自由教育不

可缺少的一部分的原因。

讀了約翰福音之後,我開始了解耶穌所宣揚的愛的意義。如果撇開基督教的教條和教會不談,這種「愛敵如己」的哲學,實在是最高的理想。如果一個人真能愛敵如己,那麼世界上也就不會再有敵人了。

「你們能夠做到愛你們的敵人嗎?」教授向全班發問,沒有人回答。

「我不能夠。」那隻一直尖起耳朵諦聽的狗吠了。

「你不能夠?」教授微笑著反問。

我引述了孔子所說的「以直報怨,以德報德」作答。教授聽了以後插嘴說:「這也很有道理啊,是不是?」同學們沒有人回答。下課後一位年輕的美國男同學過來拍拍我的肩膀說:「愛敵如己!吹牛,是不是?」

奧裡留士的言論很像宋朝哲學家。他沉思默想的結果,發現理智是一切行為的準則。如果把他的著述譯為中文,並把他與宋儒相提並論,很可能使人真偽莫辨。

對於歐美的東西,我總喜歡用中國的尺度來衡量。這就是從已知到未知的辦法。根據過去的經驗,利用過去的經驗獲得新經驗也就是獲得新知識的正途。譬如說,如果一個小孩從來沒有見過飛機,我們可以解釋給他聽,飛機像一隻飛鳥,也像一隻長著翅膀的船,他就會了解飛機是怎麼回事。如果一個小孩根本沒有見過鳥或船,使他了解飛機可就不容易了。一個中國學生如果要了解西方文明,也只能根據他對本國文化的了解。他對本國文化的了解愈深,對西方文化的了解愈易,根據這種推理,我覺得自己在國內求學時,常常為讀經史子集而深夜不眠,這種苦功總算沒有白費,我現在之所以能夠吸收、消化西洋思想,完全是這些苦功的結果。我想,我今後的工作就是找出中國究竟缺少些什麼,然後向西方吸收所需要的東西。心裡有了這些觀念以後,我漸漸增加了自

第九章　負笈西行

信,減少了羞怯,同時前途也顯得更為光明。

我對學問的興趣很廣泛,選讀的功課包括上古史、英國史、哲學史、政治學,甚至譯為英文的俄國文學。托爾斯泰的作品更是愛不釋手,尤其是《安娜‧卡列尼娜》和《戰爭與和平》。我參加許多著名學者和政治家的公開演講會,聽過桑太耶那、泰戈爾、大衛、斯坦、約登、威爾遜(當時是普林斯頓校長)以及其他學者的演講。對科學、文學、藝術、政治和哲學,我全有興趣。也聽過塔虎脫和羅斯福的演說。羅斯福是在加大希臘劇場演說的,曾經說過:「我攫取了巴拿馬運河,國會要辯論,讓它辯論就是了。」他演說時的強調語氣和典型姿勢,至今猶歷歷可憶。

中國的傳統教育似乎很褊狹,但是在這種教育的範圍之內也包羅永珍,有如百科全書,這種表面褊狹的教育,事實上恰是廣泛知識的基礎。我對知識的興趣很廣泛,可能就是傳統思想訓練的結果。中國古書包括各方面的知識,例如歷史、哲學、文學、政治經濟、政府制度、軍事、外交等等。事實上絕不褊狹。古書之外,學生們還接受農業、灌溉、天文、數學等實用科學的知識。可見中國的傳統學者絕非褊狹的專家,相反地,他們具備學問的廣泛基礎。除此之外,虛心追求真理是儒家學者的一貫目標,不過,他們的知識只限於書本上的學問,這也許是他們欠缺的地方。在某一意義上說,書本知識可能是褊狹的。

幼時曾經讀過一本押韻的書,書名《幼學瓊林》,裡面包括的問題非常廣泛,從天文地理到草木蟲魚無所不包,中間還夾雜著城市、商業、耕作、遊記、發明、哲學、政治等等題材。押韻的書容易背誦,到現在為止,我仍舊能夠背出那本書的大部分。

柏克萊的小山上有長滿青苔的橡樹和芳香撲鼻的尤加利樹;田野裡

到處是黃色的罌粟花；私人花園裡紅玫瑰在溫煦的加州太陽下盛放著。這裡正是美國西部黃金世界，本地子弟的理想園地。我萬幸得享母校的愛護和培育，使我這個來自東方古國的遊子得以發育成長，衷心銘感，無以言宣。

　　加州氣候冬暖夏涼，四季如春，我在這裡的四年生活確是輕鬆愉快。加州少雨，因此戶外活動很少受影響。冬天雖然有陣雨，也只是使山上的青草變得更綠，或者使花園中的玫瑰花洗滌得更嬌豔。除了冬天陣雨之外，幾乎沒有任何惡劣的氣候影響希臘劇場的演出。劇場四周圍繞著密茂的尤加利樹。莎翁名劇、希臘悲劇、星期演奏會和公開演講會都在露天舉行。離劇場不遠是運動場，校際比賽和田徑賽就在那裡舉行。青年運動員都竭盡全力為他們母校爭取榮譽。美育、體育和智育齊頭並進。這就是古希臘格言所稱「健全的心寓於健全的身」——這就是古希臘格言的實踐。

　　在校園的中心矗立著一座鐘樓，睥睨著周圍的建築。通到大學路的大門口有一重大門，叫「賽色門」（Sather Gate），門上有許多栩栩如生的浮雕裸像。這些裸像引起許多女學生的家長抗議。我的倫理學教授說：「讓女學生們多看一些男人的裸體像，可以糾正她們忸怩作態的習慣。」老圖書館（後來拆除改建為陀氏圖書館）的閱覽室裡就有維納斯以及其他希臘女神裸體的塑像。但是男學生的家長從未有過批評。我初次看到這些希臘裸體人像時，心裡也有點疑惑，為什麼學校當局竟把這些「猥褻」的東西擺在智慧的泉源。後來，我猜想他們大概是要灌輸「完美的思想寓於完美的身體」的觀念。在希臘人看起來，美麗、健康和智慧是三位一體而不可分割的。

　　橡樹叢中那次《仲夏夜之夢》的演出，真是美的極致。青春、愛情、

第九章　負笈西行

美麗、歡愉全在這次可喜的演出中活生生地表現出來了。

學校附近有許多以希臘字母做代表的兄弟會和姊妹會。聽說兄弟會和姊妹會的會員們歡聚一堂，生活非常愉快。我一直沒有機會去作客。後來有人約我到某兄弟會去作客，但是附帶一個條件——我必須投票選舉這個兄弟會的會員出任班主席和其他職員。事先，他們曾經把全班同學列一名單，碰到可能選舉他們的對頭人，他們就說這個「要不得！」，同時在名字上打上叉。

我到那個兄弟會時，備受殷勤招待，令人沒齒難忘。第二天舉行投票，為了確保中國人一諾千金的名譽，我自然照單圈選不誤，同時我也很高興能在這次競選中結交了好幾位朋友。

選舉之後不久，學校裡有一次營火會。究竟慶祝什麼卻記不清楚了。融融的火光照耀著這班青年的快樂面龐。男男女女齊聲高歌。每一支歌結束時，必定有一陣吶喊。木柴的爆裂聲，女孩子吃吃的笑聲和男孩子的呼喊聲，至今猶在耳際縈繞。我忽然在火光燭照下邂逅一位曾經受我一票之賜的同學。使我大出意外的是這位同學竟對我視若路人，過去的那份親熱勁兒不知哪裡去了！人情冷暖，大概就是如此吧！他對我的熱情，我已經以「神聖的一票」來報答，有債還債，現在這筆帳已經結清，誰也不欠誰的了。從此以後，我再也不拿選票交換招待，同時在學校選舉中從此沒有再投票。

在「北樓」的地下室裡，有一間同學經營的「合作社」，合作社的門口掛著一塊牌子，上面寫著：「我們相信上帝，其餘人等，一律現錢交易。」合作社裡最興隆的生意是五分錢一個的熱狗，味道不錯。

學校裡最難忘的人是哲學館的一位老工友，我的先生同學們也許已經忘記他，至少我始終忘不了。他個子高而瘦削，行動循規蹈矩。灰色的

西潮

第二部　留美時期

長眉毛幾乎蓋到眼睛,很像一隻北京叭兒狗,眼睛深陷在眼眶裡。從眉毛下面,人們可以發現他的眼睛閃爍著友善而熱情的光輝。我和這位老工友一見如故,下課以後,或者星期天有空,我常常到地下室去拜訪他。他從加州大學還是一個小規模的學校時開始,就一直住在那地下室裡。

他當過兵,曾在內戰期間在聯邦軍隊麾下參加許多戰役。他生活在回憶中,喜歡講童年和內戰的故事。我從他那裡獲悉早年美國的情形。這些情形離現在將近百年,許多情形與當時中國差不多,某些方面甚至還更糟。他告訴我,他幼年時美國流通好幾種貨幣:英鎊、法郎,還有荷蘭盾。現代衛生設備在他看起來一文不值。有一次他指著一卷草紙對我說:「現代的人雖然有這些衛生的東西,還不是年紀輕輕就死了。我們當時可沒有什麼衛生設備,也沒有你們所謂的現代醫藥。你看我,我年紀這麼大,身體多健康!」他直起腰板,挺起胸脯,像一位立正的士兵,讓我欣賞他的精神體魄。

西點軍校在他看起來也是笑話,「你以為他們能打仗呀?那才笑話!他們全靠幾套制服撐場面,遊行時他們穿得倒真整齊。但是說到打仗——差遠了!我可以教教他們。有一次作戰時,我單槍匹馬就把一隊叛軍殺得精光。如果他們想學習如何打仗,還是讓他們來找我吧!」

雖然內戰已經結束那麼多年,他對參加南部同盟的人卻始終恨之入骨。他說,有一次戰役結束之後,他發現一位敵人受傷躺在地上,他正預備去救助。「你曉得這傢伙怎麼著?他一槍就向我射過來!」他瞪著兩隻眼睛狠狠地望著我,好像我就是那個不知好歹的傢伙似的。我說:「那你怎麼辦?」「我一槍就把這畜牲當場解決了。」他回答說。

這位軍人出身的老工友,對我而言,是加州大學不可分的一部分。他自己也如此看法,因為他曾經親見加大的發育成長。

第十章　美國華埠

　　我到美國第一年的 10 月底以前，中國發生了重大的變故，光緒皇帝和慈禧太后相繼去世。關於這件事，在美國的中國學生隊裡有兩種不同的傳說：一說慈禧太后先去世，她的親信怕光緒皇帝重掌政權，於是謀殺光緒皇帝以絕後患。另一說法是慈禧太后臨死前派了一名太監到囚禁光緒的瀛臺，告訴病弱的光緒帝說，「老佛爺」希望他服用她送去的藥。光緒帝自然了解太后的用意，就把藥吞服了，不久毒發身亡。慈禧太后駕崩以前，已經接到光緒帝服毒死亡的報告，於是發下聖旨，宣布光緒之死，並由光緒的小姪子溥儀繼承皇位。

　　不論這些說法的真確性如何，在柏克萊的中國學生一致認為「老太婆」（這是大家私底下給慈禧太后的諢號）一死，中國必定有一場大亂。後來事實證明確是如此。溥儀登基以後，他的父親載淳出任攝政王。皇帝是個小孩子，攝政王對政務也毫無經驗，因此清廷的威信一落千丈。三年以後，辛亥革命成功，清室終於被推翻。

　　我早在 1909 年參加《大同日報》擔任主筆。這報是孫中山先生在舊金山的革命機關報。那一年的一個秋天晚上，我與《大同日報》的另一個編輯，以後在國內大名鼎鼎的劉麻哥成禺，初次晉謁孫先生。他住在唐人街附近的史多克頓街的一家旅館裡。我進門的時候，因為心情緊張，一顆心怦怦直跳。孫先生在他的房間裡很客氣地接見我們。房間很小，一張床，幾張椅子，還有一張小書桌。靠窗的地方有個小小的洗臉盆，窗簾是拉上的。

　　劉麻哥把我介紹給這位中國革命運動的領袖。孫先生似乎有一種不可抗拒的引力，任何人如果有機會和他談話，馬上會完全信賴他。他的

天庭飽滿，眉毛濃黑，一望而知是位智慧極高，意念堅強的人物。他的澄澈而和善的眼睛顯示了他的坦率和熱情。他的緊閉的嘴唇和堅定的下巴，則顯示出他是個勇敢果斷的人。他的肌肉堅實，身體強壯，予人鎮定沉著的印象。談話時他的論據清楚而有力，即使你不同意他的看法，也會覺得他的觀點無可批駁。除非你有意打斷話頭，他總是娓娓不倦地向你發揮他的理論。他說話很慢，但是句句清楚，使人覺得他的話無不出於至誠。他也能很安詳地聽別人講話，但是很快就抓住人家的談話要點。

後來我發現他對各種書都有濃厚的興趣，不論是中文書，或者英文書。他把可能節省下來的錢全部用來買書。他讀書不快，但是記憶力卻非常驚人。孫先生博覽群書，所以對中西文化的發展有清晰的了解。

他喜歡聽笑話，雖然他自己很少說，每次聽到有趣的笑話時總是大笑不止。

他喜歡魚類和蔬菜，很少吃肉類食物。喜歡中菜，不大喜歡西菜。他常說：「中國菜是全世界最好的菜。」

孫先生是位真正的民主主義者，他曾在舊金山唐人街的街頭演說。頭頂飄揚著國民黨的黨旗，他就站在人行道上向圍集他四周的人演說。孫中山先生非常了解一般人的心理，總是盡量選用通俗平易的詞句來表達他的思想。他會故意地問：「什麼叫革命？」「革命就是打倒滿洲佬。」聽眾很容易明白他的意思，因此就跟著喊「打倒滿洲佬」。接著他就用極淺近的話解釋，為什麼必須打倒滿洲佬，推翻滿清、建立共和以後他的計畫怎麼樣，老百姓在新政府下可以享受什麼好處等等。

在開始講話以前，他總先估量一下他的聽眾，然後選擇適當的題目，臨時決定適當的講話的方式，然後再滔滔不絕地發表他的意見。他

第十章　美國華埠

能自始至終把握聽眾的注意力。他也隨時願意發表演說，因為他有驚人的演說天才。

孫中山先生對人性有深切的了解，對於中國和人民有熱烈的愛，對於建立新中國所需要的東西有深邃的見解。這一切的一切，使他在新中國的發展過程中成為無可置辯的領袖。他常常到南部各州、東部各州去旅行，有時又到歐洲，但是經常要回到舊金山來。每次回到舊金山，我和劉麻哥就去看他。

1911年10月8日，大概晚上八點鐘左右，孫先生穿著一件深色的大衣和一頂禮帽，到了《大同日報》的編輯部。他似乎很快樂，但是很鎮靜。他平靜地告訴我們，據他從某方面得到的消息，一切似乎很順利，計劃在武漢起義的一群人已經完成部署，隨時可以採取行動。兩天以後，消息傳至舊金山，武昌已經爆發革命了。這就是辛亥年10月10日的武漢革命，接著滿清政府被推翻，這一天也成為中華民國的國慶日。

在孫先生的指導之下，我和劉麻哥為《大同日報》連續寫了三年的社論。開始時我們兩人輪流隔日撰寫。我們一方面在加大讀書，一方面為報紙寫社論，常常開夜車到深夜，趕寫第二天早上見報的文章。大學的功課絕不輕鬆，我們，尤其是我，深感這種額外工作負擔之重。革命成功以後，劉麻哥回國了，我只好獨立承當每日社論的重任。我雖然深深關切中國的前途，但是這種身不由己的經常寫作，終於扼殺了我一切寫作的興趣。我一直在無休無止的壓力下工作，而且倉促成文，作品的素質日見低落，而且養成散漫而匆促的思想習慣，用字也無暇推敲。有時思想阻滯，如同阻塞了的水管裡的水滴，但是筆頭的字還是像一群漫無目的的流浪者湧到紙上。我對於這些不速之客實在生氣，但是我還是由他們去了，因為他們至少可以填滿空白。

最初擔任這份工作時,對於寫作的確非常有興趣,字斟句酌,務求至當。這情形很像選擇適當的錢幣,使它能投進自動售貨機的放錢口。如果你匆匆忙忙希望把一大把錢幣同時擠進放錢口,機器自然就阻塞了,多餘的錢怎麼也放不進去,結果就散落一地。一個人不得不在匆忙中寫文章,情形就是這樣,結果是毫無意義的一大堆文字浪費了篇幅。

　　1912年畢業後,我終於放棄了這份工作,心裡感到很輕鬆。從此以後我一直怕寫文章,很像美國小學生怕用拉丁文作文一樣。工作如果成為苦差,並且必須在匆忙中完成,這種工作絕無好成績。這樣養成的壞習慣後來很難矯正。

　　在我四年大學時期裡,約有5萬華僑集中在西海岸的各城市,包括薩克拉門託、舊金山、奧克蘭、聖荷西、洛杉磯等,另外還有零星的小群華僑和個人散布在較小的城鎮和鄉村。華僑集中的區域就叫唐人街或中國城,也稱華埠。舊金山的華埠是美洲各城中最大的一個,共有華僑2萬餘人。主要的街道原來叫杜邦街,後來改稱葛蘭德路,究竟為什麼改,我不知道。葛蘭德路很繁華。東方古董鋪,普通稱為「雜碎館」的中國飯館,算命測字的攤子,假借俱樂部名義的賭場,供奉中國神佛的廟宇等等,吸引了無數的遊客和尋歡作樂的人。有一個年輕美麗的美國人告訴我,她曾在一家東方古董鋪中看到一件非常稀奇的東西——一尊坐在一朵蓮花座上的大佛;她還在一家中國飯館吃過鳥巢(燕窩)、魚翅和雜碎。她對這一切感到新奇萬分,說得手舞足蹈。她的妹妹們都睜著眼睛,張著嘴巴聽她講。「真的啊?」她的老祖母從眼鏡上面望著她,兩隻手則仍舊不停地織著毛線。

　　「你用筷子怎麼喝湯呢?」一位小妹妹滿腹狐疑地問。

　　「正像你用麥管吸汽水一樣吸湯呀,小妹妹。」我代為回答,引得

第十章　美國華埠

大家大笑。

　　也有許多華僑開洗衣店。他們一天到晚忙著漿洗衣服，常常忙到深夜。許多美國家庭喜歡把衣服送到中國洗衣店洗，因為手洗不像機器那樣容易損壞衣服。這些來自「天朝」的子孫，節衣縮食省下有限的一點錢，把省下的錢裝在袋裡藏在床下。但是他們卻慷慨地捐錢給孫中山先生的革命運動，或者把錢寄回廣東，扶養他們的家人或親戚，同時使他們的故鄉變為富足。

　　廣東是中國最富的省分，一方面是廣東人在香港以及其他地方經商發財的關係，另一方面也是因為各地華僑把積蓄匯回廣東的緣故。華僑遍布於馬來亞、印尼、菲律賓及南美、北美各地。各地的華僑多半是從廣東或福建來的。

　　上千萬的華僑生活在外國，他們在外國辛勤工作從不剝削別人，相反地，他們的勞力卻常常受到剝削。他們除父母所賜的血肉之軀外，別無資本。他們像一群蜜蜂，辛勤工作，節衣縮食，忍氣吞聲，把花蜜從遙遠的花朵送到在中國的蜂房。他們得不到任何政治力量的支持，他們也沒有攜帶槍炮到外國來。他們幫著居留地的人民築路、開礦、種植樹木，以一天辛勞的工作換回幾個美金或先令。不錯，有些人，尤其是在新加坡和印尼，的確發了財，住著皇宮樣的大廈和別墅，生活得像印度的土大王，另一些人也躋入中產階級，買田置產，但是富有的和小康的究竟還是少數。大多數的華僑必須辛勤工作，而且只有辛勤工作才能餬口或稍有積蓄。

　　在美國的華僑，沒有很富的，也沒有很窮的。多數都是老實可靠，辛勤工作的人。幾乎所有的人都寄一點錢回廣東。他們的生活方式主要是中國式的。你如果乘一隻船沿薩克拉孟多江航行，你可以看到兩岸散

西潮
第二部　留美時期

布著一些華僑城鎮和村落，店鋪門前掛著大字書寫的中文招牌如「長途糧食」、「道地藥材」等類。你可能以為自己是在沿著長江或運河航行呢。

有一天，我曾經在薩克拉孟多江沿岸的一處中國城上岸，拜訪一位蘆筍園的主人。這位主人叫丁山，是孫中山先生的朋友，他拿鮮嫩的蘆筍招待我，非常肥美多汁。後來一吃到蘆筍，我總要想起他。他還有一間製造蘆筍的罐頭廠，所制的罐頭借用美國商標出售。因此我常常想，美國的某些蘆筍罐頭，可能就是華僑種植和裝罐的。他賺錢的辦法的確好，而且很巧妙。他為工人開設了許多娛樂場所，他說，工人們辛苦了一天，必須有散散心的地方；如果他不創辦娛樂場所，工人們就會找到他的鄰居所開的娛樂場所去。他的用意是「肥水不流外人田」。結果到他娛樂場所來玩的人，都貢獻了一點「肥水」，他的財產也就愈來愈多了。

在美國以及世界各地的華僑，真不愧為炎黃裔胄。男子留著辮子，女人甚至還纏足。在舊金山的華僑街頭，可以發現賣卦算命的攤子。有一位算命先生告訴一位來算命的白人說：「好運道，快快的，大發財。」旁邊一位黑人也想算算命，算命先生把同樣的話重複一遍，黑人大為得意。如果這位算命先生說到此地為止，自然太平無事，但是他偏偏要畫蛇添足，對黑人說：「快快地，不再黑，像他——」同時用手指著那位白人。黑人氣得一腳踢翻算命攤子，阿諛過分成為侮辱，此即一例。

華僑還有許多雜貨店，出售鹹魚、鰻鯗、蛇肉、醬油、魚翅、燕窩、乾鮑，以及其他從廣州或香港運到美國的貨色。有一次，我到一家雜貨舖想買一些東西。但是我的廣東話太蹩腳，沒法使店員明白我要買的東西，只好拿一張紙把它寫下來。旁邊站著一位老太婆只曉得中國有許多不同的方言，卻不曉得中國只有一種共同的文字，看了我寫的文字大為驚奇，她問店裡的人：這位唐人既然不能講唐話（她指廣東話），為

什麼他能寫唐字呢？許多好奇的人圍住我看，有一位稍稍懂點普通話的人問道：「你到廣州省城去過沒有？」我回答說：「沒有。」「那麼你過去在哪裡買東西呢？」「上海。」我笑著夾起一瓶醬油和一包貨物走了。

唐人街的學校仍舊保持舊式的課程。學生們要高聲朗誦古書，和我小時候的情形一模一樣。離唐人街不遠的美國學校，對它們毫無影響。

這是辛亥革命以前的情形。革命以後，唐人街開始起了變化，因為中國本身也在變化，而且是急遽的變化。短短幾年之內，算命賣卦的不見了。辮子的數目也迅速減少，終至完全絕跡。青年女子停止纏足了。學校制度改革了，採用了新式的課程；送到附近美國學校上學的孩子逐漸增加。唐人街雖然想抗拒美國鄰居的影響，但是中國有了改革，而且在生活方式上有了改變以後，這些忠貞的炎黃裔冑也終於亦步亦趨了。

第十一章　紐約生活

時間一年一年地過去，我的知識學問隨之增長，同時自信心也加強了。民國元年，即 1912 年，我以教育為主科，歷史與哲學為兩附科，畢業於加大教育學系，並承學校贈給名譽獎，旋赴紐約入哥倫比亞大學研究院續學。

我在哥大學到如何以科學方法應用於社會現象，而且體會到科學研究的精神。我在哥大遇到許多誨人不倦的教授，我從他們得到許多啟示，他們的教導更使我終生銘感。我想在這裡特別提一筆其中一位後來與北京大學發生密切關係的教授。他就是約翰·杜威博士（Dr. John Dewey，1859-1952）。他是胡適博士和我在哥倫比亞大學的業師，後來又曾在北京大學擔任過兩年的客座教授。他的著作、演講以及在華期間與中國思想界的交往，曾經對中國的教育理論與實踐發生重大的影響。他的實驗哲學與中國人講求實際的心理不謀而合。但是他警告我們說：「一件事若過於注重實用，就反為不切實用。」

我不預備詳談在哥大的那幾年生活，總之，在那幾年裡獲益很大。我對美國生活和美國語言已感習慣，而且可以隨時隨地從所接觸的事物汲取知識而無事倍功半之苦。

紐約給我印象較深的事物是它的摩天大樓，川流不息的道地車和高架電車，高樓屋頂上的炫目的霓虹燈廣告；劇場、影院、夜總會、旅館、飯店；出售高貴商品的第五街，生活浪漫不拘的格林威治村，東區的貧民窟等等。

在社會生活方面，新英格蘭人、愛爾蘭人、波蘭人、義大利人、希臘人、猶太人等各族雜處，和睦如鄰，此外還有幾千名華僑聚居在唐人

第十一章　紐約生活

街附近。當時在這個大都會裡的中國菜館就有五百家之多。紐約市密集的人口中龍蛇混雜,包括政客、流氓、學者、藝術家、工業家、金融鉅子、百萬富翁、貧民窟的貧民以及各色人等,但是基本上這些人都是美國的產物。有人說:「你一走進紐約,就等於離開了美國。」事實上大謬不然。只有美國這樣的國家才能產生這樣高度工業化的大都市,也只有美國才能出現這種相容並蓄的大熔爐。種族摩擦的事可說絕無僅有。一個人只要不太踰越法律的範圍,就可以在紐約為所欲為。只要他不太違背習俗,誰也不會干涉他的私人行動。只要能夠找到聽眾,誰都可以評論古今,臧否時政。

　　法律範圍之內的自由,理智領域之內的思想自由和言論自由在紐約發揮得淋漓盡致,大規模的工商業,國際性的銀行業務,發明、機械和資源的極度利用,處處顯示美國主義的精神和例項。在紐約,我們可以發現整個美國主義的縮影。我們很可能為這個縮影的炫目的外表所迷惑而忽視美國主義的正常狀態,這種正常狀態在美國其餘各地都顯而易見。

　　暑假裡我常常到紐約州東北部的阿地隆臺克山區去避暑。有一年暑假,我和幾位中國朋友到彩虹湖去,在湖中叢山中的一個小島上露營。白天時我們就到附近的小湖去划船垂釣。釣魚的成績很不錯,常常滿載而歸,而且包括10斤以上的梭魚。我們露營的小島上,到處是又肥又大的青蛙,我幼時在我們鄉下就曾學會捉蛙,想不到到了美國之後居然有機會大顯身手。一根釣竿,一根細繩,一枚用大小適當的針屈曲而成的釣鉤,再加一塊紅布就是釣蛙的全副道具了。這些臨時裝備成績驚人,我們常常在一小時之內就捉到二十多隻青蛙,足夠我們大嚼兩餐。彩虹湖附近的居民從未吃過田雞,他們很佩服我們的捉蛙技術,但是他們的

心裡一定在想:「這些野蠻的中國人真古怪!」

晚上我們常常參加附近居民的倉中舞會,隨著主人彈奏的提琴曲子婆娑起舞。我還依稀記得他們所唱的一支歌,大意是:

所有的戶樞都長了鏽,門窗也都歪斜傾倒,屋頂遮不住日晒雨漏,我的唯一的朋友,是灌木叢後面的,一隻黃色的小狗。

這支歌反映山區孤村生活的孤獨和寂寞,但是對城市居民而言,它卻刻劃了一種寧靜迷人的生活。

我們有時也深入到枝葉蔽天的原始森林裡。山徑兩旁的杜松發散著芬芳的氣息。我們採擷了這些芳香的常綠枝葉來裝枕頭,把大自然帶回錦衾之中,陣陣發散的芳香更使我們的夢鄉充滿了溫馨。

有時我們也會在濃密的樹林中迷途。那時我們就只好循著火車汽笛的聲音,找到鐵路軌道以後才能回來。經過幾次教訓以後,我們進森林時就帶指南針了。

在鄉下住了一段時間之後,重新回到城市,的確另有一番愉悅之感。從鄉村回到城市,城市會顯得特別清新可喜;從城市到了鄉村,鄉村卻又顯得特別迷人。原因就是環境的改變和鮮明的對照。外國人到中國時,常常迷戀於悠閒的中國生活和它的湖光山色;而中國人到了異國時卻又常常留戀外國的都市生活。因此我們常常發現許多歐美人士對中國的東西比中國人自己更喜愛。在另一方面,也有許多中國人對歐美的東西比西洋人自己更喜愛。這就是環境改換和先後對照的關係,改換和對照可以破除單調而使心神清新,但是事物的本身價值並不因心理狀態的改變而有所不同。

我在紐約求學的一段時期裡,中日關係突起變化,以致兩國以後勢成水火。日本經過約50年的維新之後,於1894年一擊而敗中國,聲威

漸震。中國人以德報怨,並未因戰敗而懷恨在心。這次戰釁反而意外地引起中國人對日本的欽仰和感激——欽仰日本在短短50年內所完成的重大革新,感激日本喚醒中國對自己前途的樂觀。甲午之戰可說燃起了中國人心中的希望。戰後一段時期中國曾力求追隨日本而發奮圖強。

每年到日本留學的學生數以千計。中國在軍事、警務、教育各方面都採取了新制度,而由留日返國的學生主其事。中國開始從日本發現西方文明的重要。日俄戰爭更使中國的革新運動獲得新動力——日本已成為中國人心中的偶像了。

中國透過她的東鄰逐漸吸收了西方文明,但是中國不久發現,日本值得效法的東西還是從歐美學習而來的。更巧的是美國退還了八國聯軍之後的庚子賠款,中國利用庚款選派了更多的留美學生。在過去,中國學生也有以官費或自費到歐美留學的,但是人數很少,現在從西洋回國的留學生人數逐漸增加,而且開始掌握政府、工商業以及教育界的若干重要位置。傳教士,尤其是美國的傳教士,透過教會學校幫助中國教育了年輕的一代。

因此,中國與日本的文化關係開始逐漸疏遠,中國人心目中的日本偶像也漸行萎縮,但是日本人卻並未意識到這種轉變。

日本利用第一次世界大戰的機會,在民國四年即1915年突然向袁世凱政府提出著名的「二十一條」要求,如果中國接受這些要求,勢將成為日本的保護國。日本之所以突然提出「二十一條」,是因為西方列強在戰事進行中自顧不暇,同時帝俄軍事力量急遽衰退,以致遠東均勢破壞。中國既受東鄰日本的逼迫,乃不得不求助於西方國家,中日兩國從此分道揚鑣,此後數十年間的國際政治也因而改觀。如果日本具有遠大的眼光,能在中國的苦難時期協助中國,那麼中日兩國也許一直和睦相處,

西潮
第二部　留美時期

而第二次世界大戰的情形也就完全不同了。

駐華盛頓的中國大使館經政府授意把「二十一條」要求的內容洩漏了，那時我正在紐約讀書。這消息使西方各國首都大為震驚。抵制日貨運動像野火一樣在中國各地迅速蔓延以示抗議，但是日本軍艦已經結集在中國的重要口岸，同時日本在南滿和山東的軍隊也已經動員。民國四年即1915年5月7日，也就是日本提出「二十一條」要求之後四個月，日本向袁世凱提出最後通牒，袁世凱終於在兩天之後接受「二十一條」要求。

後來情勢演變，這些要求終於化為烏有，但是中國對日本的欽慕和感激卻由此轉變為恐懼和猜疑。從此以後，不論日本說什麼，中國總是滿腹懷疑，不敢置信；不論日本做什麼，中國總是懷著恐懼的心情加以警戒。日本越表示親善，中國越覺得她居心叵測。

我們的東鄰質問我們：「你們為什麼不像我們愛你們一樣地愛我們？」我們回答說：「你們正在用刺刀談戀愛，我們又怎麼能愛你們？」

「九一八事變」前幾年，一位日本將官有一天問我：「中國為什麼要挑撥西方列強與日本作對？」

「為保持均勢，以免中國被你們併吞。」我很坦白地回答。

「日本併吞中國！我們怎麼會呢？這簡直是笑話。」

「一點也不笑話，將軍。上次大戰時列強自顧不暇，日本不是曾經乘機向中國提出二十一條要求嗎？如果這些要求條條實現，日本不是就可以鯨吞中國嗎？」

「哦，哦——？」這位將軍像是吃驚不小的樣子。

「一點不錯。」我直截了當地回答。

第三部　民國初年

西潮
第三部　民國初年

第十二章　急遽變化

　　我在民國六年即 1917 年 6 月間離美返國，美國正為有史以來第一次參加歐戰而忙著動員。離美前夕，心情相當複雜，那晚睡在哥倫比亞大學的赫特萊樓，思潮起伏，一夜不曾闔眼。時間慢慢消逝，終於東方發白。初夏的曙光從窗外爬藤的夾縫漏進房裡。清晨的空氣顯得特別溫柔，薔薇花瓣上滿積著晶瑩的露珠。附近圖書館前石階上的聖母銅像，似乎懷著沉重的心情在向我微笑道別，祝她撫育的義子一帆風順。我站在窗前佇望著五年來朝夕相伴的景物，不禁熱淚盈眶。難道我就這樣丟下我的朋友，永遠離開這智慧的泉源嗎？但是學成回國是我的責任，因為我已享受了留美的特權。

　　那天下午我在中央車站搭火車離開紐約前往俄亥俄州的一個城市。火車慢慢移動離開車站時，我不住地回頭望著揮手送別的美國朋友，直到無法再看到這些青年男女朋友的影子時才坐下。

　　一位朋友陪我到俄亥俄州去看他的朋友。男主人有事進城去了，由漂亮的女主人招待我們。主人家裡沒有男孩，只有一位掌上明珠。這位黑髮女郎明媚動人，長著一張鵝蛋臉，而且熱情洋溢，真是人見人愛。

　　我們在那裡住了兩星期，正是大家忙著登記應召入伍的時候，第一批新兵正在集合出發，隊伍浩浩蕩蕩經過大街，開往營地受訓。街道兩旁人山人海，母親們、愛人們、朋友們紛紛向出征的勇士道別，有的擁吻不捨，有的淚流滿面，就是旁觀的人也為之鼻酸。

　　作客期間，我們曾經數度在月明之夜划船遊湖。湖上遍布著滿長金色和銀色水仙花的小嶼。螢火蟲像流星一樣在夜空中閃爍。魚兒在月色下跳躍戲水。女孩子們則齊聲歡唱。我還記得一支她們喜歡唱的歌：

第十二章　急遽變化

六月的空氣溫暖而清新。
你為什麼不肯開啟你的瓣兒？
難道你怕會有人悄悄地
偷走你的心？

青蛙們也嘶著粗野的歌喉隨聲和唱，女孩子唱了一支又接著一支，直到晚風帶來寒意，大家才意識到夜色已深。於是我們棄舟登岸，在斜瀉而下的月色中踏著遍沾露珠的草地回家。

時間在不知不覺間飛逝，兩個禮拜的愉快生活旋告結束。我向朋友們道別，搭了一輛火車去舊金山。郵船慢慢離開金門海口時，我站在甲板上望著東方，心裡念念不忘在紐約的朋友們。再會吧，朋友們！再會吧，美國！

回到上海時還是夏天。離開九年，上海已經變了。許多街道比以前寬闊，也比以前平坦。租界範圍之外也已經鋪築了許多新路。百貨公司、高等旅館、屋頂花園、遊樂場、跳舞場都比以前多了好幾倍。上海已經追上紐約的風氣了。

離開中國的幾年之內，上海的學校也增加了好幾倍；但是除了少數例外，所有學校的經費都是由私人或中國政府負擔的。少數例外的學校是多年以前公共租界當局興辦的。自從這些落伍的學校在幾十年前創立以來，租界當局的收入我想至少已經增加百倍，但還是讓中國人永遠無知無識罷 —— 這樣，控制和剝削都比較方便。

年輕女孩子已剪短頭髮，而且穿起高齊膝蓋的短裙，哦！對不起，我說錯了，我的意思是指她們穿了僅到膝蓋的旗袍，當時流行的式樣就是如此。當時中國摩登女子的這種衣服是相當有道理的，從肩到膝，平直無華，料子多半是綢緞，長短隨時尚而定。這原是滿洲旗人的長袍，

於清朝進關時男子被迫而穿著的,滿清覆亡以後也被漢家女子採用,因此稱為「旗袍」。

到處可以看到穿著高跟鞋的青年婦女。當你聽到人行道上高跟皮鞋的急驟的篤篤聲時,你就知道年輕的一代與她們的母親已經大不相同了。過去的羞怯之態已不復存在。也許是穿著新式鞋子的結果,她們的身體發育也比以前健美了。從前女人是纏足的。天足運動是中國改革運動的一部分,開始於日俄戰爭前後,但是在辛亥革命成功以前進展始終很慢。我想高跟鞋可能是促使天足運動迅速成功的原因,因為女人們看到別人穿起高跟鞋婀娜多姿,自然就不願意再把她們女兒的足硬擠到繡花鞋裡了。

男子已經剪掉辮子,但是仍舊沒有捨棄長衫,因為大家已經忘記了長衫本來就是旗袍。穿著長衫而沒有辮子,看起來似乎很滑稽。但是不久之後,我也像大家一樣穿起長衫來了,因為無論革命與不革命,旗袍究竟比較方便而且舒服。誰也不能抵抗既方便又舒服的誘惑,這是人情之常。

也有一些人仍舊留著辮子,尤其是老年人。他們看不出剪辮子有什麼好處。辮子已經在中國人頭上養了兩百多年,就讓它再留幾百年也無所謂。任何運動中總不免有死硬派的。

在美國時,我喜歡用中國的尺度來衡量美國的東西。現在回國以後,我把辦法剛剛顛倒過來,喜歡用美國的尺度來衡量中國的東西,有時更可能用一種混合的尺度,一種不中不西,亦中亦西的尺度,或者游移於兩者之間。

我可憐黃包車伕,他們為了幾個銅板,跑得氣喘吁吁,汗流浹背,尤其在夏天,烈日炙灼著他們的背脊,更是慘不忍睹。我的美國尺度告

第十二章　急遽變化

訴我，這太不人道。有時我碰到一些野獸似的外國人簡直拿包車伕當狗一樣踢罵——其實我說「當狗一樣踢罵」是不對的，我在美國就從來沒有看見一個人踢罵過狗。看到這種情形，我真是熱血沸騰，很想打抱不平，把這些衣冠禽獸踢回一頓。但是一想到支持他們的治外法權時，我只好壓抑了滿腔氣憤。我想起了「小不忍則亂大謀」的古訓。「懦夫！」我的美國尺度在譏笑我。「忍耐」，祖先的中國尺度又在勸慰我。大家還是少坐黃包車，多乘公共汽車和電車罷！但是這些可憐的黃包車伕又將何以為生？回到鄉下種田嗎？不可能，他們本來就是農村的剩餘勞力。擺在他們面前的只有三條路：身強力壯的去當強盜，身體弱的去當小偷，身體更弱的去當乞丐。那麼怎麼辦？還是讓他們拖黃包車罷！兜了半天圈子，結果還是老地方。

那麼就發展工業，讓他們去做工吧。但是沒有一個穩定的政府，工業又無法發展。農村裡農夫過剩，只要軍閥們肯出錢，或者肯讓他們到處擄掠，這些過剩的農夫隨時可以應募當兵，在這種情形下，欲求政府穩定勢不可得。因此發展工業的路還是走不通。

租界公園門口的告示牌已經有了改進，「犬與華人不得入內」的禁條已經修改為「只准高等華人入內」。甚至一向趾高氣揚的洋人，也開始發現有些值得尊重的東西，正在中國抬頭。

關於上海的事，暫時談到此地為止。

上海這個華東大海港和商業中心，現在已經與向有「人間天堂」之稱的蘇州和杭州由鐵道互相銜接。由上海到蘇州的鐵路再往西通到南京，在下關渡長江與津浦鐵路銜接，往北直通天津和當時的首都北京。上海往南的鐵路止於杭州，尚未通到寧波。

我的家鄉離寧波不遠。寧波雖是五口通商的五口之一，但是始終未

第三部　民國初年

發展為重要的商埠,因為上海迅速發展為世界大商埠之一,使寧波黯然無光。寧波與上海之間有三家輪船公司的船隻每夜對開一次;兩家是英國公司,第三家就是招商局。許多年前我父親曾經拿這些輪船作藍本,打造沒有鍋爐而使用手轉木輪的「輪船」,結果無法行駛。我從上海經寧波還鄉,與我哥哥搭的就是這種輪船的二等艙。

事隔20年,乘客的生活無多大改變。過道和甲板上乘客擠得像沙丁魚,一伸腳就可能踩到別人。我們為了占住艙位,下午5點鐘左右就上了船。小販成群結隊上船叫賣,家常雜物應有盡有,多半還是舶來品。水果販提了香蕉、蘋果和梨子上船售賣。我和哥哥還因此辯論了一場。哥哥要買部分腐敗的水果,因為比較便宜。「不行,」我說,「買水果的錢固然省了,看醫生的錢卻多了。」

「哈,哈——我吃爛梨子、爛蘋果已經好幾年,」他說,「爛的味道反而好。我從來沒有吃出過毛病。」他隨手撿起一個又大又紅,然而爛了一部分的蘋果,咬掉爛的一部分,其餘的全部落肚。我聳聳肩膀,他仰天大笑。

天亮前我們經過寧波港口的鎮海炮臺。1885年中法戰爭時鎮海炮臺曾經發炮轟死一位法軍的海軍上將。

天亮了,碼頭上的喧嚷聲震耳欲聾。腳伕們一擁上船拚命搶奪行李。一個不留神,你的東西就會不翼而飛。我和哥哥好容易在人叢中擠下跳板,緊緊地「釘」在行李夫的背後,唯恐他們提了我們的東西溜之大吉。

寧波幾乎與九年前一模一樣。空氣中充塞著鹹魚的氣味。我對這種氣味頗能安之若素,因我從小就經常吃鹹魚。寧波是個魚市,而且離寧波不遠的地方就盛產食鹽。我們跟著行李夫到了車站,發現一列火車正

第十二章　急遽變化

準備升火開往我的家鄉餘姚。沿鐵道我看到綿亙數里的稻田，稻波蕩漾，稻花在秋晨的陽光下發光，整齊的稻田在車窗前移動，像是一幅廣袤無邊的巨畫。清晨的空氣中洋溢著稻香。呵，這就是我的家鄉！

火車進餘姚車站時，我的一顆心興奮得怦怦直跳。我們越過一座幾百年前建造的大石橋，橋下退落的潮水正順著江流急瀉而下。從橋洞裡還可以看到釣翁們在江邊垂釣。這橋名曰武勝橋，意指英武常勝。因為四百年前當地居民為保衛餘姚縣城，曾與自日本海入侵的倭寇屢次在橋頭堡作戰。這些倭寇大家都認為就是日本人。

我們跑進院子時，秋陽高照，已是晌午時分。父親站在大廳前的石階上，兩鬢斑白，微露老態，但是身體顯然很好，精神也很旺健。他的慈祥的眼睛和含笑的雙唇洋溢著慈父的深情。我兄弟兩人恭恭敬敬地向他老人家行了三鞠躬禮。舊式的叩頭禮在某些人之間已經隨著清朝的覆亡而成為歷史陳跡了。

父親已經剪掉辮子，但是仍然穿著舊式布鞋。他說話不多；在這種場合，沉默勝似千言萬語。我們隨即進入大廳。直背的椅子靠牆很對稱地排列著，顯見他的生活方式仍然很少改變。正牆上懸著鑲嵌貝殼的對聯，右聯是「海闊憑魚躍」，左聯是「天高任鳥飛」。對聯的中間是一幅墨竹，竹葉似乎受秋風吹拂，都傾向一邊。這一切很可以顯示一種滿足的，安靜的，而且安定的生活。

大廳後面有一個小院子，長方形的大盤子裡堆砌著山景，因此使高牆的院子裡憑添山水之勝。小寺小塔高踞假山之上，四周則圍繞著似乎已歷數百年的小樹。山坳裡散坐著小小的猴子，母猴的身旁則偎依著更小的小猴，這些微小的假猴顯得如此玲瓏可愛，我真希望它們能夠變成活猴一樣大小而跳進我的懷裡。小寺小塔之外還有一個小涼亭，亭邊長

著一叢篁竹。假池子裡則有唼喋的金魚和探鰲覓食的小蝦。這一切的一切,都使人有置身自然之感。

劉老丈聽說我回家了,當天下午就來看我。在我童年時代,劉老丈曾經講許多故事給我們聽,小孩子們都很喜歡他。那天下午,他講了許多有趣的故事。他告訴我,老百姓們聽到革命成功的消息時歡喜得什麼似的。城裡的人一夜之間就把辮子剪光了。年輕人買了西裝,穿起來很像一群猴子。他又告訴我,短裙與短髮如何在後來侵入縣城。革命以後,他那留了70多年的辮子居然也剪掉了,可見他對革命和民國仍然是很贊成的,起先他有點想不通,沒有皇帝坐龍庭,這個世界還成什麼樣子?但是過了一段時期以後,他才相信民國的總統,照樣可以保持天下太平。他說,反正天高皇帝遠,地方治安本來就靠地方官府來維持。民國以來,地方官府居然做得還不錯。

他說,50年前太平軍侵入縣城時,許多腦袋連辮子一起落了地,現在我們雖然丟掉辮子,腦袋總還存在。他一邊說,一邊用他皮包骨的手指摸著腦袋,樣子非常滑稽,因此引得大家都笑了。那天晚飯吃得比較早,飯後他告辭回家,暮色蒼茫中不留神在庭前石階上滑了一跤,幸虧旁邊有人趕緊抓住他的肩膀,攙住他沒有跌傷。他搖搖頭,自己開自己的玩笑說:「三千年前姜太公八十遇文王,我劉太公八十要見閻王了。」說罷哈哈大笑,興高采烈地回家去了。

幾天之後消息傳來,劉太公真的見閻王去了。對我而言,我失去了一位童年時代的老朋友,而且再也聽不到這位風趣的老人給我講故事了。

15年前左右,姊姊和我創辦的一所學校現在已經改為縣立女子學校。大概有100名左右的女孩子正在讀書。她們在操場上追逐嬉笑,盪

第十二章　急遽變化

鞦韆蕩得半天高。新生一代的女性正在成長。她們用風琴彈奏〈史華尼河〉和〈迪伯拉萊〉等西洋歌曲，流行的中國歌更是聲聞戶外。

我在家裡住了一星期左右，隨後就到鄉下去看看蔣村的老朋友。童年時代的小孩子現在都已長大成人，當時的成年人現在已經是鬢髮斑白的老人。至於當年的老人，現在多已經入土長眠，只有極少數歷經村中滄桑的老人還健在。

村莊的情形倒不像我想像中的那樣糟。早年的盜匪之災已經斂跡，因為老百姓現在已經能夠適應新興的行業，而且許多人已經到上海謀生去了。上海自工商業發展以後，已經可以容納不少人。任何變革正像分娩一樣，總是有痛苦的。但是在分娩以後，產婦隨即恢復正常，而且因為添了小寶寶而沾沾自喜。中國一度厭惡的變革現在已經根深蒂固，無法動搖。而且愈變愈厲，中國也就身不由己地不斷往前邁進──至於究竟往哪裡跑，或者為什麼往前跑，億萬百姓卻了無所知。

我的大伯母已經臥病好幾個月，看到我回家非常高興，盼咐我坐到她的床邊，還伸出顫巍巍的手來撫摸我的手。她告訴我過去 16 年中誰生了兒子，誰結了婚，誰故世。她說世界變了，簡直變得面目全非。女人已經不再紡紗織布。因為洋布又好又便宜。她們已經沒有多少事可以做，因此有些就與鄰居吵架消磨光陰，有些則去唸經拜菩薩。年輕的一代都上學堂了。有些女孩則編織髮網和網線餐巾銷售到美國去，出息不錯。很多男孩子跑到上海工廠或機械公司當學徒，他們就了新行業，賺錢比以前多。現在村子裡種田的人很缺乏，但是強盜卻也絕跡了。天下大概從此太平無事，夜裡聽到犬吠，大家也不再像十年前那樣提心吊膽。

但是她發現進過學校的青年男女有些事實在要不得。他們說拜菩薩是迷信，又說向祖先燒紙錢是愚蠢的事。他們認為根本沒有灶神。廟宇

裡的菩薩塑像在他們看來不過是泥塑木雕。他們認為應該把這些佛像一齊丟到河裡，以便破除迷信。他們說男女應該平等。女孩子說她們有權自行選擇丈夫、離婚或者丈夫死了以後有權再嫁。又說舊日纏足是殘酷而不人道的辦法，說外國藥丸比中國藥草好得多。他們說根本沒有鬼，也沒有靈魂輪迴這回事。人死了之後除了留下一堆化學元素的化合物之外什麼也沒有了。他們說唯一不朽的東西就是為人民為國家服務。

一隻肥肥的黑貓跳上床，在她枕旁咪咪直叫。她有氣無力地問我：「美國也有貓嗎？」我說是的。再一看，她已經睡熟了。我輕輕地走出房間，黑貓則仍在她枕旁呼嚕作響，並且伸出軟綿綿的爪子去碰碰老太太的臉頰。

我和大伯母談話時，我的姪女一直在旁邊聽著。我走出房間以後，她也趕緊追了出來。她向我伸伸舌頭，很淘氣地對我說：「婆婆太老了，看不慣這種變化。」一個月之後，這位老太太終於離開這個瘋狂的不斷在變的世界。

接著我去拜望三叔母，她的年歲也不小了，身體卻很健旺。我的三叔父有很多田地，而且養了許多雞、鴨、鵝和豬。三叔母告訴我一個悲慘的故事。我的一位童年時代的朋友在上海，做黃金投機生意，蝕了很多錢，結果失了業，回到村裡賦閒。一年前他吞鴉片自殺，他的寡婦和子女弄得一貧如洗，其中一個孩子就在皂莢樹下小河中捉蝦時淹死了。

三叔母捉住一隻又肥又大的閹雞，而且親自下廚。雞燒得很鮮美，雞之外還有魚有蝦。

三叔父告訴我，上一年大家開始用肥田粉種白菜，結果白菜大得非常，許多人認為這種大得出奇的白菜一定有毒，紛紛把白菜拔起來丟掉。但三叔父卻不肯丟，而且廉價從別人那裡買來醃起來。醃好的鹹菜

第十二章　急遽變化

香脆可口，這位老人真夠精明。

小時候曾經抱過我的一位老太婆也從村子裡來看我。她已經90多歲，耳朵已經半聾，卻從她的村子走了四裡多路來看我。她仔仔細細地把我從頭到腳端詳一番，看我並無異樣才安了心。她說，這位大孩子從前又瘦又小，而且很頑皮。他曾經在他哥哥的膝頭咬了一口，留下紫色的齒印，結果自己嚎啕大哭，怪哥哥的膝蓋碰痛了他的牙齒。

「你記不記得那兩位兄弟在父親死之後分家的事？」她問我。兩兄弟每人分到他們父親的房子的一個邊廂，又在大廳的正中樹了一片竹牆，把大廳平分為二。一位兄弟在他的那一半廳子裡養了一頭牛；另一位兄弟氣不過，就把他的半邊廳子改為豬欄來報復。他們父親留一條船，結果也被鋸為兩半。這兩位缺德兄弟真該天誅地滅！後來祝融光顧，他們的房子燒得精光。老天爺是有眼的！

他們把那塊地基賣掉了。一位在上海做生意的富商後來在這塊地上建了一座大洋房。洋房完工時，她曾經進去參觀，轉彎抹角的廊、樓梯和玻璃門，弄得她頭昏眼花，進去以後簡直出不來。她試坐沙發和彈簧床，一坐就深陷不起，真是嚇了一大跳。最使她驚奇的是屋主人從上海買來的一架機器，輪子一轉，全屋子的燈泡都亮了，黑夜竟同白晝一樣亮。

管機器的是她鄰居的兒子。他是在上海學會開機器的。她做夢也想不到這位笨頭笨腦的孩子居然能夠撥弄那樣複雜的一件機器。她離得遠遠地看著飛轉的輪子，唯恐被捲進去碾成肉漿。

她還注意到另一件怪事：廚房裡沒有灶神。這一家人而且不拜祖先。廚房裡沒有灶神，她倒不大在乎，但是一個家庭怎麼可以沒有祖宗牌位？據說屋主人相信一種不拜其他神佛的教。她可不願意信這個教，

113

第三部　民國初年

　　因為她喜歡到所有的廟宇去跑跑，高興拜哪位菩薩就拜哪位。她倒也願意拜拜屋主人相信的那位「菩薩」。因為上一年夏天她發瘧疾時，那個「廟」裡的先生曾經給她金雞納霜丸，結果把她的病治好了。但是她希望也能向別的菩薩跪下來叩頭，求它們消災賜福。

　　她說她窮得常常無以為炊，餓肚子是常事。我父親已經每月給她一點米救濟她，但是她的小孫女死了父母，現在靠她過活，因此吃了她一部分糧食。我拿出一張20元的鈔票塞在她手裡。她高高興興地走了，嘴裡咕嚕著：「從小時候起，我就知道這孩子心腸好，心腸好。」

　　有一天傍晚，我去祭掃母親的墳墓，墳前點起一對蠟燭和一束香。沒有風，香煙裊裊地升起。我不知不覺地跪倒地上叩了幾個頭，童年的記憶復活了，一切恍如隔昨。我似乎覺得自己仍然是個小孩子，像兒時一樣地向母親致敬，我希望母親的魂魄能夠張著雙臂歡迎我，撫慰我。我希望能夠爬到她懷裡，聽她甜美的催眠曲。我的一切思想和情感都回覆到童年時代。母親去世時我才七歲，因此我對母愛的經驗並不多，也許想像中的母親比真實的母親更溫柔、更親密。至少，死去的母親不會打你，你頑皮，她也不會發脾氣。

　　從村子裡到火車站，大約有三里路，中間是一片稻田。車站建在一個平靜的湖泊岸旁，這個湖叫牟山湖，土名西湖，是一個灌溉好幾萬畝田的蓄水庫。湖的三面環山，山上盛產楊梅和竹筍。我步行至車站以後，就搭了一列火車到曹娥江邊。鐵路橋梁還沒有完成，因為從德國訂的材料因第一次世界大戰的影響遲遲未能到達，所以靠渡船渡江。通往杭州的鐵路工程也因缺乏材料停頓了。從此到杭州的一大段空隙由輪船來銜接。多數旅客都願意乘輪船，因為櫓船太慢，大家不願乘坐，所以舊式小船的生意非常清淡。

第十二章　急遽變化

傍晚時到達錢塘江邊,再由小火輪渡過錢塘江,只花 20 分鐘。我中學時代的櫓搖的渡船已經不見了。

日落前我到了杭州,住進一家俯瞰西湖的旅館。太陽正落到雷峰塔背後,天上斜映著一片彩霞。一邊是尖削的保俶塔在夕陽餘暉中聳立山頂,它的正對面,短矮的雷峰塔襯著蔥翠的山色蹲踞在西湖另一邊的山坳裡。玲瓏的遊船點綴著粼粼起皺的湖面。魚兒戲水,倦鳥歸巢。暮靄像一層輕紗,慢慢地籠罩了湖濱山麓的叢林別墅。只有縷縷炊煙飄散在夜空。我感到無比的寧靜。時代雖然進步了,西湖卻嫵媚依舊。

但是許多事情已經有了變化。我的冥想不久就被高跟鞋的篤篤聲給粉碎了,一群穿著短裙,剪短了頭髮的摩登少女正踏著細碎的步伐在湖濱散步。湖濱路在我中學時代原是旗下營的所在,辛亥革命剷平了旗下營,後來一個新市區終於在這廢墟上建立起來,街道寬闊,但是兩旁的半西式的建築卻並不美觀。飯館、戲院、酒店、茶樓已經取代古老的旗下營而紛紛出現,同時還建了湖濱公園,以便招徠週末從上海乘火車來的遊客。杭州已經成為觀光的中心了。

我在十多年前讀過書的浙江高等學堂已經停辦,原址現已改為省長公署的辦公廳。從前宮殿式的撫臺衙門已在革命期間被焚,在市中心留下一片長滿野草閒花的長方形大空地。

革命波及杭州時不曾流半滴血。新軍的將領會商之後黑夜中在杭州街頭布下幾尊輕型火炮,結果未發一槍一彈就逼得撫臺投降。新軍放了把火焚毀撫臺衙門,算是革命的象徵,火光照得全城通紅。旗下營則據守他們的小城作勢抵抗,後來經過談判,革命軍承諾不傷害旗下營的任何人,清兵終於投降。旗人領袖桂翰香代表旗下營接受條件。但桂本人卻被他的私人仇敵藉口他陰謀叛亂抓去槍斃了。新當選的都督湯壽潛是

西潮
第三部　民國初年

位有名的文人，對於這件卑鄙的事非常氣憤，鬧著要辭職。但是這件事總算沒有鬧僵，後來湯壽潛被召至南京，在臨時大總統孫中山先生之下擔任交通部長。

旗下新市區的東北已經建了500間平房，安置舊日旗兵的家屬。有些旗人已經與漢人熔於一爐而離開了他們的安置區。幾年之後，全體旗人都失去蹤跡，一度養尊處優的統治者已經與過去的被統治者匯為一流了。「旗人」從此成為歷史上的名詞，他們的生活情景雖然始終迴旋在我的記憶裡，但是有關他們的故事已經漸漸成為民間傳說。至於清朝的崛起與沒落，且讓史家去記述罷！

從前的文人雅士喜歡到古色古香的茶館去，一面靜靜地品茗，一面憑窗欣賞湖光山色。現在這些茶館已經為不可抵禦的現代文明所取代，只有一兩家殘留的老茶館使人發懷古之幽情，這種古趣盎然的茶館當然還有人去，泡上一杯龍井，披閱唐宋詩詞，這樣可以使人重新回到快樂的舊日子。

我曾經提到杭州是蠶絲工業的中心。若干工廠已經採用紡織機器，但是許多小規模的工廠仍舊使用手織機。一所工業專科學校已經成立，裡面就有紡織的課程。受過化學工程教育的畢業生在城市創辦了幾家小工廠，裝了電動的機器。杭州已經有電燈、電話，它似乎已經到了工業化的前夕了。

我大約逗留了一個星期，重遊了許多少年時代常去的名勝古蹟。離商業中心較遠的地方，我發現舊式生活受現代文明的影響也較少。在山區或窮鄉僻壤，舊日純樸的生活依然令人迷戀。參天古木和幽篁修竹所環繞的寺廟，仍然像幾百年以前一樣的清幽安靜。和尚們的生活很少變化，仍舊和過去一樣誦佛唸經。鄉下人還是和他們的祖先一樣種茶植

第十二章　急遽變化

桑，外國貨固然也偶然發現，但是數量微不足道。不過，現代文明的前鋒已經到達，學校裡已經採用現代課本。在現代教育的影響下，雖然生活方式未曾改變，新生一代的心理卻正在轉變。播在年輕人心中的新思想的種子，遲早是會發芽茁長的。

西潮
第三部　民國初年

第十三章　軍閥割據

年輕時我注意到文官總比武官高些。朝廷命官紅纓帽的頂子分幾種不同的顏色。階級最高的是紅頂子，其次是粉紅的，再其次是深藍的、翠藍的和白色的，最後是金黃的，也就是最低的一級。我常常看到戴粉紅頂子的武官向階級比較低的藍頂子文官叩頭，心裡覺得很奇怪。據說歷朝皇帝深恐武官擅權跋扈，所以特意讓文官控制武官。歷史告訴我們，國家一旦受軍閥控制，必定要形成割據的局面。晚唐的歷史就是最好的教訓，俗語說：「好鐵不打釘，好男不當兵。」因此大家都瞧不起軍人。記得鄰村有一位品行不端的人去當兵，在他告假返鄉時，大家把他看做瘟神似的，都遠遠地避開他。我們有個牢不可破的觀念，認為當兵的都是壞人，可鄙可怕而且可憎。

在另一方面，國家的武力如果一蹶不振，碰到外來侵略就無能力抵抗了。宋朝亡於蒙古人，明朝亡於滿洲韃靼，情形就是如此。前臨深淵，後是魔鬼，我們究將何去何從？

最要緊的是救中國——北方由陸路來的和東南由海道來的強敵都得應付。那麼，怎麼辦？趕快建立一支裝備現代武器的現代化軍隊吧！士兵必須訓練有素，而且精忠報國。我們怎麼可以瞧不起軍人呢？他們是保衛國土的英雄，是中國的救星，有了他們，中國才可以免受西方列強的分割。鄙視他們，千萬不可以——我們必須提高軍人的地位，尊敬他們，甚至崇拜他們。不然誰又肯當兵？

大家的心理開始轉變了。窮則變，變則通；我們建立了一支現代化的軍隊，裝備外國武器，穿著新式制服，而且還有軍樂隊。我見過這樣的一隊現代軍隊的行軍陣容，洋鼓洋號前導，精神飽滿，步伐整齊，令

第十三章　軍閥割據

人肅然起敬。我看得出神，恍惚自己已經長大成人，正在行列中邁步前進——向勝利進軍，我站在靜靜圍觀的群眾中，心裡喜不自勝。這是我首次看到現代的軍隊。是的，我們必須尊敬士兵和軍官。從此以後，只有好男才配當兵。我們必須依賴他們恢復中國過去的光榮。從前的舊式軍隊中，士兵穿著馬甲，佩著弓箭，或者揹著歐洲國家廢棄不用而賣給中國的舊槍，與今天的現代軍隊比起來真是差得太遠了！

我在杭州浙江高等學堂讀書時，一位高等學堂的老學生剛從日本士官學校回來探望師友。他穿嶄新的軍服，腰旁佩著長劍，劍鞘閃閃發光。這就是中國軍隊的未來將領，我們無不懷著欽敬的心情熱烈地歡迎他。

許多這樣的未來將領正從日本回國，受命組織新軍。幾年之內新軍部隊漸次建立，駐在國內各軍略要地。中國已經武裝起來保衛她自己了。

不久辛亥革命爆發，革命軍的訓練也許不及政府軍那樣精良，但是革命的將領和士兵卻充滿著愛國熱情，隨時準備為國犧牲。革命號角一響，政府新軍相繼向孫中山先生投誠。短短幾個月之內，統治了中國幾百年的滿清帝室就像秋風掃落葉般消逝了。全國人民歡欣鼓舞，中國已經獲得新生，前途光明燦爛。滿清政府訓練新軍，結果自速滅亡，讓他們去自怨自艾吧！讓我們為這些受過現代訓練的將領的優越表現歡呼！

但是勝利的狂歡不久就成為過去。慶祝的燭光終於化為黑煙而熄滅。新軍將領們對滿清反目無情，對革命更無所愛。他們已經嘗到權勢的滋味，絕不肯輕易放棄；而且食髓知味，渴望攫取更大更高的權勢，結果你搶我奪，自相殘殺起來。

孫中山先生已經在 1912 年回國。革命軍和滿清政府談判，結果宣

西潮
第三部　民國初年

統皇帝決定退位，民國接著成立。革命軍同意讓小溥儀仍舊住在紫禁城裡。革命人士準備草擬憲法，成立參議會，選舉總統，不久臨時參議會選舉孫中山先生為中華民國臨時大總統。

中山先生不久辭職，讓位給袁世凱。後來新選的國會選舉袁世凱為總統，不過，那多少是威脅利誘的結果。於是政權又再度落到反動分子的手裡去了。袁世凱原來是清朝的官吏，負責訓練新軍，他一度失寵於清廷，革命爆發後被召回北京。

孫先生認為他對國家所能提供的貢獻，最重要的還是建築鐵路，因此他甘願主持國有鐵道而讓袁世凱統治國家。但是孫先生不久就覺醒了。袁世凱上臺時，他很清楚他的實力在於他所控制的軍隊。他把國會看做一個惹人討厭卻又無可避免的東西，不過他想，只要他能控制軍隊，國會除了給他一點小麻煩外，絕對奈何他不得。這位國家的新元首在強大的軍隊支持之下，竟然篡竊了許多並不屬於總統的權力。他隨時威脅恐嚇異己，甚至不惜採取卑鄙的暗殺手段。在政治上，他很懂得「分而治之」的那一套，竭力在中山先生的國民黨內部製造摩擦。他更進一步鼓勵成立許多小政黨，企圖削弱國民黨的勢力。

他接著採取步驟來削除國民黨的武力。他首先暗殺國民黨的政治領袖宋教仁，接著下令解除南方各省所有國民黨將領督軍職務，企圖激起各省的反抗，然後加以武力掃蕩。孫中山先生想發動二次革命而沒有成功。這時候袁世凱差不多已經以武力控制全國，於是藉口這次「叛變」，預備取消國會中國民黨籍議員的資格。南方被他鎮壓住以後，他的野心愈來愈大，亟欲攫取更大的權力和尊榮。1915年他正預備自立為皇帝時，各省紛紛通電反對，因此被逼放棄皇帝夢，旋即憂傷而死。

第十三章　軍閥割據

1917年，孫中山先生在廣州建立根據地，希望在那裡成立一支軍隊的核心，發動新革命而推翻軍閥，不料在1922年反被廣州軍閥陳炯明所推翻。不過翌年孫先生終於在廣州成立新政府，國民革命運動聲勢得以重振。但這僅是一個開端。自從野心勃勃而不擇手段的袁世凱死了以後，中國一直四分五裂，各省之間內戰頻仍，政局擾攘達12年之久，直到1928年蔣總司令北伐成功，國家才重歸統一。

中華民國成立以後，16年來中國一直掌握在軍閥手裡。內戰一次接著一次發生。這些內戰多半還是外國勢力慫恿和支持的。內戰的結果，國力損耗，民生凋敝，並且為日本侵略鋪了路。革命前途似乎黑暗一片。內戰中獲勝的軍閥趾高氣昂，野心愈來愈大，不斷爭取更大的權力。被擊敗的軍閥則夾起尾巴躲在天津和上海的租界裡待機再起，機會一來就重啟戰釁，使人民又增加一場災禍。

一度被鄙視，後來受尊重的軍人，現在又再度被人鄙視了。

第十四章　知識分子的覺醒

我從杭州到上海以後，就進當時最大的書局商務印書館當編輯。同時兼了江蘇省教育會的一名理事，膳宿就由教育會供給。但是年輕人幹不慣磨桌子的生活，一年之後我就辭職了。與商務印書館之間的銀錢往來也在翌年清結。

我與幾位朋友在國立北京大學和江蘇省教育會贊助下開始發行《新教育》月刊，由我任主編。雜誌創辦後六個月就銷到一萬份。它的主要目標是「養成健全之個人，創造進化的社會」。

那時正是歐戰後不久，自由與民主正風靡全世界，威爾遜主義已引起中國有識之士的注意。中國青年正浸淫於戰後由歐美湧至的新思想。報紙與雜誌均以巨大篇幅報導國際新聞和近代發展。中國已經開始追上世界的新思潮了。

《新青年》正在鼓吹德先生與賽先生（即民主與科學），以求中國新生。這本思想激進的雜誌原為幾年前陳獨秀所創辦，後來由北京大學的一群教授共同編輯。《新青年》在介紹新思想時，自然而然對舊信仰和舊傳統展開激烈的攻擊。有些投稿人甚至高喊「打倒孔家店」！這些激烈的言論固然招致一般讀者的強烈反感，但是全國青年卻已普遍沾染知識革命的情緒。

孫中山先生於民國七年移居上海。我們前面已經談過新誕生的民國的坎坷命運，而且一部分正受著割據各省的軍閥統治。中山先生的國民黨，最強大的據點是南方和上海。1917年，國民黨成立新政府對抗北京政府，以求維護革命人士所致力的原則，並進而推廣於全國。當時廣州的南方政府是由總裁控制的。若干參加分子的政治見解非常膚淺，孫先

生無法同意，乃離粵北上定居滬瀆，從事中國實業計劃的研究。

他的目光遠超乎當時的政治紛爭之外，他的實業計劃如果順利實現，可以解除人民貧困，促使國家富強，並使中國躋於現代工業化國家之林。根據中山先生的計畫，中國的工業建設分為食衣住行四大類。這些都是人民生活所必需的。孫先生就根據這些因素計劃中國的工業建設。

他設計了貫串中國廣大領土內所有重要商業路線和軍運路線的鐵路網和公路網；他定下發展中國商埠和海港計劃；他也定下疏濬河流、水利建設、荒地開墾等的計畫大綱。他又設計了發展天然資源和建設輕重工業的藍圖。他鑒於中國森林砍伐過度，又定下在華中華北造林的計畫。

他對工業發展規定了兩個原則：（一）凡是可以由私人經營的就歸私人經營；（二）私人能力所不及或可能造成壟斷的則歸國家經營。政府有責鼓勵私人企業，並以法律保護之。苛捐雜稅必須廢除，幣制必須改善並予以統一。官方干涉和障礙必須清除。交通必須發展以利商品的流通。

鐵道、公路、疏濬河流、水利、墾荒、商埠、海港等都規定由國家主持。政府必須在山西省建立大規模的煤鐵工廠。歡迎外國資本，並將僱用外國專家。

孫中山先生是中國第一位有過現代科學訓練的政治家。他的科學知識和精確的計算實在驚人。為了計劃中國的工業發展，他親自繪製地圖和表格，並收集數據，詳加核對。實業計劃中所包括的河床和港灣的深度和層次等細節，他無不瞭如指掌。有一次我給他一張導淮委員會的淮河水利圖，他馬上把它在地板上展開，非常認真地加以研究。後來我發

現這幅水利圖在他書房的壁上掛著。

在他仔細研究工業建設的有關問題和解決辦法以後,他就用英文寫下來。打字工作全部歸孫夫人負責,校閱原稿的工作則由余日章和我負責。一切數據數字都詳予核對,如果有什麼建議,孫先生無不樂於考慮。凡是孫先生所計劃的工作,無論是政治的、哲學的、科學的或其他,他都以極大的熱忱去進行。他虛懷若谷,對於任何建議和批評都樂於接受。

因為他的眼光和計劃超越了他的時代,許多與他同時代的人常常覺得他的計畫不切實際,常常引用「知之非艱,行之唯艱」的傳統觀念來答覆他。他對這些人的短視常常感到困擾。當他在40年前倡導革命運動時,他就曾遭遇到同樣的障礙。後來他寫了一篇叫〈心理建設〉的文章,提倡知難行易的學說。中西思想重點不同的地方其中之一就是中國人重應用,而西洋人重理知。中國人重實際,所以常常過分強調實踐過程中的困難,有時是實在的困難,有時只是想像的,以致忽視實際問題背後的原理原則。凡是經常接觸抽象原則和理論的人,或者熟悉如何由問題中找出基本原則的人,都不難了解中山先生的立論。在另一方面,凡是慣常注重近功實利而不耐深思熟慮的人,可就不容易了解中山先生的主張了。在清室式微的日子裡,中國並不缺乏銳意改革的人,但是真能洞燭病根,且能策定治本計劃的人卻很少。孫先生深知西方文化的發展過程,同時對中國的發展前途具有遠大的眼光,因此他深感超越近功近利的原理原則的重要,他知道只有高瞻遠矚的知識才能徹底了解問題的本質。

只要我們把握這種基本的知識,實踐起來就不會有不可解除的困難了。真正的困難在於發現基本的道理。事實上,不但真知灼見的事情,

第十四章　知識分子的覺醒

必能便利地推行，而在許多地方，即使所知不深，亦能推行無阻。例如水泥匠和木匠，只要他們照著建築師的吩咐去做，即使他們不懂得建築學，也照樣能執行複雜的建築藍圖。醫藥方面的情況更明顯，診斷常常比用藥困難。醫科學生知道得很清楚，在研究醫學之前，他必須對生理學和解剖學先有相當的了解，而在研究生理學和解剖學之前則又得先研究物理與化學等普通科學。每一種科學都是許多為學問而學問的人們經過幾百年繼續不斷研究所積聚的結果。由此可見醫學的基礎知識之獲得比行醫遠為艱難。

與孫先生同時代的人只求近功，不肯研究中國實際問題的癥結所在，希望不必根據歷史、社會學、心理學、科學等所得的知識就把事情辦好，更不願根據科學知識來訂定國家的建設計劃。因此他們誣衊孫先生的計畫是不切實際的空中樓閣。他們的「現實的」眼光根本看不到遠大的問題，更不知道他們自己的缺點就是無知和淺見，缺乏實際能力倒在其次。以實在而論，他們自己認為知道的東西，實只限於淺薄的個人經驗或不過根據一種常識的推論。這樣的知識雖然容易獲得，但以此為實踐基礎反而常常會遭受最後的失敗。

在西洋人看起來，這些或許只是理論與實踐，或者知識與行為的哲學論爭，似乎與中國的革命和建設不發生關係。但是中山先生卻把它看得很嚴重，認為心理建設是其他建設的基礎，不論是政治建設、實業建設或社會建設。有一天我和羅志希同杜威先生謁見孫先生談到知難行易問題，杜威教授對中山先生說：「過重實用，則反不切實用。在西方沒有人相信『知』是一件容易的事。」

《新教育》月刊，一方面受到思想界革命風氣的影響，一方面因為我個人受到中山先生的啟示，所以在教學法上主張自發自動，強調兒童的

需要,擁護杜威教授在他的《民主與教育》中所提出的主張。在中國的教育原理方面,《新教育》擁護孟子的性善主張,因此認為教育就是使兒童的本性得到正常的發展。事實上孔子以後,中國教育的主流一直都遵循著性善的原則。不過年代一久,所謂人性中的「善」就慢慢地變為受古代傳統所規範的某些道德教條了。因此我們的主張在理論上似很新鮮,實踐起來卻可能離本來的原則很遠很遠。所謂「發展本性」在事實上可能變為只是遵守傳統教條,中國發生的實際情形正是如此。

自從盧梭、裴斯塔洛齊、福祿貝爾,以及後來的杜威等人的學說被介紹至中國思想界以後,大家對孟子學說開始有了比較清晰的認識,中國兒童應該從不合現代需要的刻板的行為規律中解放出來。我們應該誘導兒童自行思想,協助他們根據他們本身的需要,而不是根據大人的需要,來解決他們自己的問題。我們應該啟發兒童對自然環境的興趣。根據兒童心理學的原則,兒童只能看做兒童;他不是一個小大人,不能單拿知識來填,更不應拿書本來填,教育應該幫助兒童在心智、身體和團體活動各方面成長。

這些就是指導《新教育》的思想原則。讀者不難覺察,這與當時國內的革命思想是恰好符合的。《新教育》月刊與北京大學師生間知識上的密切關係,終於使我在第二年跑進這個知識革命的大漩渦,擔任了教育學教授,並於校長蔡先生請假時代理校長。

第十五章　北京大學和學生運動

　　如果你丟一塊石子在一池止水的中央，一圈又一圈的微波就會從中蕩漾開來，而且愈漾愈遠，愈漾愈大。北京曾為五朝京城，歷時 1,000 餘年，因此成為保守勢力的中心，慈禧太后就在這裡的龍座上統治著全中國。光緒皇帝在 1898 年變法維新，結果有如曇花一現，所留下的唯一痕跡只是國立北京大學，當時稱為「京師大學堂」或直呼為「大學堂」，維新運動短暫的潮水已經消退而成為歷史陳跡，只留下一些貝殼，星散在這恬靜的古都裡，供人憑弔。但是在北京大學裡，卻結集著好些蘊蓄珍珠的活貝；由於命運之神的擺布，北京大學終於在短短 30 年歷史之內對中國文化與思想提供了重大的貢獻。

　　在靜水中投下知識革命之石的是蔡孑民（元培）先生。蔡先生在 1916 年出任北京大學校長，他是中國文化所孕育出來的著名學者，但是充滿了西洋學人的精神，尤其是古希臘文化的自由研究精神。他的「為學問而學問」的信仰，植根於對古希臘文化的透澈了解，這種信仰與中國「學以致用」的思想適成強烈的對照。蔡先生對學問的看法，基本上是與中山先生的看法一致的，不過孫先生的見解來自自然科學，蔡先生的見解則導源於希臘哲學。

　　這位著名的學者認為美的欣賞比宗教信仰更重要。這是希臘文化交融的一個耐人尋味的例項。蔡先生的思想中融合著中國學者對自然的傳統愛好和希臘人對美的敏感，結果產生對西洋雕塑和中國雕刻的愛好；他喜愛中國的山水畫，也喜愛西洋油畫；對中西建築和中西音樂都一樣喜歡。他對宗教的看法基本上是中國人的傳統見解，認為宗教不過是道德的一部分。他希望以愛美的習慣來提高青年的道德觀念。這也就是古

語所謂「移風易俗莫大於樂」的傳統信念。高尚的道德基於七情調和，要做到七情調和則必須透過藝術和音樂或與音樂有密切關係的詩歌。

蔡先生崇信自然科學。他不但相信科學可以產生發明、機器，以及其他實益，他並且相信科學可以培養有系統的思想和研究的心理習慣，有了系統的思想和研究，才有定理定則的發現，定理定則則是一切真知灼見的基礎。

蔡先生年輕時鋒芒很露。他在紹興中西學堂當校長時，有一天晚上參加一個宴會，酒過三巡之後，他推杯而起，高聲批評康有為、梁啟超維新運動的不徹底，因為他們主張保存滿清皇室來領導維新。說到激烈時，他高舉右臂大喊道：「我蔡元培可不這樣。除非你推翻滿清，否則任何改革都不可能！」

蔡先生在早年寫過許多才華橫溢，見解精闢的文章，與當時四平八穩，言之無物的科舉八股適成強烈的對照。有一位浙江省老舉人曾經告訴我，蔡元培寫過一篇怪文，一開頭就引用《禮記》裡的「飲食男女，人之大欲存焉」一句。繳卷時間到時，他就把這篇文章繳給考官。蔡先生就在這場鄉試裡中了舉人。後來他又考取進士，當時他不過30歲左右。以後就成為翰林。

蔡先生晚年表現了中國文人的一切優點，同時虛懷若谷，樂於接受西洋觀念。他那從眼鏡上面望出來的兩隻眼睛，機警而沉著；他的語調雖然平板，但是從容、清晰、流利而懇摯。他從來不疾言厲色對人，但是在氣憤時，他的話也會變得非常快捷、嚴厲、扼要 —— 像法官宣判一樣的簡單明瞭，也像絨布下面冒出來的匕首那樣的尖銳。

他的身材矮小，但是行動沉穩。他讀書時，伸出纖細的手指迅速地翻著書頁，似乎是一目十行地讀，而且有過目不忘之稱。他對自然和藝

第十五章　北京大學和學生運動

術的愛好使他的心境平靜,思想崇高,趣味雅潔,態度懇切而平和,生活樸素而謙抑。他虛懷若谷,對於任何意見、批評,或建議都欣然接納。

當時的總統黎元洪選派了這位傑出的學者出任北京大學校長。北大在蔡校長主持之下,開始一連串的重大改革。自古以來,中國的知識領域一直是由文學獨霸的,現在,北京大學卻使科學與文學分庭抗禮了。歷史、哲學,和「四書五經」也要根據現代的科學方法來研究。為學問而學問的精神蓬勃一時。保守派、維新派和激進派都同樣有機會爭一日之短長。背後拖著長辮,心裡眷戀帝制的老先生與思想激進的新人物並坐討論,同席笑謔。教室裡,座談會上,社交場合裡,到處討論著知識、文化、家庭、社會關係和政治制度等等問題。

這情形很像中國先秦時代,或者古希臘蘇格拉底和亞里斯多德時代的重演。蔡先生就是中國的老哲人蘇格拉底,同時,如果不是全國到處有同情他的人,蔡先生也很可能遭遇蘇格拉底同樣的命運。在南方建有堅強根據地的國民黨黨員中,同情蔡先生的人尤其多。但是中國的和外國的保守人士卻一直指責北京大學鼓吹「三無主義」—— 無宗教、無政府、無家庭 —— 與蘇格拉底被古希臘人指責戕害青年心靈的情形如出一轍。爭辯不足以消除這些毫無根據的猜疑,只有歷史才能證明它們的虛妄。歷史不是已經證明了蘇格拉底的清白無罪嗎?

我已經提到蔡先生提倡美學以替代宗教,提倡自由研究以追求真理。北大文學院院長陳仲甫(獨秀)則提倡賽先生和德先生,認為那是使中國現代化的兩種武器。自由研究導致思想自由;科學破壞了舊信仰,民主則確立了民權的主張。同時,哲學教授胡適之(適)那時正在進行文學革命,主張以白話文代替文言作表情達意的工具。白話比較接近中國

的口語，因此比較易學，易懂。它是表達思想的比較良好也比較容易的工具。在過去知識原是士大夫階級的專利品，推行白話的目的就是普及知識。白話運動推行的結果，全國各地產生了無數的青年作家。幾年之後，教育部並下令全國中小學校一律採用白話為教學工具。

北大是北京知識沙漠上的綠洲。知識革命的種子在這塊小小的綠洲上很快地就發育滋長。三年之中，知識革命的風氣已經遍布整個北京大學。

這裡讓我們追述一些往事。一個運動的發生，絕不是偶然的，必有其前因與後果。在知識活動的蓬勃氣氛下，一種思想上和道德上的不安迅即在學生中發展開來。我曾經談過學生如何因細故而鬧學潮的情形，那主要是受了18世紀以自由、平等、博愛為口號的法國政治思想的影響，同時青年們認為中國的遲遲沒有進步，並且因而招致外國侵略應由清廷負其咎，因此掀起學潮表示反抗。

第一次學潮於1902年發生於上海南洋公學，即所謂罷學風潮。我在前篇已經講過。幾年之後，這種學生反抗運動終至變質而流為對付學校廚師的「飯廳風潮」。最後學校當局想出「請君入甕」的辦法，把夥食交由學生自己辦理。不過零星的風潮仍舊持續了十五六年之久。有一次「飯廳風潮」甚至導致慘劇。杭州的一所中學，學生與廚師發生糾紛，廚師憤而在飯裡下了毒藥，結果十多位學生中毒而死。我在慘案發生後去過這所中學，發現許多學生正在臥床呻吟，另有十多具棺木停放在操場上，等待死者家屬前來認領葬殮。

表現於學潮的反抗情緒固然漸成過去，反抗力量卻轉移到革命思想上的發展，而且在學校之外獲得廣大的支持，終至發展為政治革命而於1911年推翻滿清。

第十五章　北京大學和學生運動

　　第二度的學生反抗運動突然在 1919 年 5 月 4 日在北京爆發。此即所謂「五四運動」。事情經過是這樣的：消息從巴黎和會傳到中國，說歐戰中的戰勝國已經決定把山東半島上的青島送給日本。青島原是由中國租借給德國的海港，歐戰期間，日本從德國手中奪取青島。中國已經對德宣戰，戰後這塊租地自然毫無疑問地應該歸還中國。消息傳來，舉國騷然。北京學生在一群北大學生領導下舉行示威，反對簽訂凡爾賽和約。三千學生舉行群眾大會，並在街頭遊行示威，反對接受喪權辱國的條件，高喊「還我青島！」「抵制日貨！」「打倒賣國賊！」寫著同樣標語的旗幟滿街飄揚。

　　當時的北京政府仍舊在軍人的掌握之下，僅有民主政體和議會政治的外表，在廣州的中山先生的國民黨以及其餘各地的擁護者，雖然努力設法維護辛亥革命所艱辛締造的民主政制，卻未著實效。北京政府的要員中有三位敢犯眾怒的親日分子。他們的政治立場是盡人皆知的。這三位親日分子──交通總長曹汝霖，駐日公使陸宗輿，和另一位要員章宗祥──結果就成為學生憤恨的對象，群眾蜂擁到曹宅，因為傳說那裡正在舉行祕密會議。學生破門而入，滿屋子搜尋這三位「賣國賊」。曹汝霖和陸宗輿從後門溜走了；章宗祥則被群眾抓到打傷。學生們以為已經把他打死了，於是一鬨而散，離去前把所有的東西砸得稀爛，並且在屋子裡放了一把火。

　　這時武裝警察和憲兵已經趕到，把屋子圍得水洩不通。他們逮捕了近 60 位學生帶往司令部，其餘的 1,000 多名學生跟在後面不肯散，各人自承應對這次事件負責，要求入獄。結果全體被關到北京大學第三院（法學院），外面由憲警嚴密駐守。

　　有關這次遊行示威的消息，遭到嚴密的檢查與封鎖。但是有幾個學

生終於蒙過政府的耳目，透過天津租界的一個外國機構發出一通電報。這電報就是5號上海各報新聞的唯一來源。

5號早晨報紙到達我手裡時，我正在吃早餐。各報的首頁都用大字標題刊登這條新聞，內容大致如下：

北京學生遊行示威反對簽訂凡爾賽和約。三親日要員曹汝霖、陸宗輿、章宗祥遭學生圍毆。曹汝霖住宅被焚，數千人於大隊憲警監視下拘留於北京大學第三院。群眾領袖被捕，下落不明。

除此簡短新聞外，別無其他報導。

這消息震動了整個上海市。當天下午，公共團體如教育會、商會、職業工會等紛紛致電北京政府，要求把那三位大員撤職，同時釋放被捕或被扣的學生。第二天一整天，全上海都焦急地等待政府的答覆，但是杳無消息。於是全市學生開始罷課，提出與各團體相同的要求，同時開始進行街頭演說。

第二天早晨，各校男女學生成群結隊沿南京路挨戶訪問，勸告店家罷市。各商店有的出於同情、有的出於懼怕，就把店門關起來了。許多人則仿照左鄰右舍的榜樣，也紛紛關門歇市。不到一個鐘頭，南京路上的所有店戶都關上了大門了，警察干涉無效。

罷市風聲迅即蔓延開來，到了中午時，全上海的店都關了。成千成萬的人在街頭聚談觀望，交通幾乎阻塞。租界巡捕束手無策。男女童子軍代替巡捕在街頭維持秩序，指揮交通。由剪了短髮的女童子軍來維持人潮洶湧的大街的秩序，在上海公共租界倒真是一件新鮮的事。中國人和外國人同樣覺得奇怪，為什麼群眾這麼樂意接受這些小孩子的指揮，而對巡捕們卻大發脾氣。

幾天之內，罷課成為全國性的風潮，上海附近各城市的商店和商業

第十五章　北京大學和學生運動

機構全都關了門。上海是長江流域下游的商業中心，這個大都市的心臟停止跳動以後，附近各城市也就隨著癱瘓，停止活動，倒不一定對學生表同情。

租界當局聽說自來水廠和電燈廠的僱員要參加罷工，大起驚慌。後來經過商會和學生代表的調停，這些人才算被勸住，沒有罷工。各方壓力繼續了一個多星期，北京政府終於屈服，親日三官員辭職，全體學生釋放。

各地學生既然得到全國人士的同情與支持，不免因這次勝利而驕矜自喜。各學府與政府也從此無有寧日。北京學生獲得這次勝利以後，繼續煽動群眾，攻擊政府的腐敗以及他們認為束縛青年思想的舊傳統。學生們因為得到全國輿情的支持，已經戰勝了政府。參加遊行示威，反對簽訂《凡爾賽和約》，是每一個中國人都願意做的事。學生們因為有較好的組織，比較敢言，比較衝動，顧慮比較少，所以打了頭陣，並且因此撥動了全國人民的心弦。

親日官員辭職，被捕學生釋放，上海和其他各地的全面罷課罷市風潮歇止以後，大家以為「五四」事件就此結束，至少暫時如此。但是北京大學本身卻成了問題。蔡校長顯然因為事情鬧大而感到意外，這時已經辭職而悄然離開北京。臨行在報上登了一個廣告引《白虎通》裡的幾句話說：「殺君馬者道旁兒，民亦勞止，汔可小休。」他先到天津，然後到上海，最後悄然到了杭州，住在一個朋友的家裡。住處就在著名的西湖旁邊，臨湖依山，環境非常優美，他希望能像傳統的文人雅士，就此息隱山林。雖然大家一再敦勸，他仍舊不肯回到北大。他說，他從來無意鼓勵學生鬧學潮，但是學生們示威遊行，反對接受《凡爾賽和約》有關山東問題的條款，那是出乎愛國熱情，實在無可厚非。至於北京大學，他認

西潮

第三部　民國初年

為今後將不容易維持紀律，因為學生們很可能為勝利而陶醉。他們既然嘗到權力的滋味，以後他們的慾望恐怕難以滿足了。這就是他對學生運動的態度。有人說他隨時準備鼓勵學生鬧風潮，那是太歪曲事實了。

他最後同意由我前往北京大學代理他的職務。我因情勢所迫，只好勉強同意擔負起這副重擔，我於是在7月間偕學生會代表張國燾乘了火車，前赴北京。到了北京大學，初次遇見了當時北大學生，以後任臺大校長的傅孟真（斯年），現在臺灣任「國史館」館長的羅志希（家倫）。兩位是北大「五四」的健將，不但善於謀略，而且各自舞著犀利的一支筆，好比公孫大娘舞劍似的，光芒四照。他們約好了好多同學，組織了一個新潮社，出版了一種雜誌，叫做《新潮》，向舊思想進攻。我現在寫《西潮》，實在自從「五四」以後，中國本土，已捲起了洶湧澎湃的新潮，而影響了中國將來的命運。然而「五四」之起因，實為第一次世界大戰後，歐洲帝國主義之崩潰，以及日本帝國主義的猖狂。所以畢竟還是與西潮有關。

我到學校以後，學生團體開了一個歡迎大會。當時的演說中，有如下一段：

……故諸君當以學問為莫大的任務。西洋文化先進國家到今日之地位，繫累世文化積聚而成，非旦夕可幾。千百年來，經多少學問家累世不斷的勞苦工作而始成今日之文化。故救國之要道，在從事增進文化之基礎工作，而以自己的學問功夫為立腳點，此豈搖旗吶喊之運動所可幾？當法國之圍困德國時，有德國學者費希德在圍城中之大學講演，而作致國民書曰：「增進德國之文化，以救德國。」國人行之，遂樹普魯士敗法之基礎。故救國當謀文化之增進，而負此增進文化之責者，唯有青年學生。……

暴風雨過去以後，烏雲漸散，霽日重現，蔡先生也於9月間重回北大復職視事。

第十五章　北京大學和學生運動

北大再度改組，基礎益臻健全。新設總務處，由總務長處理校中庶務。原有處室也有所調整，使成為一個系統化的有機體，教務長負責教務。校中最高立法機構是評議會，會員由教授互選；教務長、總務長，以及各院院長為當然會員。評議會有權制定各項規程，授予學位，並維持學生風紀。各行政委員會則負責行政工作。北大於是走上教授治校的道路。學術自由、教授治校，以及無畏地追求真理，成為治校的準則。學生自治會受到鼓勵，以實現民主精神。

此後七年中，雖然政治上狂風暴雨迭起，北大卻在有勇氣、有遠見的人士主持下，引滿帆篷，安穩前進。圖書館的藏書大量增加，實驗設備也大見改善。國際知名學者如杜威和羅素，相繼應邀來校擔任客座教授。

這兩位西方的哲學家，對中國的文化運動各有貢獻。杜威引導中國青年，根據個人和社會的需要，來研究教育和社會問題。毋庸諱言地，以這樣的方式來考慮問題，自然要引起許多其他的問題。在當時變化比較遲鈍的中國實際社會中自然會產生許多糾紛。國民黨的一位領袖胡漢民先生有一次對我說，各校風潮迭起，就是受了杜威學說的影響。此可以代表一部分人士，對於杜威影響的估計。他的學說使學生對社會問題發生興趣也是事實。這種情緒對後來的反軍閥運動卻有很大的貢獻。

羅素則使青年人開始對社會進化的原理發生興趣。研究這些進化的原理的結果，使青年人同時反對宗教和帝國主義。傳教士和英國使館都不歡迎羅素。他住在一個中國旅館裡，拒絕接見他本國使館的官員。我曾經聽到一位英國使館的官員表示，他們很後悔讓羅素先生來華訪問。羅素教授曾在北京染患嚴重的肺炎，醫生們一度認為已經無可救藥。他病癒後，我聽到一位女傳教士說：「他好了麼？那是很可惜的。」我轉告

西潮
第三部　民國初年

羅素先生，他聽了哈哈大笑。

第一次世界大戰後，中國的思想界，自由風氣非常濃厚，無論是研究社會問題或社會原理，總使慣於思索的人們難於安枕，使感情奔放的人們趨向行動。戰後歐洲的西洋思想就是在這種氣氛下介紹進來的。各式各樣的「主義」都在中國活躍一時。大體而論，知識分子大都循著西方民主途徑前進，但是其中也有一部分人受到1917年俄國革命的鼓勵而嚮往馬克思主義。《新青年》的主編陳獨秀辭去北大文學院院長的職務，成為中國共產運動的領袖。反對日本帝國主義的運動也促使知識分子普遍同情俄國革命。第三國際於1923年派越飛到北京與中國知識分子接觸。某晚，北京擷英飯店有一次歡迎阿道夫・越飛的宴會。蔡校長於席中致歡迎詞說：「俄國革命已經予中國的革命運動極大的鼓勵。」

俄國曾經一再宣布，準備把北滿的中東鐵路歸還中國，並且希望中國能夠順利掃除軍閥，驅除侵略中國的帝國主義。蘇俄對中國的這番好意，受到所有知識分子以及一般老百姓的歡迎。這種表面上友好表示的後果之一，就是為蘇俄式的共產主義在中國鋪了一條路。

在這同時，許多留學歐美大學的傑出科學家也紛紛回國領導學生，從事科學研究。教員與學生都出了許多刊物。音樂協會、藝術協會、體育協會、圖書館協會紛紛成立，多如雨後春筍。教授李守常（大釗）並領導組織了一個馬克思主義研究會。當時北京報紙附欄，稱這研究會為「馬神廟某大學之牛克斯研究會」，不過作為嘲笑之對象而已。「馬神廟」者，北京大學所在地也。此時北大已經敞開大門招收女生。北大是中國教育史上第一所給男女學生同等待遇的高等學府。教員和學生在學術自由和自由研究的空氣裡，工作得非常和諧而愉快。

北大所發生的影響非常深遠。北京古都靜水中所投下的每一塊知識

第十五章　北京大學和學生運動

之石，餘波都會到達全國的每一角落。甚至各地的中學也沿襲了北大的組織制度，提倡思想自由，開始招收女生。北大發起任何運動，進步的報紙、雜誌，和政黨無不紛起響應。國民革命的勢力，就在這種氛圍中日漸擴展。

軍閥之間的衝突正在這古都的附近間歇進行著。在這些時斷時續的戰事中，北京各城門有一次關閉幾達一星期之久。槍炮聲通常在薄暮時開始。一直持續到第二天早晨。有一次，我們曾經跑到北京飯店的屋頂去眺望炮火，那真叫做隔岸觀火，你可以欣賞夜空中交織的火網。但是絕無被火花灼傷的危險。砲彈拖著長長的火光，在空中飛馳，像是千萬條彩虹互相交織。隆隆的炮聲震得屋頂搖搖晃晃，像是遭到輕微的地震。從黃昏到清晨，炮火一直不停。我回家上床時，根本不能把耳朵貼著枕頭睡，因為這樣炮聲顯得特別響亮。因此我只能仰天躺著睡，讓耳朵朝著天花板，同時注意到電燈罩子在微微搖晃。玻璃窗也嘎嘎作響。我有一隻德國種的狼犬，名叫狼兒，它被炮聲吵得無法再在地板上安睡，一直哼個不停。它的耳朵一貼到地板，它就驚跳起來，哼唧幾聲之後，它衝到房門旁，拚命在門上抓，它一定以為怪聲是我臥房的地板下面發出來的。第二天早上，我罵它一頓，說它前一晚不該那麼搗亂。它似乎自知理屈，只用兩隻眼睛怯生生地望著我。早餐時我到處找不到狼兒，從此再不見它的蹤影。大概它跑出去想找塊安靜地，夜裡不會有惡作劇的魔鬼在地下大敲大擂，好讓它安安穩穩地睡覺。不過，我想它大概是很失望的。

有一天，我和一位朋友在圍城中沿著順城門大街散步。老百姓還是照常操作，毫無緊張的樣子。拉黃包車和坐黃包車的也與平常毫無異樣。我們從西單牌樓轉到西長安街，然後又轉到中央公園。皇宮前午門

西潮

第三部　民國初年

譙樓上的黃色琉璃瓦，在夕陽下映著澄碧的秋空閃閃發亮。我們在一棵古柏的濃蔭下選了一個地方坐下。這些古老的柏樹是幾百年前清朝的開國皇帝種植的。有的排成長列，有的圍成方形。空氣中充塞著柏樹的芳香，微風帶著這些醉人的香味吹拂著我們的面龐。我們圍坐在桌子旁，靜聽著鄰座酒客的議論。大家都在議論戰事，猜測著誰會勝利，誰將入據北京。誰勝誰敗，大家好像都不在乎。操心又怎麼樣？北京已經見過不少的戰事，飽經滄桑之後，北京還不是依然故我。沉默的午門譙樓就是最好的見證。

「城門都關了，不知道我們能不能叫個魚吃吃。」我的朋友說。

堂倌拿了一條活生生的魚來問我們：「先生們喜歡怎麼個燒法？」

「一魚兩吃。一半醋溜，一半紅燒。」

魚燒好端上來了，有一碟似乎不大新鮮。

「這是怎麼回事？這一半是死魚呀！」我的朋友質問堂倌，堂倌鞠了一躬，只是嘻嘻地笑。

「哦，我知道了！這條魚一定是從城牆跳進來的，碰到地的一碰死了，另一邊卻仍然活著。」我代為解釋。堂倌再度跑過來時，我的朋友從桌上抓起一把空酒壺，翻過來給他看。「怎麼！你給我們把空酒壺呀！」

「對不起，」堂倌笑嘻嘻地說，「酒燙跑了！」他馬上給我們重新燙了一壺。當然，兩壺酒都記在我們帳上。

我們在黃昏時回家。那天晚上，戰鬥停止了，我又想起狼兒。這一晚，它大概可以在城裡找個地方，安靜地睡一覺了。第二天早上，我們發現政府已經易手。皇宮依然無恙。老百姓照常過活。各城門大開，成千成萬的人從鄉下挑著蔬菜、肉類、雞蛋、魚蝦湧進北京城。小孩子們

第十五章　北京大學和學生運動

在戰場上撿起廢彈殼,以幾塊錢的代價在街頭出售。許多人拿這些砲彈殼制花瓶。

城外有些人家破人亡,我亦失掉了我的狼兒。

一般而論,在這些漫長痛苦的日子裡,因戰事而喪失的生命財產並不嚴重。使中國陷於癱瘓而成為鄰邦侵略之目標的,實為人心之動盪,交通之破壞,經濟之崩潰,以及國民安定生活之遭破壞。國家陷於四分五裂,全國性的建設計劃幾乎成為不可能。中國當務之急就是統一。

蔡校長赴歐旅行時,我又再度代理北大校長。這時我接到中山先生一封信,對北大的各種運動大加獎譽,最後並勉勵我「率領三千子弟,參加革命」。

孫中山可惜未能在有生之年看到他的希望實現。不過短短數年之後,他的繼承人蔣總司令,率領革命軍從廣州北伐,所向披靡,先至長江流域,繼至黃河流域,終至底定北京。開始於北京,隨後遍及全國各階層的革命運動,已先為這次國民革命軍的新勝利奠定了心理的基礎。

第十六章　擾攘不安的歲月

　　蔡校長和胡適之他們料得不錯，學生們在「五四」勝利之後，果然為成功之酒陶醉了。這不是蔡校長等的力量，或者國內的任何力量所能阻止的，因為不滿的情緒已經在中國的政治、社會和知識的土壤上長得根深蒂固。學校裡的學生竟然取代了學校當局聘請或解聘教員的權力。如果所求不遂，他們就罷課鬧事。教員如果考試嚴格或者贊成嚴格一點的紀律，學生就馬上罷課反對他們。他們要求學校津貼春假中的旅行費用，要求津貼學生活動的經費，要求免費發給講義。總之，他們向學校予取予求，但是從來不考慮對學校的義務。他們沉醉於權力，自私到極點。有人一提到「校規」，他們就會瞪起眼睛，噘起嘴巴，咬牙切齒，隨時預備揍人。

　　有一次，北大的評議會通過一項辦法，規定學生必須繳講義費。這可威脅到他們的荷包了。數百學生馬上集合示威，反對此項規定。蔡校長趕到現場，告訴他們，必須服從學校規則。學生們卻把他的話當耳邊風。群眾湧進教室和辦公室，要找主張這條「可惡的」規定的人算帳。蔡校長告訴他們，講義費的規定應由他單獨負責。

　　「你們這班懦夫！」他很氣憤地喊道，袖子高高地捲到肘子以上，兩隻拳頭不斷在空中搖晃。「有膽的就請站出來與我決鬥。如果你們哪一個敢碰一碰教員，我就揍他。」

　　群眾在他面前圍了個半圓形。蔡校長向他們逼進幾步，他們就往後退幾步，始終保持著相當的距離。這位平常馴如綿羊、靜如處子的學者，忽然之間變為正義之獅了。

　　群眾漸漸散去，他也回到了辦公室。門外仍舊聚著 50 名左右的學

第十六章　擾攘不安的歲月

生,要求取消講義費的規定。走廊上擠滿了好奇的圍觀者。事情成了僵局。後來教務長顧孟餘先生答應考慮延期收費,才算把事情解決。所謂延期,自然是無限延擱。這就是當時全國所知的北大講義風潮。

鬧得最凶的人往往躲在人們背後高聲叫罵,我注意到這些搗亂分子中有一位高個子青年,因為他個子太高,所以無法逃出別人的視線。我不認識他,後來被學校開除的一批人之中,也沒有他的名字。若干年之後,我發現他已經成為神氣十足的官兒,我一眼就認出他來。他的相貌絕不會讓人認錯,他的叫罵聲仍舊縈迴在我的耳畔。他已經成為手腕圓滑的政客,而且是位手辣心黑的貪官,抗戰勝利後不久故世,留下一大堆造孽錢。

幾年之後,發生了一次反對我自己的風潮,因為我拒絕考慮他們的要求。一群學生關起學校大門,把我關在辦公室。胡適之先生打電話給我,問我願不願意找警察來解圍,但是我謝絕了。大門關閉了近兩小時。那些下課後要回家的人在裡面吵著要出去,在門外準備來上課的人則吵著要進來。群眾領袖無法應付他們自己同學的抗議,最後只好打開大門。我走出辦公室時,後面跟著一二十人,隨跟隨罵著。我回過頭來時,發現有幾個學生緊釘在我背後。北大評議會決定開除我所能記得的以及後來查出的鬧事學生。

好幾年以後,我偶然經過昆明中央航空學校的校園。航空學校原來在杭州,戰時遷到昆明。忽然一位漂亮的青年軍官走到我面前,他向我行過軍禮後告訴我,他就是被北京大學開除的一位學生。我馬上認出那誠實的面孔和健美的體格。鬧學潮時緊迫在我背後所表現的那副醜惡的樣子已經完全轉變了,他的眼睛閃耀著快樂的光輝,唇邊蕩漾著笑意。這次邂逅使我們彼此都很高興。航空學校的校長來告訴我,這位青年軍

官是他們最優秀的飛行員和教官之一。這些例子足以說明學生運動中包含各式各樣的分子。那些能對奮鬥的目標深信不疑，不論這些目標事實上是否正確，而且願意對他們的行為負責的人，結果總證明是好公民，而那些鬼頭鬼腦的傢伙，卻多半成為社會的不良分子。

學生們所選擇的攻擊目標，常常是政府無法解決或者未能圓滿解決的國際問題。因此，他們常能獲得國人的同情；他們的力量也就在此。中日之間的「事件」日漸增多以後，學生的示威遊行常常被日本人解釋為反日運動。糾紛的根源在於「二十一條」要求和凡爾賽和約所引起的山東問題。自從遠東均勢被破壞以後，日本幾乎享有控制中國的特權。門戶開放政策已經取代瓜分中國的政策。但是門戶開放政策必須以均勢為基礎，均勢一旦破壞，中國只有兩條路可走——一條路是任由日本宰割，另一條路就是自我振作，隨時隨地與日本打個分明。

學生們決定奮起作戰，起先是遊行、示威、罷課，和抵制日貨，接著就轉而攻擊北京政府，因為他們認為一切毛病都出在北京政府身上。他們發現沒有重要的國際問題或國內問題足資攻擊時，他們就與學校當局作對。原因在於青年心理上的不穩。一旦他們受到刺激而採取行動時，這種不穩的情緒就爆發了。想壓制這種澎湃的情緒是很困難的。

若干學生團體，包括青年共產黨員，開始把他們的注意力轉移到勞工運動以及工人的不穩情緒上。沿海商埠的工人正蠢蠢欲動。鐵路工人和工廠工人已開始騷動，而且蔓延各地。他們不久就與學生攜手，參加群眾大會和遊行。勞工運動是不可輕侮的武器。在廣州的國民黨政府，曾以總罷工癱瘓香港，使這個英國殖民地在工商業上成為荒漠，歷時18個月之久。

全國性的反英情緒是1925年的上海「五卅慘案」激起的。5月30日

第十六章　擾攘不安的歲月

那一天，一群同情勞工運動的人在上海大馬路（南京路）遊行示威，公共租界當局竟然下令向群眾開槍，好幾個人中彈身死，傷者更不計其數。工人、商人和學生在國民黨及共產黨領導之下，隨即發動全面罷工、罷市、罷課，上海再度變為死城。6月23日，廣州的學生、工人、商人和軍人繼起響應，發動反英示威遊行。群眾行近沙面租界時，駐防英軍又向群眾開槍。於是香港各界亦開始罷工、罷市、罷課，使香港也變為死城。北京英國使館的華籍僱員，在學生煽動之下，也進行同情罷工，致使這批英國外交官員很久都沒有廚師和聽差侍候。

自從工人運動與學生運動彼此呼應以後，遊行示威者人數動以萬計，北京不時有各色人等參加的群眾大會出現，街頭遊行行列常常長達數里，群眾手搖旗幟，高呼口號，無不慷慨激昂。一位白俄看到這種情形時，不覺怵然心驚。他曾經在俄國看到不少這樣的集會，他說這是革命即將來臨的徵兆，因此他擔心是否能繼續在中國平安住下去。

學生們找不到遊行示威的機會時，曾經拿學校當局作為鬥爭的對象，工人的情形亦復如此。他們找不到示威的對象時，就把一股怨氣發洩在僱主的身上。不過，中央政府或地方政府對付罷工工人，可比對付學生簡單多了。他們有時用武力來彈壓罷工工人，有時就乾脆拿機關槍來掃射。

段祺瑞執政的政府顯然認為機關槍是對付一切群眾行動的不二法門，因此，在一群學生包圍執政府時，段執政就老實不客氣下令用機關槍掃射。我在事前曾經得到消息，說政府已經下令，學生如果包圍執政府，軍隊就開槍。因此我警告學生不可冒險，並設法阻止他們參加；但是他們已經在校內列隊集合，準備出發，結果不肯聽我的勸告。他們一到了執政府，子彈就像雨點一樣落到他們頭上了。

我在下午4點鐘左右得到發生慘劇的消息後馬上趕到出事地點。段執政官邸門前的廣場上，男女學生傷亡枕藉，連傷者與死亡都難辨別。救護車來了以後，把所有留著一口氣的全部運走，最後留下二十多具死屍，仍舊躺在地上。許多重傷的在送往醫院的途中死去，更有許多人則在手術檯上斷了氣。我們向各醫院調查之後，發現死傷人數當在一百以上。這個數目還不包括經包紮後即行回家的人在內。

段祺瑞政府的這種行動，引起全國普遍的抗議，段政府後來終於垮臺，此為原因之一。

學生勢力這樣強大而且這樣囂張跋扈，除了我前面所談到的原因之外，另一原因是這些學生多半是當時統治階級的子女。學生的反抗運動，也可以說等於子女對父母的反抗。做父母的最感棘手的問題就是對付桀驁不馴的子女，尤其是這些子女的行為偏偏又受到鄰居們的支持。工人們的情形可就不同了。他們的父母或親戚，既不是政府大員，也不是社會聞人，因此他們命中注定要挨警察的皮鞭或軍隊的刺刀。只有在學生領導之下，或者與學生合作時，工人才能表現出較大的力量。

學生運動在校內享有教師的同情，在校外又有國民黨員和共產黨員的支持，因此勢力更見強大。此外還牽涉到其他的政治勢力。故而情形愈來愈複雜，聲勢也愈來愈浩大。學生運動自從民國八年開始以來，背後一直有教員在支持。就是滿清時代的首次學潮，也是有教員支持的。

後來教員也發生罷教事件，要求北京政府發放欠薪，情勢更趨複雜。北大以及其他七個國立大專學校的教員，一直不能按時領到薪水。他們常常兩三個月才能領到半個月的薪俸。他們一罷課，通常可以從教育部擠出半個月至一個月的薪水。

有一次，好幾百位教員在大群學生簇擁之下，占據了整個教育部的

第十六章　擾攘不安的歲月

辦公廳，要求發放欠薪。八個國立學校的校長也到了教育部，擔任居間調停的工作。教員與學生聯合起來，強迫馬鄰翼教育次長和八位校長一齊前往總統府，要求發薪水。這位次長走到教育部門口時，藉口天在下雨，不肯繼續往外走。一位走在他旁邊的學生汪翰，馬上把自己的雨傘打開遞給他，並且很直率地說：「喏，這把雨傘你拿去！」於是這位次長只好無可奈何地繼續前進，後面跟著八位心裡同樣不怎麼樂意的校長。群眾走近總統府時，憲兵、警察趕緊關起大門。教員與學生在門外吵著要進去。忽然大門打開了，大群武裝憲警蜂擁而出，刺刀亂刺，槍把亂劈。上了年紀的教員和年輕的女學生紛紛跌到溝裡，有的滿身泥濘，有的一臉血跡，叫的叫，哭的哭，亂成一片。法政大學校長王家駒像死人一樣躺在地上。北大政治學教授李大釗挺身與士兵理論，責備他們毫無同情心，不該欺負餓肚皮的窮教員。北大國文系教授馬敘倫額頭被打腫一大塊，鼻孔流血，對著憲兵大喊：「你們只會打自己中國人，你們為什麼不去打日本人？」

　　這位馬教授後來被送到法國醫院診治，政府派了一位曾任省長的要員前往慰問並致歉意。坐在病榻旁的馬教授的老母說：

　　「這孩子是我的獨子，政府幾乎要他的命，請問這是什麼道理？」

　　曾任省長的那位要員回答道：「老伯母請放心，小姪略知相法，我看這位老弟的相貌，紅光煥發，前途必有一步大運。老伯母福壽無疆，只管放心就是。至於這些無知士兵無法無天，政府至感抱歉。老伯母，小姪向您道歉。」

　　老太太居然被哄得安靜下來，病房裡其餘的人卻幾乎笑出聲來了。躺在醫院病床上的其他教員，也都因為這位要員的風趣而面露笑容。

　　這件事總算這樣過去了。另一次，教員們擁到財政部要求發放欠

西潮
第三部　民國初年

薪，部裡的人一個個從後門溜走，結果留下一所空房子。有一次學生們因為不滿政府應付某一強國的外交政策，衝進外交部打爛一面大鏡和好些精緻的坐椅。學生、教員和工人聯合起來罷工罷課，反對北京政府和侵略中國權益的列強。多事的那幾年裡，差不多沒有一個月不發生一兩次風潮，不是罷課就是罷工。

在那時候當大學校長真是傷透腦筋。政府只有偶然發點經費，往往一欠就是一兩年。學生要求更多的行動自由，政府則要求維持秩序，嚴守紀律，出了事時，不論在校內校外，校長都得負責。發生遊行、示威或暴動時，大家馬上找到校長，不是要他阻止這一邊，就是要他幫助那一邊。每次電話鈴聲一響，他就嚇一跳。他日夜奔忙的唯一報酬，就是兩鬢迅速增加的白髮。

我講這些話，絕不是開玩笑。我記下這些往事以後，又做了場惡夢，有時看到青年男女橫屍北京街頭，有時又看到憲兵包圍北京大學要求交出群眾領袖。夢中驚醒之後，輾轉反側無法安枕，一閉上眼睛，一幕幕的悲劇就重新出現。

有一天，我和一位老教授在北京中央公園的柏樹下喝茶。這位老教授曾經說過一段話，頗足代表當時擾攘不安的情形：

這裡鬧風潮，那裡鬧風潮，到處鬧風潮——昨天罷課，今天罷工，明天罷市，天天罷、罷、罷。校長先生，你預備怎麼辦？這情形究竟到哪一天才結束。有人說，新的精神已經誕生，但是我說，舊日安寧的精神倒真是死了！

第四部　國家統一

西潮
第四部　國家統一

第十七章　憲政的試驗

　　軍閥時代的一天晚上，俄國駐北京大使加拉罕舉行宴會，招待當地首要。出席宴會的約有60人。上菜上到烤乳豬時，席上一些客人，一面斜眼看看在座的國會議長、副議長，一面望著熱氣蒸騰的烤乳豬，不覺掩嘴而笑。這種吃吃的笑聲，迅即傳染到全體賓客，只有那位議長和那位副議長，板起面孔裝聾作啞。最後我看到有人向蘇俄大使咬耳朵，弄得這位大使也忍俊不止。

　　這裡頭有個典故。從前印尼的橡園主人和礦場老闆，常常以不法手段向中國招募工人。中國的勞工招募所，就把南洋說得天堂似的，花點錢把工人誘騙到南洋群島，轉賣給當地的開發公司。這些被當做貨色出賣的「可憐蟲」就叫「豬仔」。他們有的是自甘賣身，有的根本糊裡糊塗就被當豬一樣賣掉了。

　　民國初年，國會的議員受賄舞弊，弄得聲名狼藉，普受鄙視，許多人就罵他們是「豬仔議員」，因為他們只看誰出價高，就把自己賣給誰。當然，絕大多數的議員是正直無私的，但是這些人毫無組織，因此也就無法制止其中的敗類。於是「豬仔」之名就普遍加在國會議員的頭上了。壞人營私結黨時，好人也必須團結一致，要不然，好人蒙冤不白，那是自作自受。有一次他們在萬牲園裡的豳風堂宴會，有人把「豳」字解作「豬積如山」，一時全城傳誦，此後議員們就不敢在那裡請客了。

　　中國成文憲法的觀念是從美國介紹來的。美國的憲法是美國人民思想信仰的具體表現，而且是根據人民的生活發展而來的。中國的憲法只是抄襲外國的觀念，起草憲法的人就隨意取捨，根本沒有考慮到中國人的生活習慣或思想觀念。

第十七章　憲政的試驗

革命前的帝政時代末年，由紳士階級組成的省諮議局倒是成績斐然，因為他們的目標大致相同，而且紳士階級裡也不乏領袖人才。同時各省巡撫威望甚高，足以約束省諮議局。碰到重大問題時，諮議局裡很少發生政治糾紛。通過的議案大致都是為民謀福利的，貪汙舞弊絕無僅有。

民國元年，中山先生在南京任臨時大總統時，參政會頗有成為現代國會的跡象，因為參政員代表革命利益，而且有革命領袖在領導工作，孫中山擔任總統，眾望所歸，威望一時無俪。後來袁世凱繼任總統，國會裡可就有了糾紛了。革命領袖憎惡專制反動的袁世凱，袁也憎惡革命領袖。但因他掌握軍隊，不惜以武力恐嚇國會議員，為此後國會發展史上開了惡例。我不妨在這裡舉一個例子，藉以說明恐嚇手段對議會風氣所產生的惡劣影響。事情發生在選舉袁世凱為總統的時候，選舉時有攝影師在場拍照。當時室內照須用鎂光粉，點燃鎂光粉時會發出炫目的閃光和震耳的響聲。鎂光粉爆炸時，許多人以為是炸彈，紛紛奪路逃命。有一位議員躲到桌子底下，高喊：「我選舉的是袁世凱！」另外有些人則落掉鞋子，事情過去以後到處找鞋。這場戲終以彈劾國會祕書長張公權為結束，說他不該讓攝影師以「炸彈」驚擾國會。

在袁世凱擔任總統期間，經常活動的五六個政黨之間糾紛迭起，派系之爭和意氣之爭非常激烈。這個被老百姓瞧不起的國會後來終於被袁世凱稱帝運動以及張勳復辟運動的潮流所捲走。不過兩次運動相繼失敗，國會亦告恢復。政治權力一部分操在各省督軍手裡，一部分操在有名無實的北京中央政府手裡。這時北京政府，已經威信掃地，無力控制國會。北方軍閥曹錕賄選獲任總統之後，國會威信一落千丈，此後情勢演變，國會聲望更是每況愈下。

西潮

第四部　國家統一

　　國會議員之中，許多是賄選而來的。享譽國際憤世嫉俗的學者辜鴻銘告訴我，有一次選舉時，曾有一位哥倫比亞大學畢業的陳博士，出八百大洋收買他的選票，他把錢收下了，跑到天津逛了一趟衚衕，根本沒有去投票。後來在北京飯店的一次國際性聚會上，辜鴻銘碰到這位賄選的人，他指著這人對大家操英語說：「這傢伙要拿800塊錢收買我，各位先生，你們看我辜鴻銘真的這麼賤嗎？」

　　若干不良分子就是這樣混進國會的，雖然這種人數目不多，但是已足以使國會顯得有點像拍賣場，誰出錢最高，就把議席賣給誰。

　　北京學生現在開始把他們的攻擊目標移到這個「腐敗之家」頭上了。有一天下午，好幾千男女學生包圍了國會，要求取消議程上若干有關教育的議案。結果學生與守衛警察發生衝突。若干學生氣憤之餘，竟在幾天之後從天津偷運來三顆炸彈準備去炸議會。這事被我們勸阻了，總算沒有見諸行動，炸彈也運出城外丟到河裡。幾個禮拜之後，一位漁夫撿到其中的一顆炸彈，他把炸彈提在手裡搖來搖去，希望弄清楚裡面究竟是什麼東西。轟隆一聲，炸彈爆炸，炸得這位好奇的漁人血肉橫飛。警方認為這顆炸彈是革命時期投河進去的，因此根本未進行任何調查。

　　國會與學生之間的衝突仍然不斷發生。國會議員最先想確立人民代表的權威，學生們卻反唇以「豬仔」相譏。國會預備彈劾北大校長，學生們就發動示威遊行，高舉畫著豬玀的旗幟，並且揚言要搗毀國會。國會自知本身有弱點，最後只好高懸免戰牌，不敢再捋學校與學生的虎鬚。憤世嫉俗的辜鴻銘既看不起學生，也看不起議員，他有一天對我說：「你相信民主，這實在是民狂。」

　　如果一個機關只是被公眾憎恨，它也許仍舊有存在的餘地，如果這個機關成為公眾冷諷熱嘲的對象，即使那是為了其中少數人的行為，多數人

第十七章　憲政的試驗

也會因此遭殃,而整個機關也就像沉船一樣難逃劫數了。中國憲政初期的國會,情形就是如此。後來有些軍閥抓住機會,乾脆把它一腳踢開。

我們可以從兩個不同的角度來看軍閥時代的憲政。一方面是軍閥以威脅利誘來破壞憲政,他們沒有領導團體的威信、原則或政策。袁世凱垮臺以後,中央政府的權力已經名存實亡,實際權力操縱在互相殘殺的各省督軍手裡。他們根本不理什麼叫法律,他們只曉得自己持有封建軍隊的實力。中央政府既不能維持憲政原則,也不能確立治國政策,事實上這個政府已經無足輕重,不值得擁護也不值得反對。

在另一方面,國會裡的議員,很少有人關心國家利益。他們念念不忘的只是他們本省的或本地的利益,甚至只是本身的利益。他們對國家利益的觀念,本來就很模糊,因此對國家大事也就不可能有整套的指導原則或政策。除了地方事件或私人利益之外,既無組織,亦無領導。中國人愛好自由,但是對有組織的民主政治,也就是對憲政,卻無經驗,也不懂組織對民主的重要。中西國情不同,想使中國遵循西洋的憲政規模,無異趕東方之車,朝向西方的一顆星走著。憲政試驗的失敗,實在毫不足奇。

中山先生有鑒於此,所以在他的民主憲政計劃中,設計了訓政制度,作為過渡到憲政政府的跳板。依照他的計畫,先有軍政時期以達國家統一,接著是一個以黨領政的訓政時期,最後才過渡到正式的憲政時期。1927年,國民黨北伐成功,在南京建立訓政政府,銳意革除國會的腐敗風氣。此後十年間,國民黨在蔣委員長的領導下,剷除軍閥,統一全國。日本軍閥所導致的國難,使統一的局面更為加強。

國家統一是實行憲政的先決條件。孫中山先生已經制定建國的原則,只要政府與國會能有堅強的領導,人民與政府一致尊重法律,中國無疑地將在民主憲政的道路上大步邁進。

第四部　國家統一

第十八章　中山先生之逝世

出師未捷身先死，

長使英雄淚滿襟。

此為杜甫詠諸葛武侯之句，宋宗澤元帥假以自挽者也。如果拿這兩句詩為描寫中山先生之死，真是再恰當沒有了。這位偉大的領袖，致力國民革命達40年之久，不幸在國家建設正需要他的時候，死神就把他攫走了。

1925年春天，孫先生因為宵旰勤勞的結果，幾個月來身體一直不怎麼好。他在容許共產黨參加國民黨以後，更採取了進一步的行動。他鑒於中國仍舊陷於分裂，同時鑒於只有團結才能產生力量，乃毅然應北洋軍閥之邀，離粵北上，到北京討論統一國家的計畫。北上途中，他曾繞道訪問日本，希望說服日本朝野，使他們相信強大統一的中國是對日本有利的。到達天津時，他竟病倒了。我到天津謁見孫中山先生及夫人並報告北京政情後，不日返京。過了幾天，大家把他從天津護送到北京，我赴車站往迎。先生到北京後病勢仍是很重，無法討論統一計劃，且一直臥床不能起身。執政段祺瑞託稱足疾亦未往謁。北京協和醫院的醫師對先生的病均告束手，胡適之先生推薦了一位中醫陸仲安。但是孫中山先生不願服中藥。他說，他本身是醫生，他知道現代醫藥束手時，中醫的確有時也能治好疑難病症。他說：「一隻沒有裝羅盤的船也可能到達目的地，而一隻裝了羅盤的船有時反而不能到達。但是我寧願利用科學儀器來航行。」朋友仍舊一再勸他吃點中藥，他不忍過於拂逆朋友的好意，最後終於同意了。但是「這隻沒裝羅盤的船」卻始終沒有到達彼岸。

孫先生自協和醫院移住顧少川（維鈞）寓。顧寓寬敞宏麗，建於17

第十八章　中山先生之逝世

世紀，原為著名美人陳圓圓的故居。陳為明將吳三桂之妻，據說吳三桂為了從闖王李自成手中搶救陳圓圓，不惜叛明降清，並引清兵入關。

1925 年 3 月 12 日早晨，行轅顧問馬素打電話來通知我，孫先生已入彌留狀態。我連忙趕到他的臨時寓所。我進他臥室時，孫先生已經不能說話。在我到達前不久，他曾經說過：「和平、奮鬥、救中國。……」這就是他的最後遺囑了。大家退到客廳裡，面面相覷。「先生還有復原的希望嗎？」一位國民黨元老輕輕地問。大家都搖搖頭，欲言又止。

沉默愈來愈使人感到窒息，幾乎彼此的呼吸都清晰可聞。時間一分一秒無聲地過去，有些人倚在牆上，茫然望著天花板。有些人躺在沙發上，閉起眼睛沉思。也有幾個人躡手躡腳跑進孫先生臥室，然後又一聲不響地回到客廳。

忽然客廳裡的人都尖起耳朵，諦聽臥室內隱約傳來的一陣啜泣聲，隱約的哭聲接著轉為嚎啕痛哭——這位偉大的領袖已經撒手逝世了。我們進入臥室時，我發現孫先生的容顏澄澈寧靜，像是在安睡。他的公子哲生先生坐在床旁的一張小凳上，呆呆地瞪著兩隻眼，像是一個石頭人。孫夫人伏身床上，埋頭在蓋被裡飲泣，哭聲悽楚，使人心碎。汪精衛站在床頭嚎啕痛哭，同時拿著一條手帕擦眼淚。吳稚暉老先生揹著雙手站在一邊，含淚而立。

覆蓋著國旗的中山先生的遺體舁出大廳時，鮑羅廷很感慨地對我說：如果孫先生能夠多活幾年，甚至幾個月，中國的局勢也許會完全改觀的。

協和醫院檢驗結果，發現中山先生係死於肝癌。

孫先生的靈柩停放在中央公園的社稷壇，任人瞻仰遺容。一星期裡，每天至少有兩三萬人前來向他們的領袖致最後的敬意。出殯行列長

第四部　國家統一

達四五里,執紼在十萬人以上,包括從小學到大學的全部學生、教員、政府官員、商人、工人和農人。

靈柩暫停厝在離北京城約 15 里的西山碧雲寺的石塔裡。石塔建於數百年前,略帶西藏風味,由白色大理石建成,塔尖是鍍金的青銅打造的。石塔高踞碧雲寺南方,四周古松圍繞,春風中松濤低吟,芬芳撲鼻。碧空澄澈,綠茵遍地,潺潺的溪水和碧雲寺簷角的鈴聲相應和,交織成清輕的音樂。

畢生致力於科學和奮鬥的孫先生,現在終於在藝術與自然交織的優美環境中安息了。

中國的革命領袖已經安息,但是他所領導的國民黨內部卻開始有了糾紛。國民黨的一群要員,借北來參加中山先生葬禮之便,就在西山他的臨時陵墓前集會,討論如何對付國民黨內勢力日漸膨大的共產黨。這就是以後所稱的「西山會議派」。在會議中有人哭著說:「先生呀,先生離我們去了,叛黨的共黨分子,要把我們的黨毀滅了。」於是跨黨的共產黨人和親共的一班小嘍囉,趕到孫先生的靈前,把會議打散了。從此以後,國民黨的正式黨員與跨黨的共產分子之間,裂痕日深一日。兩年以後,也就是 1927 年國民革命軍占領南京,國民黨發動清黨,共產黨人終於被逐出黨。

按:羅家倫先生主編《國父年譜》七三八頁對中山先生民國十四年於北平治療情形,曾有刊載,志錄如下:

十八日自協和醫院移居鐵獅子衚衕行轅。是日,先生離協和醫院,乘醫院特備汽車,緩駛至鐵獅子衚衕行轅。家屬及友好同志,多以為醫院既經宣告絕望,仍當不惜採取任何方法,以延長先生壽命。於是有推薦中醫陸仲安者;因陸曾醫治胡適博士,若由胡進言,先生或不峻拒。

第十八章　中山先生之逝世

乃推李煜瀛（石曾）赴天津訪胡（時胡適有事赴津），告以來意，約其同歸。胡初以推薦醫生責任太重，有難色。後抵京見汪兆銘等，力言侍疾者均惶急萬狀，莫不以挽救先生生命為第一，且因先生平時對胡甚客氣，換一生人往說，或可採納。胡乃偕陸同往。胡先入室進言。先生語胡曰：「適之！你知道我是學西醫的人。」胡謂「不妨一試，服藥與否再由先生決定。」語至此，孫夫人在床邊急乘間言曰：「陸先生已在此，何妨看看。」語訖即握先生腕，先生點首，神情悽惋，蓋不欲重拂其意，乃伸手而以面移向內望。孫夫人即轉身往床之內方坐下，目光與先生對視。

西潮
第四部　國家統一

第十九章　反軍閥運動

學生遊行罷課鬧了好幾年，加上軍閥互相殘殺，北京政府的力量終於一蹶不振，軍閥則像印度土大王一樣統治各省。在北京的中央政府首腦，無時不需要鄰近各省的支持，如果軍閥一翻臉，隨時可以長驅直入北京城。北京政府在各省的根基愈來愈脆弱，政權本身亦隨之搖搖欲墜。某一軍閥進入北京接收政權，另一軍閥馬上陰謀取而代之。當政的人如果遭遇民意的強烈反對，例如學生遊行示威，其他軍閥便利用機會從中取利。權謀、內戰、政變，各種政治力量縱橫捭闔的結果，北京政府隨時在更換主人。我在北京的最初九年之中，所看到的變遷實在太多了，留在記憶中的是一大堆亂糟糟的悲喜劇場面。我像是埃及沙漠中的一座金字塔，淡淡遙望著行行列列來來往往的駝影，反映在斜陽籠罩著的浩浩平沙之上，駝鈴奏出哀怨的曲調，悠揚於晚紅之中。

北京政府的經濟狀況非常窘困，國庫應有的收入，都被各省軍閥扣留，用以維持他們的私人軍隊或逕入私人腰包。中央政府通常只能以極高的利息向銀行借一點錢，這一點錢之中的一部分，還得用於籠絡支持政府然而需索無厭的軍閥。我們前面已經提到教員薪水拖欠的情形。不但教員如此，就是政府官員和駐外使節的薪水，也往往一欠就是好幾個月，甚至好幾年。

「北京政府的前途究竟怎麼樣呢？」有一天，一位美國外交官這樣問我。

「它會像河灘失水的蚌，日趨乾涸，最後只剩下一個蚌殼。」我回答說。

情勢一年不如一年，終至老百姓對政府的最後一點敬意也消失了。學生幫同破壞了它的威信，軍閥們則把它整個埋葬在北京的塵土裡。

第十九章　反軍閥運動

　　數年後在美國遇見那位美國朋友，他問我是否忘了蚌殼的故事，我說沒有。

　　在那時候，廣州的國民革命運動則以一日千里之勢在發展，國民黨的革命運動一直享有大眾的支持，尤其是知識分子和學生，甚至連北洋軍閥中的一些開明分子也同情國民黨。一籃爛橘子裡，有時也能找出幾個好的來的。

　　中山先生雖然逝世了，國民黨的精神卻始終未沮喪。孫先生所建立的革命武力核心，繼續在蔣介石將軍為校長的黃埔軍校發展茁壯，短短幾年之內，蔣將軍的國民革命軍已經完成訓練，隨時可予北洋軍隊以致命的打擊。1927年，革命軍以雷霆萬鈞之勢長驅北伐，左翼直入華中而下漢口，右翼循閩浙沿海北上而達杭州，繼以鉗形攻勢會師南京。革命軍攻克南京後，遂以南京為國民政府首都。

　　國民革命軍開始北伐的那一年，北洋軍閥張宗昌亦於同時入據北京。這位聲名狼藉的軍閥，體健如牛，腦笨如豬，性暴如虎。他的利爪隨時會伸向他不喜歡的任何人，或者他垂涎的任何漂亮女人。我曾在一個治安委員會席上見過他幾面，當時我是這個委員會的委員之一。他那副尊容，真叫人望而生畏。京報編輯邵飄萍被槍斃的那天晚上，北京政府的前總理孫寶琦告訴我，我的名字已經上了黑名單，我感覺到魔爪的影子已經向我伸過來了。剛好王亮疇（寵惠）來訪，我不假思索，連忙跳上他的軍警不會盤查的紅牌汽車，直駛東交民巷使館界，在六國飯店闢室住下。第二天跑到美國使館向一位美國朋友開玩笑說：「我天天叫打倒帝國主義，現在卻投入帝國主義懷抱求保護了。」還有校長室祕書、政治學教授李守常（大釗），女生張挹蘭等六七人先後逃入使館界舊東清鐵路辦事處躲避。他們後來被張作霖派兵捕去，處絞刑而死。我在六國飯

店住了三個月,經常以寫字消遣。

同住在六國飯店的亦有幾個人,地質學教授,以後任中央研究院院長朱騮先(家驊)就是其中之一。好些朋友不時探望我們,但是在那裡關了三個月,即使那是一座豪華「監獄」,也有點吃不消。我們一直在設法逃出北京,後來局勢比較鬆弛一點時,就相繼溜出來了。我的一位朋友有一位年輕能幹的太太,我之能夠逃出北京,就是她一手策劃的。她冒充我的太太,同乘一輛古老的馬車陪送我到東車站,一路上居然逃過警察的耳目。陌生人望我一眼,都會使我心驚肉跳,雖然我在外表上仍舊竭力裝作若無其事的樣子。我擠在人潮中搭上一輛去天津的火車,然後從天津搭英國商船到上海。

在船上碰到朱騮先,他正預備轉道上海赴廣州,後來他出任廣州中山大學校長。我本人則由上海轉赴杭州。當時滬杭鐵路已告中斷,因此我只好繞道赴杭。這時何敬之將軍(應欽)所率領的國民革命軍尚未到達浙江,北京政府委派的浙江省長正準備起義反抗北洋政府向國民革命軍輸誠。我去拜訪他時,他向我透露了參加南方集團的計畫。他告訴我,他已經派了1,000人沿鐵路進駐江蘇邊境,江浙之間的鐵路已告中斷。

我心裡想,他準是被別人的勝利陶醉了,否則他怎麼會企圖與實力強他十倍的敵人作戰呢?第二天早晨,我就離開杭州,繞道重回上海。幾星期以後,他的軍隊被北軍打得落花流水。北軍進杭州時,他被捕處決。

不久北洋軍閥命運逆轉,國民革命軍進占杭州。我也再度回到西子湖畔。杭州人熱烈歡迎國民革命軍。這些現代裝備的軍隊勝利進軍杭州時,成千成萬的市民滿面笑容地列隊歡迎。我站在人叢中觀望,一顆心高興得怦怦亂跳。經過16年之後,一支現代化的中國軍隊的信譽又重新建立起來了。

第十九章　反軍閥運動

大約一年之後，蔣總司令在 1928 年完成部署，準備繼續北伐。他指揮的軍隊渡過長江，沿津浦路向北京推進。北伐軍抵山東濟南府邊緣時，日本人唯恐中國統一，藉口保護在山東的權益和日本皇民的生命財產，竟由青島派兵沿膠濟路向濟南推進。他們的目的是製造「事件」，以破壞中國的統一計劃。所謂「事件」，自然就是中日之間公開衝突。日軍在濟南府殘殺山東交涉員及其僚屬，希望藉此激起中國的報復行動。

蔣總司令洞燭日人陰謀，深恐小不忍而亂大謀，決定暫避其鋒，把國民革命軍的前頭部隊調離山東，並以迅雷不及掩耳的手段渡過黃河，直逼北京。因而國民革命軍未遭阻撓，統一目標亦賴以實現。日本軍隊在山東終於撲了空。

國民革命軍到達後，北京隨即陷落，北京政府的紙老虎被南風一吹就倒了。

民國十六年國民革命軍進杭州時，我被任為省政府委員兼教育廳長。我在政府中擔任工作的經驗也就在杭州開始了。杭州是浙江的省會，也是我青年時代讀書的地方。省政府由省政府委員會組成。國民政府在南京成立以前，所有省府委員以及主席都是由國民革命軍總司令蔣介石將軍委派的。

省府委員之中有五位分別兼任民政廳長、財政廳長、軍事廳長、建設廳長和教育廳長。省府委員會之上則有國民黨中央政治會議浙江分會，負責全省一般政策，政策決定後，即下令省政府執行。會議主席由省主席張靜江先生擔任，由我任祕書長。這是我第一次擔任國民黨要職。後來省境情勢漸趨穩定，政分會遂告撤銷。

省政府和南京的國民政府一樣充滿著改革和建設的精神，中央政府的重大施政，我將在下一章加以敘述。省政府的建設計劃相當龐大，但

西潮

第四部　國家統一

是革命之後，此項計劃難免受經費支絀的限制。因此只能將工作集中在鋪築公路上面，幾年之內的確鋪了不少公路。省城本身也有許多道路經省政府指定拓寬或添建。兩年之後，杭州城內已經添築了許多寬闊的馬路。西湖沿岸和蘇堤也闢了馬路，直達西山各名勝，另有一條公路與上海銜接，招來了不少度週末的遊客。短短三年之內，杭州已經煥然一新了。市區之內，西湖之濱，以及湖邊山麓，新建洋房別墅像雨後春筍一樣出現，人口激增，商業也盛極一時。

各縣市也新建了許多電燈廠。若干鄉村裡還裝設了蒸汽幫浦灌溉稻田。因為浙江是絲織業中心，政府開始提倡科學養蠶法，以科學方法培育蠶種，然後轉售給養蠶的人。頭一年裡，科學蠶種曾經引起強烈的反對，因養蠶的人受了以傳統方法培育蠶種的人的影響，對於科學蠶種發生懷疑。但是事實勝於雄辯，第二年中，政府出產的新式蠶種已經供不應求。

為了改善田租制度，政府舉辦全省耕地調查，工作繼續了好幾年。浙江省所採用的辦法，與共產黨對農地所採的激烈手段適成對照。浙江省採取一種比較溫和的「二五減租」辦法，也就是佃農付給地主的田租普遍減低25%。佃農通常以主要作物收穫的50%付給地主田租，「二五減租」以後，佃農就只要付收成的37.5%了。田租的租率已經維持了幾百年，計算方法各地互有差別，實行「二五減租」以後，有些地方的佃農得到很大的利益，在另一些地方，這個減租辦法卻在地主與佃農之間引起嚴重的糾紛。減租委員會所收受的訟案多如山積，全省各地普遍發生糾紛，減租辦法終於幾年之後放棄。推行減租最力的沈玄廬（定一）被暗殺，死因迄今未明。

不久之後，掃除文盲運動開始。經過六七年時間，除了普通的小學

第十九章　反軍閥運動

之外,短期的民眾識字班增加了幾千個。

省內的教育制度進行了一次新試驗。國立浙江大學成立,由我擔任校長。浙大不但主持高等教育,並且主管全省公立學校。教育廳取消,浙大校長則成為省府委員。另外兩省也繼起仿效,各自成立大學。經過兩年的試驗,另外幾省發生內部糾紛和政治爭執,整個制度終於在1929年廢止。那時我任國民政府教育部長,所以培植這個制度和埋葬這個制度的都是我自己。

我在杭州整整住了一年,翌年膺任教育部長,同時兼任浙江大學校長,因此經常往返京杭之間。1929年,我辭去浙大校長兼職,在南京再住了一年,後以中央大學易長及勞動大學停辦兩事與元老們的意見相左,被迫辭職。

我當時年壯氣盛,有所決策,必貫徹到底,不肯通融,在我自以為勵精圖治,在人則等於一意孤行。我本世居越中,耳濡目染,頗知紹興師爺化大為小化小為無的訣竅,今背道而馳,自然碰壁。武力革命難,政治革命更難,思想革命尤難,這是我所受的教訓。

在我辭職的前夜,吳稚暉先生突然來教育部,雙目炯炯有光,在南京當時電燈朦朧的深夜,看來似乎更覺顯明。他老先生問我中央、勞動兩校所犯何罪,併為兩校訟冤。據吳老先生的看法,部長是當朝大臣,應該多管國家大事,少管學校小事。最後用指向我一點,厲聲說道:「你真是無大臣之風。」

我恭恭敬敬地站起來回答說:

「先生坐,何至於是,我知罪矣。」

第二天我就辭了職,不日離京,回北京大學去了。劉半農教授聞之,贈我圖章一方,文曰「無大臣之風」。

西潮

第四部　國家統一

第二十章　國民黨之出掌政權

　　國民革命軍攻克北京以後，中國重歸統一，首都亦由北京遷至南京，北京則改為北平。

　　北京曾為遼、金、元、明、清五代的首都，歷時 1,000 餘年。現在國都固然改為南京，北平卻仍舊是文化和藝術的中心。中國知識階級除了本地方言之外所說的，以及廣播電臺所採用和學校所教授的「官話」或「國語」就是以北京方言做基礎的。

　　國民政府從北方黃河流域遷都南方的長江流域，主要原因有二：第一個理由是革命精神已經瀰漫長江流域，因此也是革命精神比較容易生根的肥沃土壤，黃河流域則是反動軍閥的根據地。第二個理由是長江流域是中國金融力量的中心，足以供應政府必需的經費。

　　在 1851 年至 1864 年之間，南京曾是太平天國的首都。太平軍潰敗以後，南京破壞殆盡，而且始終不曾恢復舊觀。城內的廢墟、麥田、菜圃、果園比蓋了房子的街道還多。街道狹窄，路面高低不平，而且骯髒不堪，電燈昏暗如菜油燈。差個專人送封信往往比打電話還快。

　　這座雄踞揚子江邊的古城，在古時是文物教化的中心，尤其是在南朝時代，所謂南朝金粉是也。女人、醇酒、清歌、妙舞一直縈迴在歷代騷人墨客的記憶裡。秦淮河橫越城內，連線了盛長百合的湖泊。河上滿是金碧輝煌高懸綵燈的畫舫。秦淮河兩岸酒樓歌榭櫛比，雕梁畫棟，門口掛著竹簾子，妙曼的曲調和醉人的幽香從竹簾後一陣陣飄送出來，此所謂：

　　此曲只應天上有，

　　人間哪得幾回聞。

第二十章　國民黨之出掌政權

這就是舊日京華。但是南京是策略要地，國內每有重大戰事，南京必定要遭一場浩劫，每經一次戰禍，它的精華也就失去其大半。戰事結束，和平重臨，南京又會在廢墟上重建，恢復舊日的光輝。我所描寫的往昔金陵生活，就是根據歷史記載而來的。

不過，自從太平天國滅亡，劫後南京一直未曾恢復昔日的美麗。歷次重建似乎只是庸俗藝匠對於古本的臨摹，經過一再臨摹之後，原作的光輝漸漸消失，留下的只是俗不可耐的贗品。

秦淮河仍舊在南京城內流過，畫舫歌榭也依然存在。但是形式、素質和內容都遠非昔比了。風雅的生活已經隨滾滾江流沖走了。

國民革命軍進入南京以後，一種新精神隨之誕生──一種改革和建設的精神。大家要拿現代科學來復興往昔的藝術。在這瘡痍滿目的廢墟上，一座柏油馬路四通八達的現代城市建立起來了。街道旁栽種了蔥翠的樹木，供市民遊息的公園也先後開始設計和建立。自動電話、電燈和自來水也裝設了。停泊南京附近的美國兵艦的水上飛機則從空中測繪了一幅南京地圖，南京的新都市計劃就是根據這幅地圖設計的。國民政府成立了首都建設設計委員會，我以教育部長的身分成為該委員會的委員之一。這個設計委員會在一位美國建築師的協助下，辛勤工作了一年多。這位美國建築師對北京的中國宮殿式建築很有研究，委員會的目標是盡量保持中國建築的宏偉和華麗，同時兼有現代都市的便利和衛生設備。

陳舊傾圮的建築被拆除了，以便鋪築道路或重建新屋。商業日漸發達，現代戲院倍增，人口急速增加。秦淮河和湖泊一一加以疏濬，古剎和其他公共建築也都開始修葺。

政府建造了中央博物院，來陳列北平故宮博物院的一部分珍品，而

西潮

第四部　國家統一

且在南京城內朝天宮一座小山裡，造了一個不虞空襲的鋼骨水泥的地下室，來保藏貴重文物。因為中央博物院的董事們早已預料到日本不久即將發動對華侵略，南京當然是他們攻擊的目標。華北局勢惡化，長城戰雲密布之時，故宮博物院的貴重寶藏即以數百輛火車運至南京，並且在南京失陷之前，全部轉運內地，保留於山洞石室之中。

交通部大樓和鐵道部大樓都是鋼骨水泥的建築，裡面有現代的照明、通風等設備。但是它們的建築圖樣卻是完全中式的，釉瓦、雕梁、畫棟、花窗，以及其他古色古香的裝潢。這兩幢雄偉的建築峙立在新都交通要道中山路的兩旁，成為配合現代需要的中國古代藝術的紀程碑。其他的建築也已設計好藍圖，後以戰事影響而告擱置。

中山陵位於城外紫金山之麓，上覆琉璃瓦，柱子全部是白色大理石。陵前有層層疊疊步步高昇花崗岩的石階。山上栽種著從全國各地移來的不同林木。山坡上點綴著各式各樣的花木和果樹，山腳建造了一個運動場和游泳池。

政府在南京附近規劃了一個示範新村，由市府設計包括道路、下水道、電話、電燈、學校等的建設藍圖。幾年之內，私人新建房屋到處矗立，房屋周圍都有廣大的空地，闢為東方式的花園，樹木蔥翠，花枝招展，小鳥啁啾，溪水低吟。古老的生活方式已為新生活所取代，科學與藝術，工作與娛樂，天工與人力，齊頭並進，相得益彰。

這就是實驗中的胚芽，大家希望它發展滋長，將來有一天可以推廣到全國的每一角落。這只是個平凡的開端，但是已經有了相當的成果，因為這個新村運動已經在數年之內推廣到許多大城市及附近地區。如果持之以恆，而且經濟有進一步的發展，這些新村勢將使新中國的生活方式全面改觀。

第二十章　國民黨之出掌政權

我們無法奢望北京政府垮臺之後,軍閥們隨之銷聲匿跡。他們的實力仍舊根深蒂固地盤踞在各省。中國幅員遼闊,交通不便,兼以人心未定,凡此種種,無不使軍閥們蠢蠢欲動。時機一到,他們就企圖擴張勢力:他們像血液中的細菌一樣潛伏在各省,身體衰弱,就會乘機偷襲。蔣總司令從揮軍攻克北京到對日抗戰的前夕,十年間為統一國家真是宵旰辛勞,席不暇暖。

羅馬帝國的將軍們曾以縱橫輻輳的道路鞏固其帝國,蔣總司令也深知開闢公路、鐵路和航空線的重要。他以南京為中心,建築了向各省輻射的公路、鐵路和航空線。國民政府成立以前,交通網的一部分業已存在。國民黨執政以後,就以原有的交通網為基礎,新建了許多支線和銜接線。邊遠城市則闢航空線以資聯繫。從新首都北飛可達北平、開封、西安和蘭州,南飛可達福州、廣州和昆明,西航則達漢口、重慶及成都。

連線漢口與廣州及香港對岸九龍的新鐵路也築成了。如果日本不在此時侵略東北,我們很可能在1931年就可以從香港或上海乘火車直達巴黎。如果從上海出發,可搭直達車經南京、濟南到天津,從天津搭北寧路出長城到瀋陽,從瀋陽搭中國自建而與日人所有的南滿鐵路平行的長春鐵路到齊齊哈爾;從齊齊哈爾有鐵路支線與西伯利亞鐵路連線。中國統一努力的進展以及在東北自建鐵路,促使日人企圖一舉而占滿洲(即東三省),乃在1931年9月18日挑起「瀋陽事件」,亦即「九一八事變」。

滬杭甬鐵路錢塘江至曹娥江之間的一段缺口也填補起來了,但是鋪軌工作卻因戰事發生而停止。不過蘇州與杭州之間的蘇杭鐵道剛在戰事開始以前就鋪築完成了。另一條從杭州到江西的浙贛鐵路剛好在抗戰前完成,抗戰期間更西延至湖南境內,在株洲與粵漢路銜接。後來湘桂鐵

第四部　國家統一

路完成，再往西可以直達廣西的桂林。

　　公路的發展更為迅速。京杭國道是在我居留南京期間建成的，在這條公路正式開放以前，我曾經很榮幸地參加通車典禮。京杭國道穿越江浙兩省最富庶的地區。當車子沿太湖奔馳時，我們真想留下來小住幾天，坐在松樹之下，眺望著遠帆在夕陽餘暉中出沒。漁人們在湖邊撒網捕魚，漁網中跳躍著金鱗閃爍的鯉魚。太湖是中國五大湖之一，湖水灌溉了中國人口最密、文化最高的江浙兩省千萬畝肥沃的農田。

　　京杭國道同時經過一個盜匪如毛的區域，但是公路通車以後，盜匪隨之銷聲匿跡，因為現在如遇匪警，軍隊可以隨時趕到出事地點了。

　　建設進展之時，各地也不斷發生事故。有時缺乏現代道路的地區發生變亂，鐵路和公路常常需要以賽跑的姿態趕築到出事地點。抗戰前一年，福建省發生叛變，中央軍迅速沿新築成的浙贛鐵路及公路從杭州趕赴福建，變亂旋即敉平。鐵路公路愈多，叛亂與盜匪也愈會減少，各地間貨運賴以暢流更不必說了。

　　交通是現代化和改革的關鍵，也是發現國家未來發展機會的鑰匙。因此國民政府的建設計劃就從建築鐵路公路著手。交通建設也是確保國家統一之一法，如果有完善的道路可資利用，地方性變亂很容易就可以敉平。除此之外，交通愈便利愈發達，人民交往也愈頻繁，觀念交流也愈容易。偏僻地區的名勝風景，旦夕之間就成為學者、畫家、詩人和愛好自然者的徜徉之所了。

　　各省在國民政府影響之下也開始修築更多的道路。原有道路在國民黨執政以後很快就開始修補拓展。因之抗戰期間軍隊得以在各省之間暢通無阻。抗戰前一兩年，旅客可以從南京坐汽車直達昆明，換一句話說，可以從華東沿海直達西南邊城，也就是滇緬公路的起點。

第二十章　國民黨之出掌政權

在行政方面，政府正設法增加行政效率。政府設計了一種新式的檔案處理辦法並在各機關試行。公文程序也經過簡化。

文官考試制度重新恢復，但是見過清朝科舉制度的人也許會失望，因為考試錄取的人已經不再有從前那種煊赫的排場和榮耀。

新的法典也開始擬訂。婦女的地位提高到與男人一樣。過去只有兒子可以繼承父母的產業，現在女兒也享有同等的繼承權了。男女到達結婚年齡就可以享受婚姻自由。只要當事兩造協定，就可構成合法的離婚。

學校課程統一，科學鐘點增加，體育普遍受重視。管理大學的法律也公布了。中央研究院等機構先後成立，以進行科學、歷史、經濟學和工程等的高深研究。

厘金制度宣告廢止。對於這種苛擾的國內關卡制度，我們將在下章再加論列。政府財政基礎漸見鞏固，全國幣制統一，政府所屬的各銀行也加以改組。不久之後，銀元禁止流通，一律改用法幣。抗戰期間我們開始了解此一措施的重要，如果我們一直依賴笨重的銀子作交易的媒介，勢將無法進行長期抗戰。如果在抗戰期間才進行幣制改革，也必定要引起嚴重的紊亂。

從1927年定都南京開始，到1937年盧溝橋事變止，其間只有短短十年工夫讓國民政府從事建設。十年之間還有斷續的變亂和其他障礙阻滯改革和建設的進展，但在這短期間內，居然建築了四千五百多公里的鐵路，而在過去50年內所建的鐵路也不過一萬六千公里而已。十年之內建築的公路超過十萬公里，新添電報線路則在一萬多公里以上。在這樣短的時間之內，自然各方面的建設就都很有限，評斷成績時，不能不考慮到時間因素。

第四部　國家統一

　　國民黨執政以後,與共產黨的鬥爭仍在繼續進行。共產黨雖然失去對城市的控制,他們在鄉村地區的勢力卻漸漸擴展,同時在農民之間積極展開工作。從1928年到1934年之間,農民暴動遍及18行省內200餘縣,無數地主被「清算」,土地被分配給農民,手段之激烈與俄國革命初期無異。

　　共產黨的根據地是江西省,一共占領了59縣,經過國民政府軍隊多次圍剿,共產黨終於撤退到西北邊陲,而在延安建立「陝甘寧邊區政府」。他們為適應環境暫時放棄激烈手段,而採取一種比較溫和的土地改革政策,實際上就是變相的土地減租政策。

　　……

　　最顯著而且最富戲劇性的例子就是西安事變。當時蔣委員長出巡,先至洛陽,繼飛西安。他召集了許多軍政首長在西安會商國事並面授機宜。突然一件夢想不到的事件發生了。蔣委員長曾經花了不少心血培植張學良,這次事變實在出他的意料之外。不過在另一方面來說,西安事變卻也反映了人民希望國家統一以抵抗日本侵略的心情。

　　……

第五部　中國生活面面觀

第五部　中國生活面面觀

第二十一章　陋規制度

　　凡是親見清室覆亡的人都知道：滿清政府失敗的主要原因之一就是財政制度的腐敗。公務人員的薪水只是點綴品，實際上全靠陋規來維持。陋規是不公開的公家收支，為政府及社會所預設的。以現在用語來說，好像我們大家所稱的黑市。這種辦法削弱了公務人員的公德心，也使他們把不規則的收入看成理所當然的事。清廷對官吏的這種收入視若當然，常說「規矩如此」，竟把陋規變成規矩了。這些官吏對下屬營私舞弊也就開隻眼閉隻眼。如果拿一棵樹來比喻政府的話，這種陋規的毒汁可以說已經流遍樹上的每一枝葉，每一根芽。

　　政府只要求稅收機關向國庫繳納定額的稅款。主持稅收的官吏可以利用各式各樣的藉口和理由，在正規賦稅之外加徵各種規費。這樣一來，如果有一兩銀子到了國庫，至少也另有一兩銀子成了陋規金。在滿清末年，「漏」入私人腰包的錢遠較繳入國庫的錢為多。清廷需用浩繁，只好一味向官吏需索。官吏向民間搜刮，結果官場陋規愈來愈多，人民負擔也愈來愈重。乾隆皇帝幾次下江南，開支浩大，都靠官吏孝敬、民間搜刮而來。清代在乾隆朝為極盛時代而衰運亦在此時開始。

　　清代後期，徵稅與捐官等方法均未能使清廷達到籌款的目的，因此不得不乞靈於借貸外債，而以讓渡鐵路建築權或礦產開採權為交換條件。這自然是飲鴆止渴的辦法。現在或許還有人記得清廷將四川省內鐵路收歸國有，以為轉讓築路權予外國公司之張本，結果觸發了辛亥革命的導火線。時遭光緒帝國喪，地方士紳披麻戴孝，頭頂「德宗景皇帝神位」，長跪於總督衙門之前，哭呼先帝保佑四川，不使鐵路收歸國有，弄得政府啼笑皆非。

第二十一章　陋規制度

所謂陋規制度究竟是怎麼一種辦法呢？中國當時分為 22 行省，大約包括 2,000 個縣。縣的行政首長是知縣，他不但掌管一縣的財政，同時還是一縣的司法官。他的薪水每月不過數兩銀子，簡直微不足道。因此他的一切費用都只能在陋規金上開支。如果上級官員經過他那一縣，他除了負責招待之外，還得供應旅途一切需要財物。對於上級官員的隨員也得送「禮」，所謂「禮」通常都是送的錢。

我的故鄉餘姚城外的姚江岸上有一座接官亭，這是各縣都有的。如果有上級官員過境，知縣就在亭裡迎候。大約 60 年前的一個下午，我發現亭子附近聚了一大堆人。我趕過去一看，原來是大家在觀望學臺和他的隨行人員紛紛下船；有些上岸。這位學臺正預備去寧波主持郡試。前一日，知縣已經從老百姓手中「抓」去好幾條大船，那條專為這位學臺預備的船上裝了好幾隻加封條的箱子，至於箱子裡面裝些什麼，自然只有經手的人才知道了。

我遙望著學臺等一行換了船，學臺踏上最華麗的一隻，隨後這隻載著官吏和陋規禮金的小型艦隊就揚帆順著退潮駛往寧波去了。那種氣派使我頓生「大丈夫當如是也」的感觸。我心裡說從今以後一定要用功讀書，以便將來有一天也當起學臺享受封藏在箱子裡面的神祕禮物。

知縣還得經常給藩臺的幕僚送禮，否則他就別想他們給他在藩臺面前說好話；如果搞得不好，這些師爺們還可能在公事上吹毛求疵呢。各種禮金加起來，一個知縣為保宦海一帆風順所花的錢就很可觀了。同時人情世故也告訴他必須未雨綢繆，何況他還得養活一家大小以及跟隨他的一班人呢！

有靠山的候補知縣無不垂涎收入比較大的縣份。以我的故鄉餘姚縣而論，就我所能記憶的，沒有一個知縣在我們的縣裡任職一年以上。正

第五部　中國生活面面觀

常的任期是三年，一位知縣如果當上三年，大概可以搜刮到10萬元叮噹作響的銀洋。這在當時是很大的數目。因此藩臺只派些代理知縣，任期通常一年。這樣一來，候補知縣們的分肥機會也就比較多了。

知縣任滿離職時，通常都得正式拜望藩臺一次，藩臺總要問一聲他的缺好不好。當時對於所補的職位叫做缺，也就是等於問他得到了多少陋規金。他的親朋戚友與他談話，也常常以同樣的問題做開場白，說「老兄你的缺想必很好罷」。

經手政府收支的官吏，官階愈高，「漏」入他私人腰包的數目也愈大。據說上海道臺每年可以獲利10萬兩銀子。所以上海道的缺，是全國缺中最肥的。富庶省分的藩臺、督撫以及北京有勢力的王公大臣，每年的收入也都很可觀。

連平定太平天國之亂的學者政治家曾國藩也贊成陋規制度。他曾在一封信裡為陋規制度辯護，認為要順利推行政務，就不得不如此；他說一個官吏的必要開支太大，而且還得贍養一家和親戚。咸豐同治年間住在北京的名士李蓴客曾在日記裡抱怨總督張之洞送他的「禮」太輕。過了幾天日記裡又有一段記載，為：「午後至陶然亭，張之洞來，我避之。」可見張之洞從陋規金中提出來贈與李蓴客的禮太輕，結果就得罪了這位名士了。

在滿清時代，有前程的候補官員只要花很少的錢，甚至不必出錢，就會有僕從跟隨他們。這些僕從們也會含辛茹苦地追隨不捨，希望有朝一日他們的主人時來運轉，他們也就可以分享陋規了。如果真的吉星高照，主子和奴才就沆瀣一氣，大刮一筆。如果流年不利，官爵遲遲不能到手，僕從們也還株守不去，直至最後一線希望消滅時為止。一些倒楣的主人，受不住飢寒煎熬，只好投繯自盡，以求解脫。我在杭州讀書

第二十一章　陋規制度

時，曾經聽說有一位賦閒多年的候補知縣，因為受不住債主催逼，結果在大除夕自縊了。

變相的陋規惡習甚至流布於小康之家，廚師買菜時要揩油，僕人購買家用雜物時也要撈一筆。尤其在北平，僕人們來買東西時，商店照規矩會自動把價格提高一成，作為僕人們的佣金，這在北平通俗叫做「底子錢」。

這種變相的陋規之風甚至吹到外國而進入拿破崙的家裡。拿破崙有個中國廚師，服務周到而熱心。這位偉大的法國將軍臨死時記起他的忠僕，就吩咐他的左右說：「你們要好好地待他，因為他的國家將來是要成為世界最偉大的國家之一的。不過這位中國朋友很愛錢的，你們給他500法郎罷！」自然，中國人並非個個如此。哥倫比亞大學的丁良（譯音）中國文學講座基金，就是為紀念一位中國洗衣工人而設的，基金的來源是他一生辛勤漿洗衣服的積蓄。丁良臨死時把一袋金子交給他的東家，託付他做一點有益於中國的事。這位東家就拿這筆錢，再加上他自己的一筆捐款，在哥大設定了中國文學講座，來紀念這位愛國的洗衣工人。

陋規之風更瀰漫了整個厘金制度，厘金制度像一個碩大無朋的章魚，把它的觸鬚伸展到全國的每一條交通線上，吮吸著國內工商業的血液。厘金是在太平天國時期設定的，旨在籌措戰費以供應清廷士卒。太平軍雖然被平定，厘金卻始終未取消。

厘金方面的陋規大致是這樣的：凡是懂得如何敲詐老百姓的人都可以向政府經紀人出價投標，只要他出價高，譬如說一年20萬塊錢，他就可以獲得在某一關卡或若干關卡徵收厘金的權利。這些關卡通常設在官道上的貨物必經之地，得標的人就成為此一關卡的厘卡委員，受權向過往的貨物徵稅。如果他能在一年之內收到30萬塊錢，他把20萬繳交政

府，其餘的錢就歸他本人及其合夥者所有。因此他規定大多數的貨物都得抽稅，以便充實他們的私囊。

有一次我看到一條裝西瓜的木船從關卡附近的一座橋下經過。這條船馬上被岸上伸下來的一根竹柄撓鉤攔住了，同時岸上跳下好幾位稽查，用鐵棒往西瓜堆裡亂戳亂撢。西瓜主人慌了手腳，哀求他們手下留情，同時答應他們，要繳多少稅收就繳多少稅。「稅」繳過以後，這位可憐的農夫才得繼續鼓棹前進。

小商人和農夫對厘金無不深惡痛絕，如果有機會，每一個人都願意把關卡砸個稀爛。有一次，一群青年士子乘船去參加科舉，途經一處厘金關卡，卡上著令停船，他們卻根本不予理睬。稽查們扣住船隻，並且開始搜檢行李。這群士子蜂擁上岸，衝進關卡，見物就砸，結果把關卡打得落花流水。只留下那面象徵朝廷權威，上面寫著「奉旨徵收厘金」的旗子低垂在空中，圍觀的群眾以不勝欽慕的目光佇望著這些士子揚長而去。

辛亥革命以後，陋規制度逐漸被戢止，厘金制度亦於稍後廢止。官吏的薪俸也提高了。但是貪汙案件還是屢見不鮮，僕役間的揩油風氣迄今未衰。有一位太太罵她的廚師揩油揩得太貪心，結果與廚師大吵其架。有人批評這廚師貪心得像條餓狼，他的答覆是：「如果一個人不貪心，他也就不會當廚師了。」

北京某大使館的廚師每買一個雞蛋，就向主人索價一毛；大使祕書的廚師為主人買蛋，卻只索價五分錢一隻。大使夫人問：「為什麼我買雞蛋要比祕書太太多花錢呢？」她的廚師答道：「太太，大使的薪水要比祕書先生的高呀！」汽車主人也常常發現汽油箱「漏」油，原因就是司機「揩」油。不必要的修理，更使保養費大得驚人。

第二十一章　陋規制度

　　自從 1927 年國民黨執政以來，中國一直在設法阻遏政府中的貪汙風氣，並且規定了幾種對貪汙舞弊的嚴厲罰則。但是陋規制度在清朝以前就已存在，數百年的積習，不是幾年之內，甚至二三十年之內所能完全革除的。自從現代財政制度建立，公家道德逐漸提高以後，中國已經革除了很多積弊。行政技術正與時俱進，相信它在不久的將來一定可以達到組織健全的現代國家的水準，徵收賦稅和控制財政的有效辦法也會漸次建立。不幸當時內亂外患並乘，致使功敗垂成。

　　我們中國人一向相信人之初性本善，認為邪惡的產生只是缺乏正當的教育而使善良的本性淹沒，中國社會風氣的敗壞導源於腐朽的財政制度，而非缺乏責任感。但是這種制度對社會風氣產生極大的不良影響，因此我們迄今仍蒙受其遺毒。

　　實際的例子已經指出，補救之道在於建立良好的制度，來接替腐敗的制度。單單廢止壞制度，還是不夠的。英國人為中國建立的關稅制度，一開始就擺脫了陋規的惡劣影響。海關僱員都經過良好的訓練，薪俸也相當優厚，退休之後還有充裕的養老金。徇情偏私的情形很少發生。中國為了保證償付外債而把國家重要收入的控制權交付給外國政府，這原是國家的奇恥大辱，而且嚴重威脅到主權的完整，但是因此而建立關稅制度卻是中國的意外收穫。

　　郵政也是根據西方制度建立的。創辦迄今，行政效率始終很高。就是在漫長的內戰時期，郵遞工作也從未中斷。抗戰期間，日軍占領區與中國大後方之間，郵遞一直暢通無阻，郵差們常常穿越火線把郵件送達收件人手裡。

　　鹽務機構是另一例項。八年抗戰期間，人民的這種日用必需品始終供應無缺。

第五部　中國生活面面觀

　　治黃河的河督衙門從前一向以陋規制度聞名於世；事實上著名的山東菜和河南菜就是這些食厭珍饈、腰纏萬貫的治黃老爺們光顧的結果。同樣地，揚州菜之所以出名，就是因為貪圖口福的揚州鹽商而來。

　　黃河水利委員會成立以後，改由受過現代訓練的工程師主持疏濬工作，陋規制度也就隨滾滾河水沖入黃海去了。老饕已隨陋規制度消失，只有烹飪藝術依舊存在。美食家至今對揚州菜讚不絕口，但是自從組織完善的現代鹽務制度建立以後，倡導揚州菜的鹽商已無法立足了。

　　這些成就可以說是依賴外國協助而來的。但是我要請問：這些成就究竟由於外國人的良好道德，還是由於他們介紹到中國來的良好制度呢？沒有健全的品德，這些制度固然無法實行，但是單憑外國人的道德難道就能收到預期的效果嗎？單憑少數高居要津的外國專家就能夠制止千千萬萬中國職員的不法行為嗎？海關、鹽務、郵政之所以成功，還是靠良好制度下的基層中國職員的通力合作。這就是孟子所謂：「徒善不足以為政，徒法不足以自行。」

　　中國的現代銀行制度和鐵道管理也是值得稱道的例項。一般而論，銀行與鐵路的行政效率都很高，而且沒有銀錢上的重大舞弊案件。

　　中國的現代大學除了實事求是的學術立場之外，也是經費從無私弊的又一例項。抗戰期間，因為物價高昂，教授生活非常清苦，但是他們始終辛苦工作，力求維持學術水準。絕大多數的學生，除了接受現代訓練之外，在教授和大學當局的良好影響之下，對於如何誠實而有效地運用公款，也自然養成正確的觀念和良好的習慣。

　　最重要的是對公款處理的態度已經起了根本的轉變，過去大家都預設甚至讚揚陋規制度，到了抗戰以前的幾年，有識之士不但討厭它而且隨時加以譏諷。國民黨這種風氣的轉變，再加採用現代方法，當時我們

第二十一章　陋規制度

相信對於將來公共行政各方面的經費處理，必將發生重大良好的影響。

　　要消滅僕役、廚師和司機的揩油行為可難得多了。或許要經過五六十年之後才能提高這些人的經濟地位，在他們的經濟地位確切提高以前，我們無法奢望他們臨財不苟。如果真的到了那一天，也許我們已經不容易找到願意當家庭僕役的人了。抗戰時我在昆明居留的八年期間，我倒在我的傭人中碰到過一位男僕、一位女傭和一位司機從來沒有揩過油。

第五部　中國生活面面觀

第二十二章　社會組織和社會進步

　　一般人都說中國的四萬萬人像一盤散沙,如果說中國的人是由許多自治的小單位構成的,倒更切近事實。中國的民主體制包括千千萬萬的這種單位,由幾千年來累積下來的共同的語言,共同的文化和共同的生活理想疏鬆地連繫在一起。這些或大或小的單位是以家庭、行業和傳統為基礎而形成的。個人由這些共同的關係與各自治團體發生連繫,因此團體內各分子的關係比對廣大的社會更為親切。他們對地方問題比對國家大事了解較深。這就是立憲國會失敗的癥結,也是老百姓聽憑軍閥統治的原因。我們在前面曾經一再提到「天高皇帝遠」的觀念,帝制時代的這種觀念就是上述心理狀態產生的。

　　個人如非因特殊事故與所屬社會破裂,永遠是小單位的一部分,但是各單位之間並無全國性的組織使其密切團結。這是中國國民生活中的優點,同時也是弱點。好處在於使中國生活民主,雖經數百年之戰亂以及異族之入侵而仍能屹立無恙,壞處在於中央政權軟弱無能,因而易遭異族侵凌。

　　中國人民生活中這些單位的存在是有它歷史的背景的。它們是幾千年歷史演變的結果。我們的祖先逐漸向人口比較稀少的地區遷移時,他們總是成群結隊而行,在各地構成許多獨立的部落,這些部落後來便發展為自治的村莊或鄉鎮。廣大的中華帝國就是千百年來由這些聚族而居者向邊疆和平原拓殖而形成的。近年來由於研究中國各地方言的結果,我們已經追溯出這種發展的途徑。我們發現廣東話與唐朝的口語有密切的關係,因此我們可以推斷多數的廣東人是唐朝的後裔。遷到廣東較晚的移民又另行形成不同的部落,所說的方言也迥然不同,那就是我們所

第二十二章　社會組織和社會進步

謂的客家話。客家話所顯示的語言特徵是屬於近世紀的。甚至長江流域各地方言之間的些微差別，也可以隱約顯示拓殖過程中的先後。

　　第十世紀，唐朝滅亡，中國北方普遍遭塞外入侵的異族蹂躪，因而也加速了中國人口的南遷。南方各省，尤其是廣東、湖北和浙江一帶，不易遭受外族的侵略，所受戰禍較輕，因此就成了中國文化的蓄水庫，並在過去六七十年內灌溉了新中國大塊的土地。

　　如果要使某一改革對國家統一與團結切實有效，這種改革必須直接使這些古老的區域單位在家庭制度上、行業上和傳統上發生某種程度的變化，反過來說，這些單位系共同的語言、文化和生活理想所維繫，那麼任何經由共同語言所產生的文化和理想的變化，也勢必影響這些社會集團的生活，並且進而影響國家的生活。

　　外國商品開始影響中國行業時，中國就開始變化了，維繫中國社會的三條繩索之一因而鬆散。這是受現代影響的最初改變，這種改變人們是不大知道的。以後現代思想經由書籍、報紙和學校制度等輸入中國，又鬆散了傳統這一條繩索。最後留下來的一條繩索——家庭的連繫，也終於不得不隨其他兩條繩索一起鬆散。

　　人們因探索新的有效的團結而引起各式各樣的紛亂。首先受到新思潮影響的是學生，首先鬧事的也是他們；新興工業的工人喪失了舊日行業的維繫力量，因此也就跟著學生一起滋生事端。軍閥之間的內戰，憲政的失敗，以及敗壞風氣的陋規制度，既未阻止舊有社會組織的瓦解，亦未阻滯社會的進步。軍閥所引起的禍患只是中國廣大的「社會之海」面上的泡沫。不論有沒有互相殘殺的軍閥，或者聲譽掃地的國會，或者敗壞風氣的陋規，海面底下的潛流仍在滾滾而進。軍閥、國會、陋規只是浮面上的禍患，那些自治單位本身仍然寧靜如恆，在道德方面也潔淨無瑕。

第五部　中國生活面面觀

　　在悠久的歷史過程中，尤其在唐朝末年以後中國的國防一直很脆弱，因為侵略她的異族全部組織嚴密，隨時準備作戰，而中國的社會組織卻是昇平世界的產物。國防部隊是由太平無事的社會中徵募來的，維持這些軍隊的中央政府也只是一個和平社會上層的空架子。

　　明室領導下的漢族之所以能推翻蒙古人所建立的元朝，並非由於漢人本身的軍事力量，而是由於蒙古人本身力量的衰竭。成吉思汗的子孫在歐亞兩大陸連年征戰之後，武力已消耗殆盡。中國在明成祖御宇期間，曾經組織成一支強大的軍隊，並且征服了滿洲的大部分；但是成祖駕崩以後，這支軍隊的實力也就日趨式微。驍勇善戰的滿洲人在關外崛起以後，明室對韃靼入侵簡直束手無策，結果沒有經過激烈戰鬥，明朝就亡在滿洲人手裡了。滿清入主中國一百餘年以後，結果也染上了漢人的和平習氣，等到西方列強的兵艦來攻擊中國時，清室也是同樣束手無策。

　　日本研究歷史的結果，認為歷史是會重演的，因此就在1894年發動對中國大陸的攻擊。到那一年為止，日本的設想並沒有錯。但是自從中國學到西方的「訣竅」以後，中國的歷史演變途徑就開始轉向了。日本不是對這種轉變懵然無知，就是有意防患於未然。無論動機如何，日本終於在30年之後又向中國大陸發動了另一次戰爭，結果發現它的途程上障礙重重，使它大感意外。

　　日本遭遇的障礙就是中國的社會進步，日本已經看到高踞中國社會之上的腐敗無能的北京帝制政府，這個政府的財政力量已經被陋規制度腐蝕殆盡；稍後日本又在水面上看到互相征戰的軍閥；但是它對過去50年間在中國的浩瀚海洋之中緩慢地、然而不斷地流動的潛流，卻茫然無知。

第二十二章　社會組織和社會進步

在過去，祕密幫會是全國組織的維繫力量。幫會弟兄生活於鄉村單位之外而聚集於大城市附近或通商孔道。他們的主要目的是互相保護，抵制壓迫，但是這種動機有時候會墮落為不法買賣，他們在內亂時可以表現出相當大的力量，但是以之應付外國侵略卻無多大用處。他們缺乏現代思想，也不懂什麼叫社會進步。

現在的情形可不同了，全國千千萬萬自治單位的邊緣，已經圍集了充滿國家觀念和愛國熱情的人，他們反對地域偏見和家族觀念。這些人像蜜蜂一樣繞著蜂巢喧嚷不休，最後就在蜂巢邊緣聚集起來。從蜂巢裡面溜出來參加巢外集團的個人愈來愈多。外面圍集的群眾數量增加以後，他們開始闖進蜂巢，終至影響了整個社會的生活。同時他們開始把自己組織為全國性的社會，拿中國作為他們的共同蜂巢。

中國現代的全國性社團就是這樣形成的。輪船、公路、鐵路、航空等交通網的迅速擴展，更加速了社團發展的過程。教育會、商會、工會、科學團體、工程學會、政治學會等社團都紛紛成立全國性組織。所有政黨，包括國民黨以及意見與其相左的政黨，都鼓勵人民考慮全國性的問題。大專學校吸收了家庭的分子，而把他們塑造成國家的領袖。學校都在努力把國家民族觀念和愛國心灌輸到新生一代正在發育的心靈裡。

雖然內戰頻仍，各省的公立學校甚至在國家統一之前就已經增加了好幾倍。私人常常以創辦學校來表達他們的愛國忠忱。千千萬萬的小學畢業生，跑進本鄉本土的自治社會，把愛國觀念散布到全國的每一角落。

中日正沿長城作戰時，我在內地旅行，途中看到一個孤單的小孩在扮軍人作遊戲。他把一棵樹當作假想敵，拿他的匕首猛刺這棵樹。然後

他又想像敵人向他還擊,他裝出自衛的姿勢,接著躺倒在地上,閉起眼睛自言自語說:「我為國犧牲了!」顯然地他在想像自己為保衛國家而抵抗日本侵略。抗戰後期,我在後方邊荒地區看到一個小孩拿鏟子挖了一個小墳。墳挖成以後,他在墳上立了一個木牌,上書「漢奸」。那時少數重慶政要已經出亡投靠日本去了。有一次,一位礦冶工程師經過某山區,那裡離最近的學校也有好幾里路,他卻看到幾位小孩在他們村莊的牆上書寫「三民主義萬歲!」這些例子可以顯示全國性的團結力量已經代地方性的維繫力量興起了。

小孩子們在新的教育制度影響之下,大家都能拿紙折飛機拋在空中滑翔。他們製造小小的抽水機,也能做玩具汽車。他們開始養成研究機械的習慣,這對國家的未來工業化運動也是個良好的基礎。

近年來輕工業的發展,從地方單位吸收了許多人,他們開始彼此連繫,組成全國性的團體。廣播從空中給人民帶來許多新觀念。風俗習慣、迷信、方言、民歌、宗教、家庭工業、垂危的本地行業及苦難農民的經濟情況,都經過仔細調查,並且根據高等學府和學術團體所收集的數據很科學地加以研究。中國已開始從科學研究中了解她自己了。

50年的動盪已經促使人們思索,他們的人生觀開始轉變了。他們希望在侵略威脅下從事有效的組織,以團結全國的力量,同時為國家的進步辛勤工作,期望能在混亂中創造安定。這種新生的社會意識和國家意識或許還不夠堅強,因為它還不能充分應付戰爭。但是這種意識可以產生堅忍不拔的意志來進行堅強的抵抗。從這一方面來看,社會意識和國家意識的力量是驚人的。

第二十三章　迷人的北京

　　正像巴黎繼承了古羅馬帝國的精神，北京也繼承了中華帝國黃金時代的精神。巴黎是西方都市之都，北京則是東方的都市之都。如果你到過巴黎，你會覺得它不但是法國人的首都，而且是你自己的城市；同樣地，北京不僅是中國人的都市，也是全世界人士的都市。住在巴黎和北平的人都會說：「這是我的城市，我願意永遠住在這裡。」

　　我在北京住了15年，直到1937年抗戰開始，才離開北京。回想過去的日子，甚至連北京飛揚的塵土都富於愉快的聯想。我懷念北京的塵土，希望有一天能再看看這些塵土。清晨旭日初昇，陽光照射在紙窗上，窗外爬藤的陰影則在紙窗上隨風擺動。紅木書桌上，已在一夜之間鋪上一層薄薄的輕沙。拿起雞毛帚，輕輕地拂去桌上的塵土，你會感到一種難以形容的樂趣。然後你再拂去筆筒和硯臺上的灰塵；筆筒刻著山水風景，你可以順便欣賞一番。硯臺或許是幾百年來許多文人學士用過的，他們也像你一樣曾經小心翼翼地拂拭過它。乾隆間出窯的瓷器，周朝的銅器，4,000年前用於卜筮的商朝甲骨，也有待你仔細揩擦。還有靜靜地躺在書架上的線裝書，這些書是西方還不懂得印刷術以前印的。用你的手指碰一碰這些書的封面，你會發現飛揚的塵土已經一視同仁地光顧到這些古籍。

　　拂去案頭雜物上的灰塵，你會覺得已經圓滿地完成這一早晨的初步工作。陽光映耀，藤影搖曳的紙窗在向你微笑，纖塵不染的書桌以及案頭擺設的古董在向你點頭；於是你心滿意足地開始處理你這一天的工作。

　　這種古色古香的氣氛可以使你回想到孔夫子設帳授徒的春秋時代；或者景教徒初至中國的唐朝時代；或者耶穌會教士在明朝製造天文儀器

第五部　中國生活面面觀

的時代；或是拿破崙長驅直入俄羅斯，迫得飲街燈燈油的時代；或者回想到成吉思汗派遣他的常勝軍直入多瑙河盆地，建立橫跨歐亞兩大洲的蒙古帝國，並且把北京定為他的一位兒子的京城。我們可以從北京正確地了解歷史，因為北京不僅像大自然一樣偉大，而且像歷史一樣悠久。它曾是五個朝代的京城，一代繼替一代興起，一代又接著一代滅亡，但是北京卻始終屹立無恙。

皇宮建築都是長方形的，而且很對稱地排得像一張安樂椅，中間有一個寬闊的長方形天井，天井中央擺著一隻青銅鍍金的大香爐，點了香，香菸就裊裊地升入天空。宮門前站著一排排的銅鹿，宮門口則有雄踞著的一對對石獅或銅獅把守。這種三面圍著雄偉建築的天井，數在一百以上，星羅棋布在紫禁城內。紫禁城的周圍是一座長方形的黃色城牆，城牆四角矗立著黃瓦的碉樓。北京皇城由元朝開始建造，明朝時曾予改建，清朝再予改良而成目前的形式。

碰到晴空澄碧，豔陽高照的日子，宮殿屋頂的黃色釉瓦就閃耀生輝。在暮靄四合或曙色初露之時，紫禁城的大門──午門──上的譙樓映著蒼茫的天色，很像半空中的碉堡。在萬里無雲的月夜，這些譙樓更像是月亮中的神仙宮闕，可望而不可即。

民國成立以後，滿清的末朝皇帝溥儀暫時仍統治著北京的這個城中之城，少數殘留的清廷官吏還每隔半月覲見一次。這些官吏穿著舊日滿清官服聚集在紫禁城的後門聽候召見，仍執君臣之禮。1924年馮玉祥入京，終於把溥儀逐出紫禁城。

政變後不久，我受命入故宮監督政府的一個委員會逐屋封閉各門。當時宮內還留有幾個太監，我從他們口中得到好些有關宮廷生活的知識，以及過去許多皇帝、皇后、王子、公子等等的趣聞軼事。

第二十三章　迷人的北京

其中一則故事涉及一面從天花板一直垂到牆腳的大鏡子,據說慈禧太后喜歡坐在鏡子前面,看看她自己究竟多威嚴。有一天陝西撫臺奉命入宮覲見,他進門後首先看到鏡子裡的太后,於是馬上跪倒對鏡中人大叩其頭。

「那麼太后怎麼樣呢?我想她一定很生氣吧!」我說。

「哦,不,不!她笑了,而且很和藹地對他說:『你弄錯了,那是鏡子呀。』」

我遇到幾個曾經侍候過王子讀書的太監,但是這幾個太監竟然全都目不識丁。宮廷規矩禁止他們受教育,因此他們對於王子念些什麼始終毫無所知。

走廊上掛著許多鳥架,上面站著紅色、黃色以及藍色的鸚鵡,嘴裡說著公主們花了不少時間教它們的話,「請進!客來了。倒茶……」一隻藍色的鸚鵡這樣對我說;那隻紅色的和那隻黃色的跟著喊:「倒茶!倒茶!」這是我第一次看到藍色的鸚鵡。金魚在宮中的水池中追逐嬉戲,有白色的、黑色的、紅色的和金色的。其中有許多幾乎長達一尺,它們的潛望鏡一樣的眼睛朝天望著,它們的絲綢樣的尾巴好像幾柄相連的扇子在水中搖曳生姿。

溥儀住的宮殿看起來很俗氣,大廳中央擺著一張似乎很粗俗的長長的外國桌子,桌子四周放著幾張醜陋的椅子。桌子上擺著一對紅色的玻璃花瓶。這房間看起來倒很像美國鄉下的次等客棧,真想不到就是中國皇帝的居室。所有的精華家具和藝術珍品已經被棄置而收拾到後宮去了。通商口岸的粗俗的西方文明已經侵入到皇宮;對照之下,使人覺得沒有再比這更不調和的了。低階雜誌四散各處,新切開的半隻蘋果和一盒新開的餅乾還放在桌子上。溥儀顯然因事起倉猝,匆匆出走,無暇收拾房間。

西潮

第五部　中國生活面面觀

　　後來各宮啟封清點藝術珍藏時，奇珍拱璧之多實在驚人。其中有足以亂真的玉琢西瓜，有「雨過天青」色的瓷器，有經歷三千年滄桑的銅器，還有皇帝御用的玉璽。

　　唐宋元明清的歷代名畫，更是美不勝收。有些山水畫，描寫大自然的美麗和諧，使人神遊其中，樂而忘返；有些名家畫的鳥維妙維肖，躍然紙上；魚兒遨遊水中，栩栩如生；鵝嘶雞啼，如聞其聲；竹影扶疏，迎風搖曳；荷塘新葉，晨露欲滴；蘭蕙飄香，清芬可挹。中國的名畫，不僅力求外貌的近似，而且要表現動態、聲音、色澤和特徵，希望啟發想像，甚至激發情感。換一句話說，就是要描摹事物的神韻。

　　這個委員會包括一百多職員，兩年中翻箱倒篋，搜遍了皇宮的每一角落，把歷代帝王積聚下來的千萬件奇珍異寶一一登記點驗。有些倉庫密密層層滿是蜘蛛網，有些倉庫的灰塵幾乎可以淹沒足踝，顯見已經百年以上無人問津。有些古物已經好久沒有人碰過，究竟多少，誰也不知道。

　　最後故宮終於開放，同時故宮博物院成立，主持古物展覽事宜。一般民眾，尤其是年輕的一代，總算大開眼界，有機會欣賞幾百年來中國藝術豐富而偉大的成就。北京本來就是藝術中心，鑑賞家很多，藝術家也不少，故宮博物院開放以後，更使北京生色不少。過去深藏在皇宮後院的東西，現在大家都可以欣賞了，過去只有皇室才能接觸的東西，現在已經公諸大眾。抗戰初期，政府就把故宮古物南運，由北平而南京而西南內地。戰後運回南京。復因戰亂而運至臺灣。現在臺中所陳列之古物，就是從北平故宮運來的。

　　科學是心智探究自然法則的表現，藝術則是心靈對自然實體所感所觸的表現。藝術是人生的一種表現，它使人生更豐富，更美滿；科學是心智活動的產物，旨在滿足知識上的慾望，結果就創造物質文明。在現

代文明裡，藝術與科學必須攜手合作，才能使人生圓滿無缺。

紫禁城之西，有三個互相銜接的湖，叫南海、中海和北海。湖與湖之間的小溪上有似駝背形的石橋，沿湖遍植百年古木，湖裡盛開著荷花，環湖的山峰上矗立著金黃色琉璃瓦、硃紅柱子和雕梁畫棟的亭子。據說有一次在湖中捕到一條魚，魚身上還掛著一塊寫著明朝（1368-1643）永樂年間放生的金牌。

中海之中有個瀛臺，那是一個周圍遍植荷花的小島。1898 年維新運動失敗後，光緒皇帝就被慈禧太后囚禁在瀛臺，後來在 1909 年死在那裡。小島上建著許多庭院寬敞的宮殿。長著綠苔的古樹高高地俯蓋著設計複雜的宮殿上的黃瓦，各亭臺之間有迂迴曲折的硃紅色的走廊互相連線。御花園中建有假山，洞穴怪石畢具，使人恍如置身深山之中。至於不幸的光緒皇帝是否在這美麗的「監獄」裡樂而忘憂，那恐怕只有光緒皇帝自己和跟隨他的人才知道了。在他被幽禁的寂寞的日子裡，他一直受著身心病痛的困擾，最後還是死神解脫了他的痛苦。

湖水原先是用石渠從西山轉引來的泉水。公路旁邊至今仍可發現部分殘留的渠道。北京的下水道系統更是舊日的一項偉大的工程成就，用以排洩市內汙水的地下溝渠很像現代道地車的隧道。到了清朝末期，所有這些下水道都淤塞了，但是每年檢查下水道一次的制度卻維持到清朝末年。早年時，檢查人員必須身入下水道，從這一頭查到那一頭，看看有沒有需要修補的地方。後來下水道垃圾淤塞，這些檢查人員就用一種非常巧妙的手段來欺矇他們的上司：兩個穿制服的檢查員在下水道的一端爬下去躲起來，另外兩個穿著同樣制服的檢查員則預先躲在另一端，檢查官騎馬到了出口處時，事先躲在那裡的檢查員也就爬出來了。這個例子也說明了這個下水道系統表面上雖然仍舊存在，但是它的精神卻因

第五部　中國生活面面觀

多年來陽奉陰違的結果而煙消雲散了。滿清末年，這類事情在政府各部門都有發生，所以清廷終於只剩下一個空架子，實在毫不足奇。

北京滿城都是樹木。私人住宅的寬敞的庭院和花園裡到處是枝葉扶疏，滿長青苔的參天古木。如果你站在煤山或其他高地眺望北京，整個城市簡直像是建在森林裡面。平行交叉的街道像是棋盤上縱橫的線條交織著北京的「林園」。根據由來已久的皇家規矩，北京城裡只許種樹，不准砍樹。年代一久，大家已經忘記了這規矩，卻在無形中養成愛護樹木的良好習慣——這個例子說明了制度本身雖然已經被遺忘，但是制度的精神卻已深植人心。中國新生的祕密就在這裡。

在北京住過的人，很少人會忘記蔚藍天空下閃閃發光的宮殿和其他公共建築。頤和園和公園裡有幾百年前栽種的古松。有的成行成列，有的則圍成方形，空氣中充塞著松香。烹調精美的酒樓飯館隨時可以滿足老饕們的胃口。古董鋪陳列著五光十色的古玩玉器，使鑑賞家目不暇接。公共圖書館和私人圖書館的書架上保存著幾千年來的智慧結晶。年代最久的是商朝（西元前 1766－前 1122）的甲骨，這些甲骨使我們對中國歷史上霧樣迷濛的時代開始有了概念。此外還有令人肅然起敬的天壇。它使我們體會到自然的偉大和人類精神的崇高。

現代的國立北京大學於 1898 年成立，直接繼承了國子監的傳統，在幾百年累積下來的文化氛圍中，北京大學的成立幾乎可以說只是昨天的事。北大不僅是原有文化的中心，而且是現代化智慧的泉源。學者、藝術家、音樂家、作家和科學家從各方彙集到北京，在這古城的和諧的氛圍中發展他們的心智，培育他們的心靈。古代的文物，現代思想的影響，以及對將來的希望，在這裡匯為一股智慧的巨流，全國青年就紛紛來此古城，暢飲這智慧的甘泉。

第二十四章　杭州、南京、上海、北京

　　杭州富山水之勝，上海是洋貨的集散地，南京充滿了革命精神，北京則是歷代的帝都，也是藝術和悠閒之都。我出生在浙江省的一個小村裡，童年時生活在農夫工匠之間，與他們的孩子共同嬉戲。少年時代在杭州讀書，後來又在上海繼續求學。留美回國以後，因為工作的關係先住在上海，繼至北京、南京、杭州，最後又回到北京，一直到抗戰開始。

　　就地理來說，北京位於黃河流域的華北平原，離天津不遠。其餘三地則是長江流域的南方城市。杭州位於杭州灣口錢塘江之岸，與北京之間從前有運河可通。運河全長 2074 公里，橫越長江黃河兩大河，至今仍有一部分可通舟楫。1,300 多年前，隋煬帝動員全國人力，築此運河，河成而隋亡。唐皮日休有詩云：

　　人道隋亡是此河，至今千里賴通波。

　　若無水殿龍舟事，共論禹功不較多。

　　上海在杭州的東北，踞黃浦江之岸。黃浦江位於長江口而入黃海，所謂黃海實際上是與太平洋不可分的一部分，僅僅名稱不同而已。南京離海較遠，位於滬杭兩地的西北，雄踞長江南岸。自南京沿長江東下可達揚州，運河即在此越江入江南，馬哥孛羅曾在元朝揚州當過太守。北京、南京、上海、杭州四城之間現在均有鐵路互通，也可以說是太平洋沿岸的城市。

　　長江下游的江南都市，氣候大致差不多，春秋兩季的天氣尤其溫煦宜人。楊柳發芽就表示春天到了，遊春的人喜歡採摘新枝回家裝飾門戶，表示迎春。樹葉轉紅則表示秋天到了，夕陽紅葉曾給詩人帶來不少

西潮
第五部　中國生活面面觀

靈感。春天有一段雨季，雨水較多，其餘三季晴雨參半，夏天不太熱，冬天也不太冷。

　　土壤非常肥沃，主要農作物是稻，養蠶是普遍的家庭工業。魚、蝦、蟹、蚌、鰻、牛、羊、豬、蔬菜、水果遍地皆是，著名的揚州菜就是拿這些東西來做材料的。

　　上海是長江流域的金融中心。上海的繁榮應該歸功於外國人的工商活動，外國資本是上海經濟結構的基礎，外國商人和資本家因而成為上海的貴族階級，住在上海的人都得向這些洋人低頭。這些洋人有他們自己的生活圈子，許多外國人雖然在上海住了幾十年，中國對他們卻仍然是個「謎樣的地方」。他們住在富麗幽邃的花園洋房裡，有恭順的中國僕人們侍候著，生活得有如王公貴族。主人們靠剝削致富，僕人們則靠揩油分肥。他們的俱樂部拒絕華人參加，似乎沒有一個華人值得結識；他們的圖書館也沒有一本值得一讀的書。他們自大、無知、頑固，而且充滿種族歧視，就是對於他們自己國內的科學發明和藝術創造也不聞不問，對於正在中國或他們本國發展的新思想和潮流更無所知。他們唯一的目標就是賺錢。

　　地位僅僅次於這些洋人的是中國買辦，他們像洋主子一樣無知，也像洋主子一樣富足。中國商人非常尊敬外國銀行裡和洋行裡的買辦。買辦們張大嘴巴向洋主子討骨頭時，他們的同胞也就流著口水，不勝羨慕地大搖其尾巴。買辦階級很像鍊金術士，可以點銅成銀，他們的洋主子則點銀成金。買辦們花了一部分銀子去討小老婆，他們的洋主子卻高明多了，只要在「女朋友」身上花點金子。

　　上海的第三等人物是商人。他們從買辦手中購買洋貨，賺了錢以後就匯錢回家買田置產。他們偶然回鄉探親時，自然而然觸動了鄉下人的

第二十四章　杭州、南京、上海、北京

「靈機」，因此到上海做生意的人也愈來愈多。

我所談的上海種種情形，多半是身經目睹的，絕無誇張之詞，因為我的許多親戚就是在上海做生意的，其中有些還是買辦。我對他們的生活思想知道得很清楚；同時，我認得不少住在上海的外國人，也聽過不少關於他們的故事。開明的外國人，尤其是我所熟悉的美國人，每當我們談起上海，總是緊蹙雙眉，搖頭嘆息。

第四等人是工廠工人。他們是農村的過剩人口，因為在農村無法過活，結果放棄耕作而到上海來賺錢。他們是貧民窟的居民。

第五等人，也就是最低賤的一等人，是拉人力車的苦力。他們多半是來自江北的貧苦縣份。這些名為萬物之靈的動物，拖著人力車，像牛馬一樣滿街奔跑。這種又便宜又方便的交通工具使上海的活動川流不息，使上海商業動脈中的血液保持循環的，就是人力車苦力。

這五等人合在一起，就構成了一般人所說的「租界心理」，一種崇拜權勢，講究表面的心理。權勢包括財力、武力、治外法權等等，表面功夫則表現於繪畫、書法、歌唱、音樂，以及生活各方面的膚淺庸俗。我們通稱這種「租界心理」為「海派」；與「海派」相對的作風則叫「京派」，也就是北京派。「京派」崇尚意義深刻的藝術，力求完美。上海是金融海洋，但是在知識上卻是一片沙漠。

上海人一天到晚都像螞蟻覓食一樣忙忙碌碌。他們聚斂愈多，也就愈受人敬重。在上海，無論中國文化或西洋文明都是糟糕透頂。中國人誤解西方文明，西洋人也誤解中國文化；中國人仇恨外國人，外國人也瞧中國人不起，誰都不能說誰沒有理由。但是他們有一個共通之點——同樣地沒有文化；也有一個共同的諒解——斂財。這兩種因素終使上海人和外國人成為金錢上的難兄難弟：「你刮我的銀，我揩你的油。」

第五部　中國生活面面觀

　　沙漠之中還是有綠洲的，上海的可取之處也就在此。在本世紀的最初十年裡，治外法權曾使上海成為革命思想和革命書籍的避難所和交換處。進化論和民主思想的種子最初就散播在這些綠洲上，之後又隨風飄散到中國各文化中心。科學和民主的種子在其他各地發育滋長為合抱大樹，在上海卻始終高不盈尺。在民國十年到二十年間，上海因受治外法權的庇護，軍閥無法染指，上海及其附近地區的工業曾有急速的發展。留學生回國掌握金融和工業大權以後，中國更開始利用管理和生產上的外國訣竅，不過這些訣竅多半是直接從歐美學來的，與上海的外國人關係較小。

　　北京的生活可就不同了。除了美麗的宮殿和宮內園苑之外，我們第一個印象是北京城內似乎只有兩個階級：拉人力車和被人力車拉的。但是你在北京住久了以後，你會發現被人力車拉的也分好幾個階級。不過要找出一個「上層」階級倒也不容易，大家彼此和睦相處，所不同的只是職業而已。在過去，旗人出生以後就是貴族；但這些貴族現在已經與平民大眾融為一體。大家都生而平等，要出人頭地，就得靠自己努力。唯一的貴族階級是有學問的人 —— 畫家、書法家、詩人、哲學家、歷史家、文學家以及近代的科學家和工程師。

　　一眼就能辨別真偽的藝術鑑賞家，製作各式各樣藝術品的工匠，腦中裝著活目錄的書商，替你篆刻圖章，使你儼然有名重百世之感的金石家，美化你的客廳臥室的地毯設計師，大家融融洩洩地生活在一起，有的陶醉於自己的鑑賞力，有的則以能為別人製造藝術品而自豪。鑑賞、技藝也是北京生活的特徵。

　　差不多每一個人都可以抽空以不同的方式來欣賞美麗的東西。你可以逛逛古老的書鋪，與店主人聊上一陣，欣賞一番書架上的古籍和新

第二十四章　杭州、南京、上海、北京

書，神遊於古今知識的寶庫之中。只要你有興致，你不妨在這裡消磨兩三個鐘頭，臨走時店夥會很客氣地請你再度光臨。除非你自己高興，你不一定要買。

如果你有興致，你可以跑進古董鋪，欣賞書畫珠寶，包括貴重的真品和巧妙的贗品。無論你買不買，都會受到歡迎。但是等到你真的對這些東西發生興趣時，就是要你拿出留著吃晚飯的最後一塊錢，你也在所不惜了。

你也可以跑到戲園裡去，欣賞名伶唱戲。他們多半唱得無懈可擊，聲聲動人心弦。要不然你就跑到故宮博物院，去欣賞歷代天才所創造的藝術珍品。我在前面所提到的「京派」作風，就是在這種永遠追求完美、追求更深遠的人生意義的氛圍下產生的。

如果你高興，你也可以跑到皇宮內苑所改的中央公園，坐在長滿青苔的古樹下品茗，或者坐在假山的古石上閒眺池中的白鵝戲水。在星期天，你可以騎驢，或者坐人力車，或者乘汽車到西山去憑弔名勝古蹟，呼吸充塞著古松芳香的空氣。

尋求正當娛樂時，學者、藝術家、工匠、科學家和工程師一致欣賞古老的北京。工作時，他們各自在不同的行業上埋頭努力。科學家們在實驗室裡從事研究，希望對人類的知識寶庫提供貢獻；工程師拿起計算尺和繪圖儀器，設計未來建設的藍圖；學者們埋頭在書堆裡，希望從歷史教訓裡找尋未來的理想；工匠們在努力創造美麗的器皿；藝術家們從自然和歷史文物裡獲得靈感，用靈巧的手指把心目中的形象表達於畫紙或其他材料。

連年戰亂並沒有使北京受到多大的影響，政府雖然一再易手，這個可愛的古城仍然還是老樣子。我在前面曾經提到，國都遷移南京以後，

第五部　中國生活面面觀

北京已經改名為北平。但是在精神上，北平仍舊是北京。隨著國都的遷移，北京的一部分也轉到政府的新址，例如一部分學者和藝術家，建築式樣和藝術珍藏，但是北平的氣氛和情趣卻始終未變。鐵路和飛機使這兩個城市的血液彼此交流，結果兩蒙其利。

南京和北京不同，它是個必須從廢墟上重建的城市。新都裡充滿著拆除舊屋，建築新廈的精神。北京的人固然也憧憬著未來，他們卻始終浸淫於舊日的光輝裡，但是南京除了歷史記憶之外，並無足資依賴的過去，一切都得從頭做起。因此大家都在思考、計劃和工作，生活也跟著這些活動而顯得緊張，每個人都忙著開會和執行命令，空氣永遠是那麼緊張，北京的悠閒精神無法在南京發榮滋長。

街上行人熙來攘往，人力車伕爭先恐後，就是懶洋洋的驢子也受了急急忙忙的行人車輛的感染而加緊了腳步。每月都有新道路和新建築出現，到處在發展，而且是急速的發展。

甚至連娛樂都得花很大氣力去爭取。飯館只能在擁擠的角落裡供應飯菜。新店面尚未建築完工，人們在花園裡栽花種木，焦急地等待著花木長大。你需要東西全得臨時設法。除非你不斷地積極工作，否則你就會落伍；你必須努力不懈，才能追上時代精神。經過六七年的辛勤工作之後，南京終於成為嶄新而繁榮的都市了。舊日廢墟正在迅速地消失，思考、計劃和工作的精神不斷在發展，而且擴散到各省的其他城市，國家的前途也因而大放光明。

你為了追趕上世界的進步潮流，計劃或許很遠大，甚至已經跑在時代的前頭，但是實際行動勢必無法趕上你的思想。你可以栽花種木，但是你不能使它們在一夜之間長大成蔭；鐵道公路必須一尺一碼地鋪築，改革計劃也不能在旦夕之間實現。於是，你可能要問：我們又何必這樣

第二十四章　杭州、南京、上海、北京

惶惶不可終日呢？

當時有幾句流行的話，頗足代表一般人的感慨，這幾句話是：「議而不決，決而不辦，辦而不通。」當然，實際的情形並不至於如此之糟，但是有一件事情是無可置疑的：大家都覺得他們的工作成績不如理想。其實，這就是進步的精神。

杭州與前面所談的三個城市都有一點相像，但是與它們又都不同。在古文化上，杭州有點像北京，因為它是「學人之省」的首府，但是缺少北京的雄偉。杭州像上海一樣帶點商業色彩，但是色調比較清淡，同時因為沒有洋主子存在，故有表現個性的自由。在改革和建設的精神上，它有點像南京，但是氣魄較小。杭州究竟只是中國一省裡的城市，北京和南京卻是全國性的都市。

杭州最大的資產是西湖。西湖不但饒山水之勝，而且使人聯想到歷代文人雅士的風流韻事，但是杭州的缺點也就在此。因為杭州人把西湖視如拱璧，眼光也就局限於此；他們甚至自欺欺人地以為西湖比太平洋還偉大，並且足與天堂媲美。他們已經被「上有天堂，下有蘇杭」的俗諺所催眠而信以為真。他們想：且別管蘇州怎麼樣，杭州就在這裡，所以這裡也就是天堂。

自我來臺灣以後，從經驗中證實，蘇杭確是天堂，因為既無地震，又無颱風。

杭州人的心目中只有西湖，你如果在這裡住得太久，你不免有沉醉於西湖的危險。此種情況，自古已然。昔人有詩為證云：

　　山外青山樓外樓，西湖歌舞幾時休。
　　暖風吹得遊人醉，卻把杭州作汴州。

西潮
第五部　中國生活面面觀

　　但是，從南京傳播過來的改革和建設的精神終於把杭州從沉醉中喚醒了。揉揉眼睛以後，它漸漸看出浙江省未來發展的遠景以及它在重建中國的過程中所應擔負的任務。

　　北京也有它遼闊寧靜的一面。從城外西山之頂可以鳥瞰北京內外：永定河蜿蜒於廣漠的田野之間；向東可以看到城內的塔尖；向西可以看到橫跨永定河之上的盧溝橋，它像一條沉睡的巨龍，不理會戰爭，也不理會和平，在這條年代久遠的長橋之下，挾著黃沙的河水日以繼夜地，經年累月地奔流著。

　　「永定」是「永遠安定」或者「永久和平」的意思。和平真能永維不墜嗎？國人存著這個希望，因此也就給這條河取了這麼個名字。但是我們並未努力保持和平，結果和平從我們手上溜走，隨著盧溝橋下的河水奔騰而去。1937年7月7日，日本軍隊未經宣戰而發動了對盧溝橋的攻擊，終使烽火燃遍了整個中國。為步步勝利所陶醉的日本，把在中國的戰火日積月累的貯蓄在魔盒裡滋長，終至1941年12月7日變為一道金光向珍珠港閃擊。

第六部　抗戰時期

第二十五章　東北與朝鮮

1918年夏天，也就是中日戰爭爆發前19年，我曾經和一位朋友到東北去過一趟。日本侵略中國是從東北開始的，我們且來看看民國初年時那裡的情形。

我們從上海搭火車到南京，在下關渡長江到浦口，再搭津浦鐵路火車到北京。自浦口北上，火車穿越廣漠的平原，一共走了兩天兩夜。這還是我第一次經過這一區域。飛揚的沙塵，乾旱的黃土，以及遍野的玉蜀黍，與江南潮溼的黑土，蜿蜒的溪澗，連綿的稻田和起伏的丘陵，適成強烈的對比。

我心裡想，北方與南方地理環境的不同，可能與兩地人民體魄和心理的差異有很大的關係。我的祖先幾百年來所居住的華東江浙兩省，曾在歷史上出過無數的學者、藝術家和政治家；但是我現在經過的蘇北和皖北卻似乎是全國最貧窮的地區，境內樹木砍伐殆盡，淮河更不時氾濫成災。

車離蘇北進入黃河流域的山東省境。山東是華北的沿海省分之一，人民個子高大，肌肉結實，生活勤勞，但是人煙過於稠密，省民不得不向外謀發展。最後我們到了北京，使我有機會初次瞻仰故都的公園、宮殿、博物館和花園。我們從北京循京奉鐵路續向瀋陽進展，途經長城的終點山海關。全球聞名的萬里長城，西起甘肅的嘉峪關，像一條巨龍蜿蜒而東，以迄於渤海岸的山海關，把中國本部與滿洲及蒙古隔為兩半。在火車穿越山海關以前，我們隨處可以聽到知了（蟬）在枝頭此唱彼和，喧鬧的情形與中國其他各地完全一樣。但一出山海關就不聞蟬聲了。原來知了只在長城以內生長、歌唱。

第二十五章　東北與朝鮮

我們在夜色蒼茫中到達瀋陽，車站建在城內的日本租界裡。街頭到處是日本商店，很像日本的一座小城。日本勢力侵入滿洲已經是鐵的事實，除非中國與日本一決雌雄，否則這種情勢絕無法遏止。在歷史上，滿洲和蒙古一直是中國禍患之源。這兩個廣大區域裡的民族如匈奴、蒙古和韃靼，不時越過長城入侵，致令中原動盪，民不聊生。日本人一旦盤踞滿洲，勢將成為現代的韃靼。

我們拜訪了好幾位在當地軍閥張作霖手下做事的官員，從他們那裡聽到許多關於滿洲的情形。我們原來打算去看張作霖，但是被朋友勸住了。瀋陽是奉天省的省會，也是300年前滿洲人征服中國以前的京城。我們參觀了瀋陽附近的皇陵，清兵入關前的清室諸王就葬在那裡。

我們從瀋陽搭日本人經營的南滿鐵路到寬城子。寬城子就是我們現在所知道的長春市，1931年「九一八事變」後一度改名新京而成為偽滿洲國的首都。日本勢力侵入寬城子的跡象非常顯著，日本商店隨處可見。

鐵道兩旁是一望無際的麥田，繁茂的麥穗說明了長城之外這塊遼闊的處女地正是中國最富庶的地方，供應每年從山東、河北來的千萬移民，綽有餘裕。從中國搶走東北等於剝奪了她的生存空間，並使黃河流域的省分窒息而死。

寬城子是日人經營的南滿鐵路的終點，也是原由帝俄經營的中東鐵路的起點。中東鐵路公司承襲了沙皇政府的腐敗作風，由一群貪汙無能的白俄僱員在管理。買了票的乘客上車時還得爭奪座位，不買票坐霸王車的人反而大模大樣占據著舒適的車廂。扒竊之風非常猖獗。有一位乘客，穿著皮鞋睡在臥車的上鋪，早上醒來，發現一隻皮鞋已經不翼而飛。他眼睜睜地望著那隻失掉鞋子的腳，想不通鞋子被人脫走時他為什麼毫無知覺。我也想不通，偷鞋子的賊光偷一隻鞋子究竟有什麼用途。

這件怪事發生以後,全體乘客都小心翼翼地守著自己的行李不敢離開。我的那位朋友為了保險起見,趕緊把攜帶的盧布塞到內衣口袋裡,晚上還穿著長衫睡覺。第二天早上他的盧布仍然不翼而飛。回程經過哈爾濱車站時,我從車窗探身與中國海關的一位美國官員談話,我發覺有人摸我臀部的褲袋。我還來不及轉身,自己的盧布也不見了。

破敗的哈爾濱市是中國最北的國際都市,也是東方與西方的交會地,衣衫襤褸的中俄兩國的窮孩子在街頭一道玩耍,中俄通婚的事也屢見不鮮。小孩子們說著一種混雜的語言,一半中文,一半俄文。哈爾濱貧苦居民不分畛域地交往相處,對我倒是一件新鮮的事。在上海,頑固的洋人總是瞧不起比他們窮的中國人,把中國人看成瘟疫似的。這或許是因為很少赤貧的歐洲人到上海來住的緣故。但是最重要的原因,還是俄國多混血兒。韃靼與斯拉夫血統合流已經有相當的年代了。

從前平坦整潔的哈爾濱街道,已經多年未曾修整。我們所坐的馬車,在崎嶇的路面經過時,忽上忽下地顛簸震盪,我們必須經常緊緊抓住一點東西,才不致於跌出車外,舒服不舒服自然談不到了。下水道大部淤塞。一陣暴雨之後,街道便成澤國,積水深可沒脛。我們曾經碰到不少從南方來的人在這裡做生意。這城裡的商人們靠小麥、大豆和礦砂的投機居奇,全都利市百倍。他們只知道賺錢,可沒有時間理會這個俄國人發展起來的城市究竟殘破到什麼程度。

我們隨後又到吉林省城吉林,當地優美的風景給我們很深的印象。吉林城建築在松花江北岸,爬上城內山頭的寺廟眺望江景,寬闊處有如湖泊,使我想起了杭州的西湖。江中盛產魚鮮,松花江的白魚是大家公認最為鮮美的一種魚。帝制時代,只有皇帝、后妃以及王公大臣才有吃到白魚的口福。北京郊外青龍橋在夏季有白魚市,因為慈禧太后常在頤和園駐蹕

第二十五章　東北與朝鮮

避暑。直到北伐以前，我們在青龍橋還可買到白魚。大家相信能夠延年益壽的人蔘也是吉林的特產，每年有大量的人蔘運入關內，銷售各省。

我們又到黑龍江的省會齊齊哈爾逗留了一個短時期，在那裡經歷了一次氣候由夏轉冬的急速變化。我們發現綠葉在一夜之間枯萎，紛紛從枝頭飛墜。齊齊哈爾已經是中國境內最北的都市，除非搭乘連線西伯利亞鐵路的支線火車前往西伯利亞，我們已無法再往北前進。

回到哈爾濱以後，我們包了一隻汽船，沿平靜的松花江順流駛往富錦縣。舟行兩日一夜，沿途飽覽山光水色，曲折迂迴的江上不時出現原始森林遮掩著的島嶼，夜間月明如洗，北國夏夜的空氣更是清新涼爽。月亮倒映在河水裡，我們的船緩緩經過時，水面激起銀鱗似的微波。松花江本身也常常有山窮水盡疑無路的情境，江水似乎匯為湖泊，森林覆蓋得黑森森的山峰，常常在月色輝映中橫阻去路。但是當我們駛近山麓時，江流會或左或右忽然迴轉，我們的船也繞山而過，河道再度向前平伸，江水繼續向天邊外滾滾奔流而去。

富錦縣是個農倉林立的城市。周圍幾百里內所出產的小麥和大豆都運集在這個邊城裡。冬天裡四周用冰磚築起城牆，以防止土匪「紅鬍子」的襲擊。入夏冰磚融化，因為夏天盜匪較少，防務也可以稍稍鬆弛。這裡每個人都帶著槍，也都知道如何放槍。這些邊陲省分的人民仍然保持著原始作風，充滿了戰鬥精神，未曾因古老文化的薰染而變得文弱，與長城以內的老大民族適成強烈的對比。抗戰前，中國空軍就曾從東北處女地的這群強壯的人民中吸收了大批最優秀的鬥士。

我們的最終目的地是羅匐縣和我們一位朋友的農場。羅匐縣在黑龍江與松花江匯合處三角地帶的尖端，黑龍江下游與松花江合流後叫混同江。我們從富錦改乘小船順流而下，於傍晚到達羅匐，當晚寄宿在一個

西潮

第六部　抗戰時期

孤零零的小茅屋裡，寬闊的磚坑的一部分已經睡著一位老太婆和一隻小貓，剩下的一角就用以安頓我們。泥地上睡著兩隻肥豬，它們似乎睡得很安穩，時而發出重濁的鼾聲。蚊子和臭蟲擾得我們整夜不能入睡。

天亮以前我們就起個大早往農場出發。一行四人騎著馬，魚貫穿越連綿數里的樹林和麥田。在我們到達目的地以前，太陽已經爬上樹梢。黑龍江彼岸俄羅斯境內的山嶺依稀可辨。馬蠅漸聚漸多，咬得我們的坐騎血流如注。我騎的是一匹白馬，馬身上血流如汗，下垂如柳條。我們只有用馬尾鬃制的蠅拂盡力驅逐這些馬蠅。早上6點鐘光景，我們到達一個丹麥人經營的農場，據說一星期前曾有一夥「紅鬍子」光顧這裡，各處牆壁彈痕纍纍。

我們在8點鐘左右到達目的地。在最初幾年裡，這塊處女地上所經營的農場，每年種植的收益相當不錯，真正的問題在乎盜匪。幾個月以前，「小白龍」曾經帶著一夥人到農場來光顧一次，擄走大批的雞鴨牛羊。土匪們似乎對農場上的人相當友善，還用他們的破槍枝換走一批新槍，農場經理說：「無論如何，土匪並不如想像中的那麼壞。如果日本人控制東三省，那我們就真的完蛋了。」

羅甸縣是我們這次北行的終站。在滿洲大陸的南端，我們曾訪問過日本的租借地大連與旅順。大連是個商港，東北的大豆就是由這裡大量出口的。旅順港是個海軍基地，也是東北的門戶，1904年日俄戰爭就為此而發。帝俄失敗以後，租借權也就轉入日人之手。從旅順和朝鮮開始而貫穿南滿的鐵路，已使日本人控制了東三省的心臟和動脈。

我們在這海軍基地漫遊了一天，爬上許多山頭，希望能夠鳥瞰全港。夕陽銜山時我們終於在一處山頭上看到一塊石碑，碑上刻著日本東鄉大將引金人的兩句詩云：

第二十五章　東北與朝鮮

擁兵百萬西湖上,

立刻吳山第一峰。

南宋曾在1127年建都杭州,吳山第一峰就在西湖之濱,金人則於1276年征服南宋。日俄戰爭以後,東鄉大將和他同胞的「夢想」就是步金人的後塵。大約30年之後,這個夢想居然實現。繼攻陷上海之後,日軍終於進占杭州,騎馬登上吳山第一峰。

朝鮮是日本帝國主義到達亞洲大陸的跳板。1894年的中日戰爭就是因朝鮮而引起的。為控制這個古老王國而起的中日戰爭是日本侵略亞洲大陸的開端,也為中國歷史揭開了新的一頁,接著而來的是中國的維新運動、革命、內戰、災禍、國恥以及西化運動和現代化運動。

我們在遊歷滿洲以後就轉往朝鮮。我們坐火車渡過鴨綠江到達仁川,由仁川續行到達朝鮮京城漢城。

日本的朝鮮總督就住在漢城。雄偉的西式總督府建在王宮的正前面,像是故意要侮辱朝鮮國王似的。國王已經不再存在,王宮卻仍留在那裡忍受被擠在總督府背後的侮辱。

王宮與北京的中國宮殿一模一樣,不過規模卻小得多,所以只能算是小型宮殿。據熟悉李朝掌故的韓人某君對我說:中國欽差來訪時,李王必須降階親迎;如奉上諭,李王尚須跪接聖旨。

王宮的後面有個中國式的亭,嬪妃們就在這亭子裡表演唐朝時的中國古代歌舞。在朝鮮和日本,古代的中國風俗習慣至今仍風行不衰。他們對中國字的發音,他們的風俗習慣,舞蹈,音樂和生活方式都可追溯到唐代的影響。當我站在那個亭子裡眺望著籠罩在煙霧裡的漢城小山時,我不禁神馳於唐朝(618-907)的輝煌時代,當時的中國文化有如麗日中天,光芒四射,遠及日本、朝鮮和越南等地,成了一個遠東文化

圈。這個燦爛的文化的祖國已因歷經外族入侵而改變了她的風俗習慣和生活方式。19世紀時，日本在中國唐朝的文化基礎上吸收了西洋文明而創立了一種新的文化，終於併吞了朝鮮，而且食髓知味，正預備鯨吞她的恩師中國。但是日本倒也給了中國一個教訓：如何在古文化的基礎上建立一個富強的新中國。中國的一連串改革、革命、西化運動和現代化運動也就是這樣開始的。

在我思前想後的當兒，太陽已經從雲層後面探出頭來，漢城山頭的煙霧也很快消散了。引我到王宮去的是位精通漢學的韓國老學者，他一直默然站在我旁邊，這時才提醒我晚上的一個宴會。我們離開亭子後經過閔妃被刺的地方，據說閔妃因同情中國而遭日人暗殺。「我知道你心裡在想什麼，」這位老學者對我說，「中國現在要振作也太晚了。我們的國王已經因沉湎聲色歌舞而貽誤國事。但是中國是有光明的前途的，中國是你的國家，也可以看作我的祖國。我已經老了，老弟，你還年輕，你好好地為中國努力吧！」

我們到達中國總領事館時，晚餐已經準備好了。總領事館在從前是中國特使的官邸。中國、帝俄和日本競爭這位朝鮮小姐的四角戀愛期間，這座歷史性的大廈裡面究竟有過什麼活動，恐怕只有參與其事的人才知道了。歷史記載只給我們一個模糊的輪廓；私人記錄即使有，也迄今未發表。一切情形只能憑後人想像了。

漢城的生活正在迅速地日本化。日本的商場、銀行、店鋪和飯館，占據著大街鬧市。大企業的經理、政府官員、重要學府的教員全都是日本人，被征服者的生活習慣，正像他們的皇宮一樣，正在步步往後退縮。街頭不時可以碰到朝鮮人蹲踞在人行道上，嘴裡銜著長煙筒，吞雲吐霧，悠然自得；婦女們頭上頂著沉重的籃子，悠閒地在街上走過。幾

第二十五章　東北與朝鮮

處講授四書五經的老式學校已有無法維持之勢。我曾經去過這樣的一所學校，那裡有一位教經書的老先生，十多位學生則圍著他蹲踞在墊席上。朝鮮人和日本人仍舊保持著中國的古代方式，蹲踞在地板上。地板下面即使在夏天也用溫火烘著，墊席打掃得和床鋪一樣清潔。學生們必須背誦中國經書，和我童年時的情形完全一樣。雖然他們採用同樣的課本，字句發音卻迥然不同。他們像中國的廣東和日本、越南一樣，中國字的發音和唐朝人的讀法相似或竟相同。

所有人都穿著棉絮布襪，夏季也不例外。我問他們這是什麼道理，他們說是因為北方的土地太寒。但是他們身上卻都穿著非常涼爽的白色麻布長衫。

朝鮮人、日本人和越南人，都愛好中國的山水畫、書法和詩詞。但是這三個民族都保持著他們自己的特色，藝術方面如此，生活方面亦然。朝鮮和越南後來受明朝的影響較大；日本則為海洋所隔離，且明代與德川幕府彼此均以鎖國為政策，故所受影響不多。此外，以海為家的日本人富於冒險精神，因此保持著古代中國的尚武精神；朝鮮人和越南人則深受明以後幾百年來中國崇尚文事的影響。授予中國文人莫大尊榮的科舉制度曾經傳入朝鮮和越南，卻止於日本大門之外。

朝鮮的年輕一代因受日本人控制下的現代學校的影響，對中國的態度已有急遽的轉變；在這些學校裡，日本天皇被奉為神明，日本人的優點被捧上天，中國人的缺點則被過分描寫。如果說朝鮮青年對日本的態度是仇恨，那麼對中國的態度就是鄙夷。年老的一代惋嘆充滿中國文化的黃金時代已成為過去，年輕的一代雖有少數人認為自己是大日本帝國的天皇子民，而大多數的青年卻仍仇視日本。

第二十六章　戰雲密布

我辭卸國民政府的教育部長以後，於1930年10月回到北京——這時已改稱北平。但北京大學校名以歷史關係名未改。旋奉當時任行政院長的蔣委員長之命，再度承乏北京大學校務。

學生遊行示威的次數已大見減少。國都遷往南方以後，政治活動的重心已跟著轉移。學生們示威反對的對象已經不多，只有日本的侵略偶然激發學生的示威行動。日本在東北發動侵略以後，此時已經向關內迅速擴展。

1931年9月19日早晨，我正坐在北大校長室裡辦公，忽然電話傳來前一天發生的驚人消息：日本人已經在瀋陽發動突擊，國軍為避免衝突，已撤出瀋陽。

我在前面曾經逐點指出日本侵華的來龍去脈，概括地說起來，發展過程約略如下：

1894年（甲午）中日第一次戰爭以後，中國這位小姐開始崇拜日本英雄。她塗脂抹粉，希望能獲意中人的垂青。但是她所崇拜的對象卻報以鄙夷的冷笑。記得小時候曾經作過一篇短文，呈給日文教師中川先生請教。裡面提到「中日同文同種」的話，我的日文教師筆下絕對不留情，隨筆批道：「不對，不對，中日兩國並非同種，你的國將被列強瓜分，可憐，可憐！」這個無情的反駁，像一把利劍刺進了我稚嫩的心靈，記得那天晚上，我不禁為國家的前途流淚。

中國固然無法獲得她意中人的愛情；但是她希望至少能與日本做個朋友。想不到日本竟出其不意地掏出匕首向她刺來，差一點就結束了她的性命，這就是大家所知道的「二十一條」要求。從此以後，她才逐漸明

第二十六章　戰雲密布

白，她的意中人原來是個帶著武士道假面具的歹人。後來日本倒轉頭向她示愛，她也一直不肯再理睬他了。因為這時候她已經知道得很清楚，他向她追求不過是為了她的豐厚妝奩——中國的天然資源而已。

接著來的是一幕謀財害命的慘劇。日本這個歹徒，把經濟「合作」的繩子套到她脖子上，同時又要她相信那是一條珍珠項鍊，叫做東亞共榮圈。1931年9月18日晚上，正當大家都沉睡的時候，他忽然把繩圈勒緊了。

她從夢中驚醒，馬上拔腳飛逃。但是套在她脖子上的共榮圈卻始終無法擺脫，她逃得愈遠，繩子就拖得愈長，而且繩子的另一端始終掌握在歹徒魔術師的手裡。她在驚駭之餘大呼救命。美國國務卿史汀生呼籲英國與美國聯合向日本提出嚴重抗議。西蒙爵士代表英國拒絕了，弄得史汀生孤掌難鳴，日本因而得以肆無忌憚地繼續推行既定政策。

對中國並不太熱心的一班朋友，在李頓爵士率領之下，懶洋洋地前來營救。他們訪問了犯罪的現場瀋陽，並且宣告日本有罪。瀋陽郵政局的意籍局長樸萊第在他給李頓爵士的備忘錄裡明白指出：如果列強不在東北就地阻遏日本侵略，他相信不出三年，他的祖國義大利就要染指阿比西尼亞。那位樸局長把備忘錄交我讀了一遍並且自語道：「但是我人微言輕，誰肯理會小小一位郵政局長的話呢？」

「對不起，小姐，」中國的朋友說，「我們除了宣布對你同情之外，實在無能為力了。」

同情是有了，援助卻毫無蹤影。

幾個月以後，我因事回到南方。1932年1月28日下午，我前往上海車站，準備搭火車回北平。進車站後，發現情勢迥異平常，整個車站像個荒涼的村落。一位車站警衛是認識我的，他告訴我，已經沒有往外

開的車子。「看樣子，日本人馬上要發動攻擊了。」他說，「你最好馬上離開這裡。恐怕這裡隨時要出事呢！」

那天夜裡，我突然被一陣炮聲驚醒，接著是一陣軋軋的機槍聲。我從床上跳起來，隨著旅館裡的人跑到屋頂觀望。天空被車站附近射出來的炮火映得通紅。日本侵略似乎已經追在我腳跟後面，從北方到了南方，我所住的十餘層高樓的旅館在租界以內，日本炮火不會打過來的。我同一班旅客都作隔岸觀火。隆隆的大砲聲，拍拍的機槍聲終宵不斷。第二天早晨，我再度爬上屋頂，發現商務印書館正在起火燃燒，心裡有說不出的難過。好幾架日本轟炸機在輪番轟炸商務印書館的房子。黑煙沖天，紙片漫天飛舞，有些碎紙片上還可以看到「商務印書館」的字樣。

日本已經展開對上海的攻擊。結果引起一場 1937 年以前最激烈的戰事，但是中國終於被迫接受條件，准許日本在上海駐兵。

從 1930 年到 1937 年的七年內，我一直把握著北大之舵，竭智盡能，希望把這學問之舟平穩渡過中日衝突中的驚濤駭浪。在許多朋友協助之下，尤其是胡適之、丁在君（文江）和傅孟真（斯年），北大幸能平穩前進，僅僅偶爾調整帆篷而已。

科學教學和學術研究的水準提高了。對中國歷史和文學的研究也在認真進行。教授們有充裕的時間從事研究，同時誘導學生集中精力追求學問，一度曾是革命活動和學生運動漩渦的北大，已經逐漸轉變為學術中心了。七年之中只有一次值得記錄的示威運動。當日軍迅速向長城推進時，京滬一帶的學生大聲疾呼，要求政府立即對日作戰。大規模的示威遊行不時在南京發生，北平的學生也亟欲參加此一救國運動。有一天，一大群學生聚集東火車站，準備搭乘南下的火車。軍警當局不准他們上車，這班男女青年就日夜躺臥在鐵軌上，不讓火車出站。最後當局

第二十六章　戰雲密布

只好讓幾百名學生南下，與他們在南京的同志會師。

我們頭上的烏雲愈來愈密，此後幾年中我們為了爭取時間，只好小心翼翼地在淺水裡緩緩前進，不敢闖進急流，以免正面撞上日本侵華的浪潮。但是我們的謹慎是與懦怯不同的。每當日本的第五縱隊偽裝的學者來這「文化中心」（實際上他們卻把北大看成反日運動的中心）「拜訪」時，我們總是毫無保留地表示我們的態度。記得有一位日本學者曾經對北大教授們滔滔不絕地大談中日文化關係，結果我們告訴他，除了日本的軍事野心之外，我們可看不出中日之間有什麼文化關係存在。「只要你們肯放棄武力侵略的野心，中日兩國自然就能攜手合作的。」

這些學者，包括地質學家、經濟學家、生物學家等等，不時來拜訪我們，希望爭取北大的「友誼」。他們一致埋怨我們的反日運動。我們告訴他們，我們不一定是反日，不過我們反對日本軍國主義卻是真的。但是他們一心一意要滅亡中國，除了中國完全投降，他們絕不會改變方針。

這時，駐屯東三省的日本關東軍正迅速向長城之內推進。國軍先沿長城浴血奮戰，繼在河北省北部步步抵抗，最後終於撤退到北平及其近郊。傷兵絡繹於途。各醫院到處人滿。北大教職員也發動設立了一所傷兵醫院，由內子陶曾谷主持院務，教職員太太和女學生們充任職員和看護。因為這醫院的關係，我與作戰部隊有了較密切的接觸，同時，獲悉他們的心理狀態。他們認為作戰失利完全是由於缺乏現代武器，尤其是槍支，因而以血肉之軀築成的長城，終被敵人衝破了。

國軍以血肉築成長城抗禦敵人的彈雨火海，主要的憑藉就是這種不屈不撓的精神。這種精神使中國在漫長痛苦的八年之中愈戰愈勇，雖然千千萬萬的人受傷死亡，中國卻始終連哼都不哼一聲。我們雖然節節失利，卻終於贏得了戰爭。

西潮
第六部　抗戰時期

戰事正在沿長城進行時，當時的軍政部長何敬之（應欽）將軍曾親至北平指揮作戰。他和我都希望能達成停戰以換取時間。我訪晤英國大使藍浦生，探詢他有無出任調人之意。他說日本大使館的須磨先生曾經對他暗示，日本也希望停戰。藍浦生大使當即拍電報向倫敦請示，倫敦覆電同意由他出任調人。我們經由美國駐華大使詹森先生把這件事通知華盛頓。但是這個計劃終於胎死腹中，因為當時的外交部長文榦（文幹）告訴在南京的英國大使館說，除了他本人之外，誰也無權與外國辦交涉。

不久日軍突破國軍沿長城布置的防線，步步向北平逼近，北平軍民已開始準備撤退。

我當時因為割盲腸之後正躺在北京協和醫院，對外面的情形很隔膜。有一天清早，我聽到日本飛機在頭上盤旋，直覺地感到情勢不妙。我得到主治醫生的許可，忍痛步行到何敬之將軍的寓所。他見我還留在北平城內，很感意外。他告訴我日軍馬上會發動攻擊，勸我快離開北平，於是我準備第二天就離開。第二天早晨，我的電話響了，是何將軍打來的：「我們已經談妥停戰，你不必走了。」我馬上打電話把這消息轉告胡適之。

「真的嗎？日本飛機還在我們頭上盤旋呢！」他說。

「何敬之將軍剛剛打電話來這樣說的。」我所能回答的也僅此而已。後來才知道黃鷹白（郛）已代表中國在午夜簽訂「塘沽協定」，根據此項協定，日軍在占領河北省北部以後，將暫時停止前進。

日軍占領上述地區後，就在當地成立「自治政府」，並催促留在河北的國軍司令官與他們合作，在北平也成立一個「自治政府」。北平城內謠言滿天飛，說河北省境內的司令宋哲元將軍即將對日本人屈服。北大教授就在這緊急關頭發表宣言，宣告誓死反對華北的所謂「自治運動」。事

第二十六章　戰雲密布

實上，宋哲元將軍也並沒有答應日本人的要求。

一兩個月以後的一個下午，一個日本憲兵到北大來找我。「日本在東交民巷的駐防軍請你去一趟，談談他們希望了解並且需要你加以解釋的事情。」他這樣告訴我。我答應在一小時之內就去，這位日本憲兵也就告辭回去了。

我把這件事通知家裡的幾位朋友之後，在天黑以前單獨往東交民巷日本兵營。我走進河邊將軍的辦公室以後，聽到門鎖咔嚓一聲，顯然門已下了鎖。一位日本大佐站起來對我說：「請坐。」我坐下時，用眼角掃了旁邊一眼，發現一位士官拔出手槍站在門口。

「我們司令請你到這裡來，希望知道你為什麼要進行大規模的反日宣傳。」他一邊說，一邊遞過一支香菸來。

「你說什麼？我進行反日宣傳？絕無其事！」我回答說，同時接過他的煙。

「那麼，你有沒有在那個反對自治運動的宣言上簽字？」

「是的，我簽了名的。那是我們的內政問題，與反日運動毫無關係。」

「你寫過一本攻擊日本的書。」

「拿這本書出來給我看看！」

「那麼你是日本的朋友嗎？」

「這話不一定對。我是日本人民的朋友，但是也是日本軍國主義的敵人，正像我是中國軍國主義的敵人一樣。」

「呃，你知道，關東軍對這件事有點小誤會。你願不願意到大連去與坂垣將軍談談？」這時電話鈴響了，大佐接了電話以後轉身對我說：「已經給你準備好專車。你願意今晚去大連嗎？」

「我不去。」

「不要怕，日本憲兵要陪你去的，他們可以保護你。」

「我不是怕，如果我真的怕，我也不會單獨到這裡來了。如果你們要強迫我去，那就請便吧——我已經在你們掌握之中了。不過我勸你們不要強迫我。如果全世界人士，包括東京在內，知道日本軍隊綁架了北京大學的校長，那你們可就要成為笑柄了。」

他的臉色變了，好像我忽然成了一個棘手的問題。「你不要怕呀！」他心不在焉地說。

「怕嗎？不，不。中國聖人說過，要我們臨難毋苟免，我相信你也一定知道這句話。你是相信武士道的，武士道絕不會損害一個毫無能力的人。」我抽著煙，很平靜地對他說。

電話又響了，他再度轉身對我說：「好了，蔣校長，司令要我謝謝你這次的光臨。你或許願意改天再去大連——你願意什麼時候去都行。謝謝你。再見！」門鎖又是咔擦一響。大佐幫著我穿好大衣，陪我到汽車旁邊，還替我打開汽車門。這時夜色已經四合了。我獨自到日本兵營，也有朋友說我不應該去的，聽日本人來捕好了。他們敢麼？

第二天下午，宋哲元將軍派了一位少將來勸我離開北平，因為他怕自己無力保護我。我向他的代表致謝，不過告訴他，我將繼續留在北平負起我的責任。

不久以後，蔣委員長因陳辭修將軍北上之便，亦來代表慰問。

我繼續在北平住下來，而且居然平安無事。偶然也有些朝鮮浪人到北大來尋釁找岔，這些事曾經一一報告給我知道，但是我並未予以重視。不久日本人的策略開始轉變了。松室孝良將軍受命來北平擔任日軍

第二十六章　戰雲密布

的特別代表。他與我交了朋友，常常到我家裡來。他大罵那位日本將軍不該在東交民巷兵營折磨我。大概半年光景，我們私人之間一直保持非常友好的關係。他任期屆滿時，穿了全副武裝來向我辭行。他告訴我，他已奉命調往東北與西伯利亞交界的海拉爾去指揮一個騎兵師。他說戰雲愈來愈低，如果中國與日本真的發生衝突，那是很不幸的。「戰事一旦發生，」他說，「日軍勢將深入漢口。」

「是的，將軍，我同意你的看法。兩國之間不幸而發生公開衝突，很可能會引起國際糾紛，那時整個日本艦隊都可能葬身海底，日本帝國會縮小為太平洋地圖上的幾粒小黑點。」

他嘆了一口氣：「那當然也可能。但是日本仍舊是獨立的國家，中國卻不免要被西方列強消滅了。」

「也可能如此。下次碰面時，希望我們不必為愚蠢的作為而抱頭痛哭。不管將來發生什麼事情，將軍，希望我們永遠是朋友。」我們就這樣懷著沉重的心情分別了。戰事結束若干年後，我經過東京偕內子陶曾谷往訪，相對話舊，不禁感慨系之。

接替他的是今井將軍。他來拜訪我，我也曾去回拜。我們談得很坦白，和我跟松室孝良談話的情形大致相似。有一次，日本貴族院的兩位議員來訪，其中一位曾任臺灣總督。四顧無人之後，他低聲問我，在東交民巷日本兵營拘留我的是誰。我告訴他是高橋。他搖頭說：

「豈有此理！」

這時候日本人已經明白，北大並無意於馬上發起反日運動，他們希望能與北大裡的主要教授建立友誼，而把北大拉到日本這一邊。雙方來往都很審慎，北大與日軍之間的緊張情勢至此已漸漸緩和了。

西潮

第六部　抗戰時期

　　後來田代將軍來到天津擔任當地駐軍司令。日本以及其他列強，因條約規定有權在天津駐軍。田代特地跑到北平來，設宴招待中日雙方文武要員。田代在席間發表演說，鼓吹中日經濟合作，中國官員也曾有人繼起發言，但是措詞都相當含糊。我除了吃飯時偶然說笑外，對於經濟合作問題始終不發一言。幾天之後，忽然南京來了密電，告訴我，日本大使館已經暗示外交部，說北大校長支持中日合作。

　　這就是日本人對付中國的手段。程序大概是：先來一套甜言蜜語，繼之挑撥陰謀，然後威脅恫嚇，接著又是甜言蜜語，最後施行閃電攻擊。先後次序可能有所改變，但是從來不離征服中國的基本方針。日本人在珍珠港事變以前對付美國的，也是這一套。

第二十七章　抗戰初期

　　未改名北平以前的北京是文化活動和學生運動的中心，易名以後則變為中日衝突的中心。1937 年之初，北平附近事端迭起，戰事已如箭在弦上，不得不發。7 月 7 日的晚上，終於發生盧溝橋事變。日軍在夜色掩護下發動攻擊，從盧溝橋的彼端向北平近郊進襲，城內駐軍當即予以還擊。

　　戰神降臨北平時，我正在廬山。當時蔣委員長在這華中避暑勝地召集了一群知識分子商討軍國大事。有一天午後，天空萬里無雲，樹影疏疏落落地點綴著綠油油的草地。蔣委員長曾經為他的客人準備了許多簡單雅潔的房子，我吃過午飯正在一幢單開間獨立的宿舍裡休息，一面眺望著窗外一棵枝葉扶疏的大樹，一面諦聽著枝頭知了的唱和。忽然中央日報程社長滄波來敲門，告訴我日軍在前一晚對盧溝橋發動攻擊的消息，我從床上跳起來追問詳情，但是他所知也很有限。

　　我們曾經討論可能的發展。因為我剛從北平來，他問我，根據我所知道的北平情況，對時局有何看法。我告訴他，以我對當地日軍司令官的印象以及他們的保守見解來判斷，這次事變似乎仍舊是地方性事件。日本的計畫似乎還是蠶食中國，一時恐怕尚無鯨吞的準備。但是蠶食的結果，日本很可能在數年之內即根深蒂固地盤踞華北而無法撼其分毫，到那時候，長江流域也就危在旦夕了。日本已經以漸進的方式吞噬東北而進窺華北，將來華北對華中、華南的局勢亦復如是。同樣的方法，同樣的過程。這似乎就是日本對付中國的政策。

　　戰事斷斷續續相持了好幾天。12 天以後，北平城外的零星戰事仍在進行，蔣委員長在牯嶺對幾千名在廬山訓練團受訓的將領演說，認為日

本即將對中國發動全面攻擊，呼籲大家準備不計代價保衛國家。他說：「全面戰爭一旦開始，我們必須隨時準備犧牲。……這次戰爭必將曠日持久，時間拖得愈久，我們的犧牲也就愈大。」

在這次演說裡，我初次聽見蔣委員長稱呼侵華的日軍為「倭寇」，並表示對日問題的堅決主張。「倭寇」這個名詞，在一般聽眾或不甚注意，但在明代長期遭倭寇蹂躪的寧波、紹興人，聽到這種稱呼，就會覺得事態嚴重。當時的聽眾之中有陳誠將軍、胡宗南將軍，以及其他後來在各區建立殊勳的許多將領。這次演說後不久，蔣委員長飛返南京，各將領亦分別返防。我和幾位朋友飛到南京，希望趕返北平，但是北上火車已全部停頓。

在此後的兩個星期內，戰事像洪水一樣氾濫北平附近。宋哲元將軍英勇奮戰，部下傷亡慘重。日軍司令田代對中國問題的看法一向很保守，我知道得很清楚，不幸田代忽然病倒，思想激進的少壯軍官遂得控制日本部隊。數日後田代去世。究竟是病故、自殺或被殺，雖然謠言滿天飛，誰也弄不清底細。宋哲元將軍仍舊希望把事件區域性化，要求兼程北上的中央政府軍隊暫時停留在保定。結果中央部隊就在保定留下來了。

但是現由少壯軍人指揮的日本軍卻並未停止前進；宋哲元將軍的部隊四面八方受到攻擊。一位高級將領並在作戰時陣亡。宋將軍不得已撤出北平，日軍未經抵抗即進入故都。

日軍已經控制北平了，華北是否會像瀋陽陷落後的東北，遭逢同樣的命運呢？日本會不會在華北暫時停下來，在華北等上幾年，然後再以之為攻擊南方的基地呢？日本是不是已等得不耐煩，準備一舉攻下南方而圖一勞永逸呢？二者似乎均有可能。日本的漸進政策似乎對中國更危

險。南京的高級官員以及各省的軍事領袖全都贊成全面抵抗侵略。結果全國上下，包括政府官員、軍事將領和平民百姓，萬眾一心，一致奮起應付空前的國難。

這時候，日本已開始派遣軍隊循海道開抵上海。中國也在同時派軍隊沿長江東下趕到滬瀆。在這小小的區域裡，已有好幾萬軍隊結集對峙著，戰事一觸即發。究竟哪一方面先發第一槍都無關宏旨，不論是一位粗心大意的士兵無意中走火，或者是掌握大權者的決策。

日軍官兵大家都知道，製造瀋陽事變的負責將領如本莊繁和土肥原等均曾因功而獲得最高級的勳獎。一手製造盧溝橋事變的人，無疑地也會獲得同樣的勳獎。誰又能怪渡海而來上海的日軍將領也想一顯身手呢？

我們在南京的人都知道，密布在全國上空的烏雲勢將迸發為狂風暴雨。我離開南京循公路到杭州，在湖濱一位朋友的別墅裡住了幾天。我們沒有一天不擔心，在淞滬對壘的中日軍隊會發生衝突。我的朋友王文伯不時打長途電話到上海探問情況。8月12日，上海方面的回答很短促：「沒有消息。明天10點鐘，10點鐘，再見！」接著電話就結束通話了。

第二天早上10點鐘，歷史性的時刻終於到臨。濃煙上衝霄漢，雙方的轟炸機互動炸射對方陣地，全面戰爭已經開始了。從此不再有地方性的事件，也不再有蠶食的機會。日本要就一口吞下中國，要就完全放棄。但是吞下去倒也不容易，放棄嗎？它又捨不得。這局面注定是一場長期戰爭。

兩天以後，一個烏雲密布的下午，我正坐在柳蔭下欣賞湖邊淺水中魚兒穿梭往返，城的這一邊隱隱傳來陣陣雷聲。有人打電話給我：「喂！你聽到沒有？」接著又是一陣雷聲。「是呀，在打雷。」

「不是——敵人在轟炸我們的機場！」

七架沒有戰鬥機掩護的木更津隊轟炸機已經從臺灣松山機場飛到杭州。駐筧橋的中國戰鬥機當即升空攔擊，並當場擊落其五架，其餘兩架奪路逃命，但是也在離杭州不遠處被迫降落，飛行員被俘。我到紹興專員公署去看一位俘虜，據他說，他們在臺灣的指揮官曾經告訴他們，中國根本沒有戰鬥機。

第二天，日軍開始轟炸南京。戰事剛開始時，日本人在一個地方只丟一個炸彈，所以他們所有的炸彈都是分散的。這種轟炸方式所造成的損害遠較集中轟炸為小。一年之後，日軍與俄軍在「偽滿」與西伯利亞交界處的張高峰發生衝突，日本人才從俄國學到集中轟炸的戰術。

我的朋友王文伯是浙江省政府委員兼建設廳廳長。戰事開始以後，他的工作自然跟著緊張起來了。他調集了好幾百輛公路車，把軍火運給前方。有一次，大約20輛車子結隊駛往前方，結果這隊車輛誤入敵人後方而遭圍攻。其中的一位司機跳下車子躲在田野裡，後來借夜色掩護爬出敵人陣地回到杭州。幾天之後，他找了另外一輛卡車，又再度上前線擔任運輸工作去了。

難民從上海像潮水一樣湧到杭州。廟宇裡住滿了婦孺老幼。山區的小茅屋也成了衣裝入時的摩登小姐的臨時香閨。她們還是像以前一樣談笑，似乎根本沒有發生過任何變故。我們中國人就有這點本領，即使身臨危難，也常能處之泰然。

我有一位朋友，本來是上海的棉紗大王，八一三戰事發生後，帶著他的子女逃到杭州，暫時住在山中的一所廟宇裡。他告訴我，他預備給他的家人蓋一幢房子。

「為什麼？」我問他。

第二十七章 抗戰初期

「上海作戰期間,我想在杭州住下來。」他說。

我真想不到他對這次戰爭有這樣的看法。我勸他最好還是遷到內地去,因為戰事必定要蔓延到杭州以及所有的沿海城市,甚至可能遠及華中的漢口。他聽到這些話,好像沒法相信似的。五年之後,我在重慶碰到他,他告訴我,他們一家人在戰火擴及杭州以前就離開西湖了。

與北方三個大學有關的人士正在南京商議學校內遷的計畫。大家有意把北平的北京大學、清華大學和天津的南開大學從北方撤退而在長沙成立聯合大學。胡適之從南京打電話給我,要我回到南京商量實施這個計劃的辦法。我經過考慮,勉強同意了這個計劃。

我曉得在戰事結束以前恐怕沒有機會再見到父親和我的老家。而且戰局前途很難逆料,因此我就向朋友借了一輛別克轎車駛回家鄉。這時父親年紀已經很大,看到我回家自然笑逐顏開。我離家重返南京時告訴父親說,中國將在火光血海中獲得新生。

「你這是什麼意思?」他目不轉睛地望著我,雙目炯炯有光。

「事情是這樣的:這次戰爭將是一次長期戰爭,千千萬萬的房屋將化為灰燼,千千萬萬的百姓將死於非命。這就是我所說的火光血海,最後中國將獲得勝利。」

當我向父親告別時,我心裡有一種感覺,怕自己從此沒有機會再見我所敬愛的父親了。父親所施於我的實在太多了。但是我所報答他的卻又如此之少。後來我的家鄉遭到轟炸時,他遷到山中,以栽花養鳥自娛。戰事發生兩年以後的一個早上,他像平常一樣起得很早,他忽然感到有點頭暈,回到臥室,即告去世,享年八十。他不過是戰爭的間接受害者之一。戰爭對老年人實在是很大的磨難。

我回南京逗留幾天之後就搭輪溯江而至漢口,碼頭附近沿江堆積著

大批木箱,裡面裝著政府的檔案、中央大學圖書館的書籍和故宮博物院的古物(即現在臺中之古物)。從南京至漢口途中,我們曾碰到滿載軍隊的船隻,順流東下增援上海。

我從漢口搭粵漢鐵路赴長沙,沿途碰到好幾批軍隊擠在敞篷車裡,由廣東、廣西向北開往漢口。這次戰爭現在的的確確是全國性的,不再像過去一樣是地方性的戰事了。士兵們的鬥志非常激昂,我問他們往哪裡去。

「打日本鬼!」他們異口同聲地說。

第二十八章　戰時的長沙

　　長沙是個內陸城市。住在長沙的一段時期是我有生以來第一次遠離海洋。甚至在留美期間，我也一直住在沿海地區，先在加利福尼亞住了四年，後來又在紐約住了五年。住在內陸城市使我有乾燥之感，雖然長沙的氣候很潮溼，而且離洞庭湖也不遠。我心目中最理想的居所是大平原附近的山區，或者山區附近的平原，但是都不能離海太遠。離海過遠，我心目中的空間似乎就會被堅實的土地所充塞，覺得身心都不舒暢。

　　我到達長沙時，清華大學的梅貽琦校長已經先到那裡。在動亂時期主持一所大學本來就是頭痛的事，在戰時主持大學校務自然更難，尤其是要三個個性不同歷史各異的大學共同生活，而且三校各有思想不同的教授們，各人有各人的意見。我一面為戰局擔憂，一面又為戰區裡或淪陷區裡的親戚朋友擔心，我的身體就有點支持不住了。「頭痛」不過是一種比喻的說法，但是真正的胃病可使我的精神和體力大受影響。雖然胃病時發，我仍勉強打起精神和梅校長共同負起責任來。幸靠同仁的和衷共濟，我們才把這條由混雜水手操縱的危舟渡過驚濤駭浪。

　　聯合大學在長沙成立以後，北大、清華、南開三校的學生都陸續來了。有的是從天津搭英國輪船先到香港，然後再搭飛機或粵漢鐵路火車來的，有的則由北平搭平漢鐵路火車先到漢口，然後轉粵漢鐵路到長沙。幾星期之內，大概就有 200 名教授和 1,000 多名學生齊集在長沙聖經學校了。聯合大學租了聖經學校為臨時校舍。書籍和實驗儀器則是在香港購置運來的，不到兩個月，聯大就粗具規模了。

　　因為在長沙城內找不到地方，我們就把文學院搬到佛教聖地南嶽衡

山。我曾經到南嶽去過兩次，留下許多不可磨滅的回憶。其中一次我和幾位朋友曾深入叢山之中暢遊三日，途中還曾經過一條山路，明朝末年一位流亡皇帝（永曆帝）在 300 年前為逃避清兵追趕曾經走過這條山路。現在路旁還樹著一座紀念碑，碑上刻著所有追隨他的臣子的名字。在我們經過的一所寺廟裡，看見一棵松樹，據一位老僧說是永曆帝所手植的。說來奇怪，這棵松樹竟長得像一位佝僂的老翁，似乎是長途跋涉之後正在那裡休息。我們先後在同一路上走過，而且暫駐在同一寺廟裡，為什麼？同是因為北方來的異族入侵，1,000 多年來，中國始終為外來侵略所苦。

第一夜我們住宿在方廣寺。明朝滅亡以後，一位著名的遺老即曾在方廣寺度其餘年。那天晚上夜空澄澈，團沉明月在山頭冉冉移動，我從來沒有看到過這樣低、這樣近的月亮，好像一伸手就可以觸到它這張笑臉。

第二夜我們住在接近南嶽極峰的一個寺院裡。山峰的頂端有清泉汩汩流出，泉旁有個火神廟。這個廟頗足代表中國通俗的想法，我們一向認為火旁邊隨時預備著水，因為水可以克火。

第二天早晨，我們在這火神廟附近看到了日出奇觀，太陽從雲海裡冉冉升起，最先透過雲層發出紫色的光輝，接著發出金黃色、粉紅和藍色的光彩，最後浮出雲端，像一個金色的鴕鳥蛋躺臥在雪白的天鵝絨墊子上。忽然之間它分裂為四個金光燦爛的橘子，轉瞬之間卻又複合為一個大火球。接著的一段短暫時刻中，它似乎每秒鐘都在變換色彩，很像電影的彩色鏡頭在轉動。一會兒它又暫時停住不動了，四散發射著柔和的金光，最後又變為一個耀目大火球，使我們不得不轉移視線。雲海中的冰山不見了，平靜的雲浪也跟著消逝，只剩下一層輕霧籠罩著腳下的

第二十八章　戰時的長沙

山谷。透過輕霧，我們看到縷縷炊煙正在煦和的旭日照耀下裊裊升起。

來南嶽朝山進香的人絡繹於途，有的香客還是從幾百里之外步行來的。男女老幼，貧賤富貴，都來向菩薩頂禮膜拜。

長沙是湖南的省會。湖南是著名的魚米之鄉，所產稻米養活了全省人口以外，還可以供應省外幾百萬人的食用。湘江裡最多的是魚、蝦、鱔、鰻和甲魚，省內所產橘子和柿子鮮紅豔麗。貧富咸宜的豆腐潔白勻淨如濃縮的牛奶。唯一的缺點是溼氣太重，一年之中雨天和陰天遠較晴天為多。

我每次坐飛機由長沙起飛時，總會想到海龍王的水晶宮。我的頭上有悠悠白雲，腳下則是輕紗樣的薄霧籠罩著全城，正像一層蛋白圍繞著蛋黃。再向上升，更有一層雲擋住了陽光。在長沙天空飛行終逃不了層層遮蓋的雲。

湖南人的身體健壯，個性剛強，而且刻苦耐勞，他們尚武好鬥，一言不合就彼此罵起來，甚至動拳頭。公路車站上我們常常看到「不要開口罵人，不要動手打人」的標語。人力車伕在街上慢吞吞像散步，絕不肯拔步飛奔。如果你要他跑得快一點，他準會告訴你「你老下來拉吧——我倒要看看你老怎麼個跑法」。湖南人的性子固然急，但行動卻不和脾氣相同，一個人脾氣的緩急和行動的快慢可見並不一致的，湖南人拉黃包車就是一個例子。

他們很爽直，也很真摯，但是脾氣固執，不容易受別人意見的影響。他們要麼就是你的朋友，要麼就是你的敵人，沒有折衷的餘地。他們是很出色的軍人，所以有「無湘不成軍」的說法。曾國藩在清同治三年（1864）擊敗太平軍，就是靠他的湘軍。現在的軍隊裡，差不多各單位都有湖南人，湖南是中國的斯巴達。

第六部　抗戰時期

抗戰期間，日本人曾三度進犯長沙而連遭三次大敗。老百姓在槍林彈雨中協助國軍抗敵，傷亡慘重。

在長沙我們不斷有上海戰事的消息。國軍以血肉之軀抵禦日軍的火海和彈雨，使敵人無法越過國軍防線達三月之久。後來國軍為避免繼續作無謂的犧牲，終於撤出上海。敵軍接著包圍南京，首都人民開始全面撤退，千千萬萬的人沿公路湧至長沙。卡車、轎車成群結隊到達，長沙忽然之間擠滿了難民。從南京撤出的政府部會，有的遷至長沙，有的則遷到漢口。

日軍不久進入南京，士兵獸性大發，許多婦女被輪姦殺死，無辜百姓在逃難時遭到日軍機槍任意掃射。日軍在南京的暴行，將在人類歷史上永遠留下不可磨滅的汙點。

新年裡，日軍溯江進逼南昌。中國軍隊結集在漢口附近，日軍則似有進窺長沙模樣。湖南省會已隨時有受到敵人攻擊的危險。我飛到漢口，想探探政府對聯大續遷內地的意見。我先去看教育部陳立夫部長，他建議我最好還是去看總司令本人。因此我就去謁見委員長了。他贊成把聯大再往西遷，我建議遷往昆明，因為那裡可以經滇越鐵路與海運銜接。他馬上表示同意，並且提議應先派人到昆明勘尋校址。

1938年正月，就在準備搬遷中過去了。書籍和科學儀器都裝了箱，卡車和汽油也買了。2月間，準備工作已經大致完成，我從長沙飛到香港，然後搭法國郵船到越南的海防。我從海防搭火車到法屬越南首府河內，再由河內乘滇越鐵路火車，經過叢山峻嶺而達昆明。

第二十九章　日軍入侵前夕之越南與緬甸

　　我由長沙繞道越南赴昆明途中，發現越南也保留著許多古代中國的風俗習慣，正如20多年前我在朝鮮所發現的。越南人與朝鮮人一樣，穿著一種近似明朝服飾的衣服。他們念中國字時，發音與唐代語言相像；鄉村、城市和行政區也採用中國地名，這些地名的讀音多少與唐代的讀音相似，亦可以說與廣東音相似。

　　越文是中文的一種變體，在一般用途上，法國人卻寧取一種拉丁化的越文。這種拉丁化文字在一般人學起來自然容易得多，但以此為表達高深思想之工具是不夠的。

　　越南國王保大在順化的宮殿很像過去朝鮮李王的宮室，但是與北京的紫禁城比起來，規模同樣地小得多了。事實上，越南皇宮很像明朝皇宮殘留的一枝。法國人一直保留著越南皇宮，拿它作活的博物院看待。日本人卻寧願把朝鮮國王送到日本，想把他改造為日本人。

　　有人告訴我，越南王的始祖葬在昆明某山頭，因為他本來是中國人。後來有一天下午，我曾經去找越南王陵寢的故址，結果沒有找到。

　　法國殖民地政府的所在地河內已經發展為現代化的法國城市，街道寬闊，公共建築巍然聳立。但是一般農民所住的鄉村卻骯髒破落，與河內相較，真有天淵之別。自由、平等、博愛，原來如此！殖民地政府是一種時代的倒置，也就是非常倒退的制度，總督們到殖民地來只是為了剝削榨取，對人民的福利漠不關心，這與現代的政治原理恰恰背道而馳。

　　不過，我想在這裡宣告一句：菲律賓的殖民地政府應該例外。美國人有一個理想──提高菲人的文化水準，美國在菲律賓的殖民政府，在

當地建立了一種足與美國學校媲美的學校制度。我曾在1931年去過菲律賓，所到之處，學校都在傳授歷史、文學、科學和民主思想。美國正按照自己的模型，致力建設菲律賓為一民主共和國。菲律賓在歐美人殖民地制度下，獲得兩大貢獻：一是西班牙人留下來的天主教；二是美國人留下來的民主制度和言論自由。

英國的生存寄託在殖民地上，法國也得靠殖民地的資源維持生存。如果說英法對殖民地人民的福利還沒有完全漠視的話，那也只是為了養活母雞，好讓它多生一些蛋而已。

英國人養雞生蛋的方法更是妙不可言，他們控制了主要的工業，而讓當地人民在餘留的行業上自覓生路。讓雞到田野裡自行尋覓穀粒、小蟲充飢，雞能找到穀粒、小蟲就心滿意足了，養雞的人則撿起晶瑩的雞蛋笑逐顏開。英國人從來不干涉殖民地人民的風俗或迷信思想，除了影響公共衛生的事情以外，當地人民可以自由自在地過活而不受干擾。因為公共衛生不但與被統治者有關，與統治者也有同樣的關係，傳染病或瘟疫是不認膚色人種的。道路修得寬敞平坦，而且保養得很好，因為治安和商業是要靠良好的道路來維持的。防禦力量只建立到足以鎮壓當地叛亂的程度，抵禦其他強國的攻擊則有賴大英帝國的威望。這種威望衰退時，殖民地就不免要受強鄰的覬覦了，香港地區和緬甸一度失陷就是這個道理。英國這樣珍視它的威望，尤其是在遠東的威望，也是這個道理。

緬甸與雲南省的西南角接壤。珍珠港事變前約一年，我曾經奉命組織一個友好訪問團到緬甸。我參觀過煉油廠、鋸木廠和碾米廠，這些都是緬甸的主要工業，統由英國控制，其餘的行業則留歸緬甸人經營。被視為神聖的牛隻閒蕩仰光街頭，警察從來不加干涉。到處是寺院，院內

第二十九章　日軍入侵前夕之越南與緬甸

矗立著鍍金的寶塔，生活著普受統治者及被統治者尊崇的僧侶。緬甸人在英國統治之下自由過活，像一群吃飽了小蟲、穀粒的母雞悠然自得，至少，我看不出一點不滿的情緒，養的人則心滿意足地撿取他們的雞蛋。

但是總督們在祖國照耀出來的光明在殖民地裡卻不能完全隔絕。在印度，甘地的行動一直不受干擾，只有在緊急危難時才遭受監禁。像甘地的這種行動，在某些歐洲國家的殖民地裡或許早已受到陰毒的處置了。但是大不列顛究竟是自由之邦，自由的光輝不免要透過殖民地上空的雲層而惠及當地人民。各種跡象顯示，英國對殖民地正在採取一種比較開明的政策。我希望這些照射到海外殖民地的微光能擴大為強烈的自由火炬，引導殖民地人民向光明的前途邁進。

就文化形態而言，越南王國是屬於中國型的，緬甸則是印度型的。從前緬甸國王在曼達來的宮殿就是印度式的建築。城鎮的地名也看不出與中國有絲毫的淵源。越南人和中國人一樣，吃飯時用的是筷子；緬甸卻和印度人一樣用手指。但是越南和緬甸在過去曾一度尊重中國的宗主權，中國在兩國宗主權的喪失是中國覺醒的原因之一。

緬甸落入英人手中以後，緬甸的王室就逃到雲南，生活費用一直由雲南省政府供給，不過緬甸王的頭銜已經有名無實了。緬王的子孫後來進了中國學校，結果歸化為中國人。但是雲南騰衝一帶的人仍舊知道，這些緬甸王室後裔的祖先，曾經在曼達來皇宮的雀屏寶座上，統治過有鍍金寶塔和黃袍僧人的王國。

第三十章　大學逃難

　　中日戰爭爆發以後，原來集中在沿海省分的大學紛紛遷往內地，除了我前面提到過的北大、清華、南開三所大學之外，接近戰區以及可能受戰爭影響的高等學府都逐漸向內地遷移。到抗戰快結束時，在內地重建的大學和獨立學院，數目當在 20 所左右，學生總數約 16,000 人。

　　這些學府四散在內地各省。有的借用廟宇祠堂，有的則借用當地學校的一部分校舍上課。公共建築找不到時，有的學校就租用私人宅院，也有些學校臨時搭了茅棚土屋。所有學校都已盡可能帶出來一部分圖書儀器，數量當然很有限，然而就是這一點點簡陋的設備也經常受到敵機故意而無情的轟炸。

　　許多學生是從淪陷區來的，父母對他們的接濟自然斷絕了；有些學生甚至與戰區裡的家庭完全音信不通。有些在淪陷區的家長，雖然明知子弟在內地讀書，遇到敵偽人員查問時，寧願把兒子報成死亡，以免招致無謂的麻煩。後來由政府撥了大筆經費來照顧這些無依無靠的學生。

　　因為日本侵略是從華北開始的，所以最先受到影響的大學自然是在平津區的學校。平津區陷敵以後，許多教員和學生知道在侵略者的刺刀下絕無精神自由的希望，結果紛紛追隨他們的學校向南或其他地方轉進。當時政府尚在南京，看到這種情形，便下令在後方成立兩個聯合大學，一個在長沙，另一個在西北的西安。西北聯大包含過去的兩個國立大學和兩個獨立學院。它後來從西安遷到漢中，因為校舍分散，結果多少又恢復了原來各單位的傳統。

　　戰事蔓延其他各地以後，原來還能留在原地上課的大學也步我們的後塵內遷了。結果國立中央大學從南京搬到戰時首都重慶，浙江大學從

第三十章　大學逃難

杭州搬到貴州，中山大學從廣州搬到雲南。

我想詳細地敘述一下長沙臨時大學的情形，它是怎麼聯合起來的，後來又如何從長沙遷移到昆明。這故事也許可以說明一般大學播遷的情形。

我在前面已談到，長沙臨時大學是原在北平和天津的三所大學奉教育部之命聯合而成的。這三所大學就是國立北京大學、國立清華大學和私立南開大學。三所大學的校長成立校務委員會，教職員全部轉到臨時大學。1937年11月1日在長沙復課，註冊學生有從原來三個大學來的約1250人，以及從其他大學轉來的220名借讀生。雖然設備簡陋，學校還差強人意，師生精神極佳。圖書館圖書雖然有限，閱覽室卻經常座無虛席。但是民國二十七年初，也就是南京失陷以後，情形可不同了。日本飛機把長沙作為轟炸目標之一，在長沙久留是很危險的，結果臨時大學在第一學期結束後，經政府核准於二十七年2月底向西南遷往昆明。

從長沙西遷昆明是分為兩批進行的，一批包括300左右男生和少數教授，他們組織了一個徒步旅行團，從湖南長沙穿越多山的貴州省一直步行到雲南的昆明。全程3,500公里，約合1,160哩，耗時兩月零十天；另外一批約有800人，從長沙搭被炸得瘡痍滿目的粵漢路火車到廣州，由廣州坐船到香港，再由香港轉到海防，然後又從海防搭滇越鐵路到達昆明。他們由火車轉輪船，再由輪船轉火車，全程約耗10至14天，視候車候船的時日長短而有不同。另有350名以上的學生則留在長沙，參加了各種戰時機構。

搬到昆明以後，「長沙臨時大學」即改名「國立西南聯合大學」，簡稱「聯大」。因為在昆明不能立即找到合適的房子容納這許多新客，聯大當局決定把文學院和法商學院設在雲南第二大城蒙自。民國二十七年5月

西潮
第六部　抗戰時期

初聯大開課時，四個學院的學生總數約在 1,300 人左右。同年 9 月間，文學院和法商學院由蒙自遷回昆明，因為當地各中學均已遷往鄉間，原有校舍可以出租，房間問題已不如過去那麼嚴重。這時適值聯大奉教育部之令成立師範學院，真是「雙喜臨門」。五院二十六系的學生人數也增至 2,000 人。

二十八年 9 月間，聯大規模再度擴充，學生人數已達 3,000 人。聯大過去 10 個月來新建造的百幢茅屋剛好容納新增的學生。抗戰結束時，我們共有五百左右的教授、助教和職員以及三千學生。多數學生是從淪陷區來的。他們往往不止穿越一道火線才能到達自由區，途中受盡艱難險阻，有的甚至在到達大後方以前就喪失了性命。

我的兒子原在上海交通大學讀書，戰事發生後他也趕到昆明來跟我一起住。他在途中就曾遭遇到好幾次意外。有一次，他和一群朋友坐一條小船，企圖在黑夜中偷渡一座由敵人把守的橋樑，結果被敵人發現而遭射擊。另一次，一群走在他們前頭的學生被敵人發現，其中一人被捕，日人還砍了他的頭懸掛樹上示眾。

我有一位朋友的兒子從北平逃到昆明，在華北曾數度穿越敵人火線，好幾次都受到敵人射擊。他常常一整天吃不到一點東西，晚上還得在夜色掩護下趕好幾里路。他和他的兄弟一道離開北平，但是他的兄弟卻被車站上的日本衛兵抓走送到集中營去了，因為他身上被搜出了學生身分的證件。他們是化裝商店學徒出走的，但是真正的身分被查出以後，就會遭遇嚴重的處罰。

據說北大文學院的地下室已經變為恐怖的地牢。我無法證實這些傳說，不過後來我碰到一位老學生，他在設法逃出北平到達大後方以前，曾經被捕坐了兩年牢。據他說，他曾被送到北大文學院地下室去受「招

第三十章　大學逃難

待」。那簡直是活地獄。敵人把冷水灌到他鼻子裡，終至使他暈過去。他醒過來時，日本憲兵上村告訴他，北大應該對這場使日本蒙受重大損害的戰爭負責，所以他理應吃到這種苦頭。上村怒不可遏地說：「沒有什麼客氣的，犯什麼罪就該受什麼懲罰！」他曾經連續三天受到這種「招待」，每次都被灌得死去活來。他在那個地牢裡還看到過其他的酷刑，殘酷的程度簡直不忍形諸筆墨。女孩子的尖叫和男孩子的呻吟，已使中國歷史最久的學府變為撒旦統治的地獄了。

留在北平的學生在敵人的酷刑下呻吟呼號，在昆明上課的聯大則受到敵機的無情轟炸。轟炸行為顯然是故意的，因為聯大的校址在城外，而且附近根本沒有軍事目標。校內許多建築都被炸毀了，其中包括總圖書館的書庫和若干科學實驗室。聯大的校舍約有三分之一被炸毀，必須盡快再建。但是敵機的轟炸並沒有影響學生的求學精神，他們都能在艱苦的環境下刻苦用功，雖然食物粗劣，生活環境也簡陋不堪。

學術機構從沿海遷到內地，對中國內地的未來發展有很大的影響。大群知識分子來到內地各城市以後，對內地人民的觀念思想自然發生潛移默化的作用。在另一方面，一向生活在沿海的教員和學生，對國家的了解原來只限於居住的地域，現在也有機會親自接觸內地的實際情況，使他們對幅員遼闊的整個國家的情形有了較真切的了解。

大學遷移內地，加上公私營工業和熟練工人、工程師、專家和經理人員的內移，的確具有劃時代的意義。在戰後的一段時期裡，西方影響一向無法到達的內地省分，經過這一次民族的大遷徙，未來開發的機會已遠較以前為佳。

第三十一章　戰時之昆明

　　北大等校內遷以後，我也隨著遷居滇緬路的終點昆明。珍珠港事變爆發以前，我曾一度去過緬甸，並曾數度赴法屬印度支那（越南）及香港。當時以上數地與昆明之間均有飛機可通。法國對德投降以後，日本不戰而下法屬印度支那，因此我們就築了滇緬路與仰光銜接。珍珠港事變以後，緬甸亦陷敵手，中國與法屬印度支那的海防以及緬甸的仰光，陸上交通均告斷絕，昆明亦陷於孤立狀態。租借法案下運華的軍火，只好由空運飛越隔絕中印兩國的喜馬拉雅山的「駝峰」，才免於中斷。

　　抗戰期間，我曾數度坐飛機去重慶，也曾一度去過四川省會成都。重慶是戰時的首都，位於嘉陵江與長江匯合之處。嘉陵江在北，長江在南，重慶就建在兩江合抱的狹長山地上，看起來很像一個半島。房子多半是依山勢高下而建的，同時利用屋後或屋基下的花崗岩山地挖出防空洞，躲避空襲。日本飛機經年累月、日以繼夜地濫炸這個毫無抵抗力的山城，但是重慶卻始終屹立無恙。成千累萬的房屋被燒毀又重建起來，但是生命損失卻不算太大。敵人企圖以轟炸壓迫戰時政府遷出重慶，但是「陪都」卻像金字塔樣始終雄踞揚子江頭，它曾經受過千百年的磨練考驗，自然也能再經千百年的考驗。重慶可以充分代表中國抵抗日本侵略的堅忍卓絕的精神。

　　重慶之西約半小時航程處是平坦的成都市。成都和北平差不多一樣廣大，街道寬闊，整個氣氛也和故都北平相似。成都西北的灌縣有 2,000 年前建設的水利系統，至今灌溉著成都平原百萬畝以上的肥沃土地。嚴重的水災或旱災幾乎從來沒有發生過。這塊廣大豐饒的平原使四川成為「天府之國」，使重慶人民以及駐防省境和附近地區的軍隊，糧食得以供應無缺。

第三十一章　戰時之昆明

　　學校初遷昆明之時，我們原以為可經法屬印度支那從歐美輸入書籍和科學儀器，但是廣州失陷以後，軍火供應的幹線被切斷，軍火都改經滇越線運入。滇越鐵路軍運頻繁，非軍用品根本無法擠上火車。我們運到越南的圖書儀器，只有極少一部分獲准載運入滇。

　　這時候，長江沿岸城市已相繼陷入敵手，日軍溯江直達宜昌，離長江三峽只是咫尺之遙。最後三峽天險也無法阻遏敵人的侵略狂潮而遭到鐵騎的踐躪。

　　每當戰局逆轉，昆明也必同時受到災殃。影響人民日常生活最大的莫過於物價的不斷上漲。抗戰第二年我們初到昆明時，米才賣法幣 6 塊錢一擔（約 80 公斤），後來一擔米慢慢漲到 40 元。當時我們的一位經濟學教授預言幾個月之內必定會漲到 70 元。大家都笑他胡說八道，但是後來一擔米卻真的漲到 70 元。法屬安南（越南）投降和緬甸失陷都嚴重地影響了物價。

　　物價初次顯著上漲，發生在敵機首次轟炸昆明以後，鄉下人不敢進城，菜場中的蔬菜和魚肉隨之減少。店家擔心存貨的安全，於是提高價格以圖彌補可能的損失。若干洋貨的禁止進口，也影響了同類貨物以及有連帶關係的土貨的價格。煤油禁止進口以後，菜油的價格也隨之提高。菜油漲價，豬油也跟著上漲。豬油一漲，豬肉就急起直追。一樣東西漲了，別的東西也跟著漲。物價不斷上漲，自然而然就出現了許多囤積居奇的商人。囤積的結果，物價問題也變得愈加嚴重。鐘擺的一邊蕩得愈高，運動量使另一邊也擺得更高。

　　控制物價本來應該從戰事剛開始時做起，等到物價已成脫韁野馬之後，再來管制就太晚了。一位英國朋友告訴我，英國農人在第一次世界大戰時曾經大發其財，但是第二次大戰一開始，農產品就馬上受到管制

了。這次戰爭在中國還是第一次大規模的現代戰爭,所以她對這類問題尚無經驗足資借鑑。

昆明的氣候非常理想,它位於半熱帶,海拔約 6,000 呎,整個城有點像避暑勝地。但是因為它的面積大,居民並不認為它是避暑勝地。昆明四季如春,夏季多雨,陣雨剛好沖散夏日的炎暑;其他季節多半有溫煦的陽光照耀著農作密茂的田野。

在這樣的氣候之下,自然是花卉遍地,瓜果滿園。甜瓜、茄子和香橼都大得出奇。老百姓不必怎麼辛勤工作,就可以謀生餬口,因此他們的生活非常悠閒自得。初從沿海省分來的人,常常會為當地居民慢吞吞的樣子而生氣,但是這些生客不久之後也就被悠閒的風氣同化了。

昆明人對於從沿海省分湧到的千萬難民感到相當頭痛。許多人帶了大筆錢來,而且揮霍無度,本地人都說物價就是這批人抬高的,昆明城內到處是從沿海來的摩登小姐和衣飾入時的仕女。入夜以後他們在昆明街頭與本地人一齊熙來攘往,相互摩肩接踵而過。房租迅速上漲,旅館到處客滿,新建築像雨後春筍一樣出現。被飛機炸毀的舊房子,迅速修復,但是新建的房子究竟還是趕不上人口增加的速度。

八年抗戰,昆明已變得面目全非。昔日寧靜的昆明城,現已滿街是卡車司機,發國難財的商人,以及營造商、工程師和製造廠商。軍火卡車在城郊穿梭往返。

自然環境和名勝古蹟卻依然如昔。昆明湖的湖水仍像過去一樣平滑如鏡,依舊靜靜地流入長江,隨著江水奔騰 2,000 哩而入黃海。魚兒和鵝鴨仍像往昔一樣遨遊在湖中。古木圍繞的古寺雄踞山頭,俯瞰著微波蕩漾的遼闊湖面。和尚還是像幾百年前的僧人一樣唸經誦佛。遙望天邊水際,我常常會想入非非:如果把一封信封在瓶子裡投入湖中,它會不

第三十一章　戰時之昆明

會隨湖水流入長江，順流經過重慶、宜昌、漢口、九江、安慶、南京而漂到吳淞江口呢？說不定還會有漁人撿起藏著信件的瓶子而轉到浙江我的故鄉呢！自然，這只是遠適異地的思鄉客的一種夢想而已。

縱橫的溝渠把湖水引導到附近田野，灌溉了千萬畝肥沃的土地。溝渠兩旁是平行的堤岸，寬可縱馬騁馳；我們可以悠閒地放馬暢遊，沿著漫長的堤防跑進松香撲鼻的樹林，穿越蒼翠欲滴的田野。

城裡有一座石碑，立碑處據說是明朝最後的一位流亡皇帝被縊身死的故址。石碑立在山坡上，似乎無限哀怨地凝視著路過的行人。這可憐的皇帝曾經逃到緬甸，結果卻被叛將吳三桂劫持押回中國。吳三桂原來奉命防守長城抗禦清兵，據傳說他是為了從闖王李自成手中援救陳圓圓，終於倒戈降清。他為了鎮壓西南的反抗被派到雲南，已經成為階下囚的永曆帝被帶到他的面前受審。

「你還有什麼話要說沒有？」據說吳三桂這樣問。

「沒有，」明代的末朝皇帝回答說：「唯一我想知道的事是你為什麼背叛我的祖上？你受明室的恩澤不能不算深厚吧？」

吳三桂聞言之下，真是心驚膽顫，他馬上下令絞死這位皇帝。後人在那裡立了紀念碑，上刻：「明永曆帝殉國處」。

離城約十公里處有個黑龍潭。春天裡，澄澈的潭水從潭底徐徐滲出，流入小溪淺澗。黑龍潭周圍還有許多古寺和長滿青苔的大樹。明朝末年曾有一位學者和他的家人住在這裡。崇禎帝殉國和明朝滅亡的消息傳來以後，他就投身潭中自殺了。他的家屬和僕人也都跟著跳入潭中，全家人都以身殉國，後來一齊葬在黑龍潭岸旁。西洋人是很難理解這件事的，但是根據中國的哲學，如果你別無辦法拯救國家，那麼避免良心譴責的唯一方法就是以死殉國。抗戰期間，中國軍人以血肉之軀抵抗敵

第六部　抗戰時期

人的彈雨火海，視死如歸；他們的精神武裝就是這種人生哲學。

這個多少依年分先後記述的故事到此暫告段落。後面幾章將討論中國文化上的若干問題，包括過去的、現在的和未來的；同時我們將討論若干始終未能解決的全國性問題，這些問題在未來的年月裡也將繼續存在。

從1842年香港割讓到1941年珍珠港事變，恰恰是一世紀。《西潮》所講的故事，主要就是這一段時期內的事情。英國人用大砲轟開了中國南方的門戶，開始向中國輸入鴉片和洋貨，但同時也帶來了西方的思想和科學的種子，終於轉變了中國人對人生和宇宙的看法。中國曾經抵抗、掙扎，但是最後還是吸收了西方文化，與一千幾百年前吸收印度文化的過程如出一轍。英國是命運之神的工具，它帶領中國踏入國際社會。

中國所走的路途相當迂迴，正像曲折的長江，但是她前進的方向卻始終未變，正像向東奔流的長江，雖然中途迂迴曲折，但是終於經歷2,000多哩流入黃海。它日以繼夜，經年累月地向東奔流，在未來的無窮歲月中也將同樣地奔騰前進。不屈不撓的長江就是中國生活和文化的象徵。

第七部　現代世界中的中國

西潮
第七部　現代世界中的中國

第三十二章　中國與日本 —— 談敵我之短長

日本在培利上將抵達以前，只是中國大陸文化的一支而且是很單純的一支。自從這位海軍上將來過以後，日本就變為中西文化的混合體了。除非你能同時了解中國和西方，否則你就無法了解日本。

但是單單了解日本的中西兩種文化的來源是不夠的，分支可能與它們的主體相似，但是並不完全相同。把相似的東西看成完全相同而遽下斷語，很可能差以毫釐而謬以千里。同時，兩種文化的混合，還可能使原來文化變質。

中華文化在日本的支流導源於唐朝（618-907年）。唐代文化中許多可貴的成分，其中包括從西域輸入的印度文化與從伊斯蘭民族間接輸入的希臘文化，在中國因千餘年來歷經異族侵略，已逐漸衰落，但在日本卻被保留下來了。唐代的舞蹈、音樂、美術、習俗、語音和尚武精神，都還留在日本。如果你想了解一點唐代文化，你最好還是到日本去一趟。日本以唐代文化為基礎，其中包括儒家思想與唐代所吸收的佛教文化及其他外來文化。又在南宋時代（日本鎌倉時代）輸入宋儒朱子之學，蓋隨禪僧而俱來者，因此造成在日本儒佛一致之思想。尋至明末之際，德川氏本其向來保護禪僧研究儒學之素志，於開府江戶（東京古名）時，廣招儒者講學刻書，極一時之盛。並借新政權之威力，使儒家之學為此後日本興國之張本，而為日本發展了道德、政治、經濟、史學、數學與夫流入民間之教育。日本雖於晉初從朝鮮人王仁得《論語》、《千字文》，而在明末又輸入了陽明之學，但經世之學的中心則在朱子之學。到了咸同之間，明治維新以儒家經世之學與西洋近世社會科學、自然科學相接引，遂在短短數十年裡成為史無前例的東西兩洋文化的大結合，而致日

第三十二章　中國與日本—談敵我之短長

本於盛強之境,並予文化祖國的中國以極大的鼓勵與興奮。在我幼年時代,我們一輩青年,都奉日本為師,希望日本反哺文化之母鳥而幫助中國復興。惜乎日本秉國的軍閥,知盡忠於己,而不知施恕於人,知義而不知仁,見小而不見大,識近而不識遠,致使中國近60年之歷史成為中日關係之慘痛史,終至鷸蚌相爭,漁翁得利,真是歷史上很大的一幕悲劇。

我們此後應把中國文化廣稱為大陸文化,作為中國、日本、韓國、越南共有之文化,亦猶希羅文化(希臘羅馬合流之文化)之為歐美各國共同之文化。若在文化方面抱狹義之國家主義,則反將文化之價值減低了。

實際言之,唐代文化所包含外來因素既廣且多,在當時已成為國際文化,因其來甚漸,故國人不自覺耳。日本於吸收唐代文化時,亦於不知不覺中吸收了當時的國際文化,此亦日本之大幸也。

日本善於效法。它效法唐宋的文化而定立國之基礎;它效法英國建立海軍;效法德國訓練陸軍;效法美國發展工業。它效法19世紀的西方建立殖民帝國 —— 只可惜晚了一步。它效法德國閃電戰術而發動珍珠港的突擊 —— 只可惜太遠了一點。

我很欽佩日本的善於模仿,這是中國所做不到的,因為她在這方面似乎有點笨腳。但中國創造能力彌補了這一缺憾,她創造又創造,一直到唐代衰亡。此後千餘年曆經異族侵略、饑饉、疾病等災禍,終至精疲力竭。

美國的情形和日本很相似,美國文化是歐洲文化的一支,所不同的是從英國來的早期殖民者是帶著愛好自由的種子而俱來的。因此美國創造又創造,直到它成為世界上最工業化的國家,同時也是最重理想和人

道的國家。美國的偉大就在於這兩種矛盾因素的融而為一。

日本在國際舞臺上的空前成就，應該完全歸功於依循西方路線所進行的改革。這些改革是在世襲的統治階級領導下完成的。他們孕育於尚武精神之中，效法他國並使之適應本國，對於領袖和祖國更是精忠不貳。他們統治下的老百姓，最大的美德就是擁護領袖，服從命令。因此從明治初年開始的日本改革運動，始終是堅定不移地朝著固定目標前進。

回頭看看我們自己：中國的改革卻必須從基層開始，也就是由下而上的。我們沒有世襲的統治階級，除了相當於貴族的士大夫階級之外，也沒有貴族階級。要使這遼闊的國度裡的人民萬眾一心，必須仰仗老百姓之間的學者領袖來驅策督導。因此改革的過程必然很緩慢，而且迂迴曲折。政治領袖像孫中山先生，學者領袖像章太炎、梁任公、蔡子民諸先生，都是來自民間的學者。他們來自民間，又帶著能根據他們的社會理想和知識上的遠見而深入民間。

現代日本是統治階級建立起來的，現代中國系平民百姓所締造。因此，在日本當一個領袖要容易得多，他可以任意獨裁，他要人民做什麼，人民就會做什麼；在中國當一個領袖卻必須教育人民，而且真正地領導人民——這是一種遠為困難的才能，也必須具備超人的才智創造能力。

中國在採取改革措施方面比較遲緩，但是她一旦決心改革，她總希望能夠做得比較徹底。在過去的100年中，她從製造砲彈著手，進而從事政治改革、社會改革，乃至介紹西方思想。她揚棄了舊的信仰，另行建立新的，直至這些信仰成為她生活中不可分的一部分為止。她是一位學者，一位道德哲學家，也是一位藝術家。她的文化是從她的生活發展

第三十二章 中國與日本—談敵我之短長

而來的，她不會輕易滿足於西方的思想觀念，除非她能夠把這些觀念徹底同化而納之於她的生活之中。因此與日本比起來，中國的思想是現代化的，但是她的社會和工業建設卻仍舊落在日本之後。這是這位哲學家兼夢想家的天性使然。

中國胸襟寬大，生活民主，而且能自力創造，但是她缺乏組織、紀律和尚武精神。她是學者之國，最受尊敬的是學問，最受珍視的是文化。但是保衛國土的武力則尚待建立。中國的優點正是她的弱點所在。

日本的情形也是優劣互見，日本人是位鬥士，也是位很乾練的行政人員。日本所吸收的西方文明只是軍事方面的上層結構，並未觸及人民較深一層的生活和思想，它的上層結構固然現代化了，它的精神和觀念卻仍然是中世紀的。對這種情形，讀者自然不會感到驚奇，因為封建制度廢除的時間甚短，故封建精神在明治時代仍然存在，中國則在西曆紀元以前就已經廢除了。

日本對同化中國文化和西方文化都只有部分的成功。例如日本對忠和恕這兩個重要的道德觀念只學到忠，卻無法了解恕。這或許受政治與地理環境之影響而使然，然而日本人之不能以恕道待人，卻是事實。忠和恕是中國生活的兩大指導原則，忠在封建國家或黷武國家是必不可少的品德，恕則是學者的美德。日本一向堅執己見，不肯考慮別人的觀點。日本人胸襟狹窄，連他們自己都有此自覺，這種褊狹的心理使他們無法具備建立洲際殖民帝國所必需的領導能力。他們有野心，有武力，但是缺乏政治家風度。所以他們借武力而建立的「東亞共榮圈」，只如空中樓閣，頃刻幻滅。忠和恕在中國卻是攜手同行的。她不但忠貞，而且處處為人設想。中國並不覺得忠於她自己的思想觀念就應該排斥他人的觀點。她常常設身處地考慮別人的觀點，這就是所謂恕。日本人對恕的

觀念很薄弱,所以不克了解中國。

　　日本的行為很像一個身體健壯的頑童,他抓住了公羊的兩隻角不許它動,公羊急得亂叫亂跳,用角來撞他,結果他不是被迫放手,就是被撞倒地上。他想不通這隻公羊為什麼這樣不聽話。可憐的孩子!他應該想想如果有人抓住他的兩隻耳朵,他的反應又如何?他應該設身處地想一想,這樣他就會了解中國了。

　　使日本人變為好戰民族的另一重要因素,是他們的一種錯誤信念,他們認為日本是個神聖的國家,系神所締造,而且應該根據神的意志行事,並且征服世界。這種心理是由軍閥御用的歷史家歪曲史實所造成的,為西洋人或中國人所不易了解,但是日本人卻的確如此深信不疑。中國人也相信神佛,但是他們把神佛當作道德的監護者,而不是戰爭的呵護者。日本人卻認為日本稱霸是神的意旨。

　　從悠遠的年代以來,日本的統治階級一直相信神佛在戰時總是站在大日本這一邊的。元朝不克征服它時,他們就認為那是神佛以無邊的法力保護了它。他們認為吹毀忽必烈汗蒙古艦隊的颱風就是神佛的意旨。我修改本稿時,已在戰後十多年了,還在日本箱根遇見一位老尼,她說人們應該信佛,日本打敗蒙古人,就靠佛的法力的。日本人一直相信歷代天皇都是神的嫡親後裔。直到戰後,日本歷史家得到言論自由,才用科學方法,把那些凝結在教科書裡的神話,一口氣吹散了。

　　中國某大學的一位教授,原是東京帝大的畢業生,他曾作過一件發人深省的歷史研究工作,說明了這種宗教性的愛國熱狂如何發展為日本帝國主義。這種宗教性的愛國熱狂表現於軍人日常生活者更是屢見不鮮。中日戰爭期間,幾乎所有日本士兵身上都帶著佛教或神道的護身符。我曾經見過許多由中國士兵從戰場撿回來的這種護身符。中國士兵

第三十二章　中國與日本─談敵我之短長

因為見得多了，就把這些護身符看作敵人裝備中必備的一部分，除了偶爾拿它們開開玩笑之外，並不拿它們當回事。

其次美國空軍與日本入侵飛機發生空戰之後，我曾經權充嚮導，領了一群美國官兵，乘吉普車經過好幾哩崎嶇的山路，去看一架被擊落墜毀的日本轟炸機殘骸。我們從飛行員的屍身上和口袋裡發現常見的佛教和神道的護身符，符上滿是血跡，且已為槍彈所洞穿。一位美軍上尉從日本飛行員屍體上撿出一塊布符，問我那是什麼。我告訴他那是符。

「那是做什麼用的？」上尉問道。

「求神佛保佑。」我回答說。

「不過，佛好像並沒有保佑他──」他翻過布符，想看看上面無法辨認的符號究竟說些什麼，說了一聲「我真不懂」，接著隨手把布符往地上一丟，就立刻把它忘了。中國人也像這位美國軍官一樣，對於這種刀槍不入的表徵始終一笑置之。世界各地人士也是如此。

那次空戰時，我曾經看到七架敵機冒著白煙迴旋下墜。其他的搜尋隊也從敵機殘骸中撿回許多類似的符籙，以及彈藥、地圖和科學圖表。這是中世紀迷信和現代科學一種奇怪的混合，但是日本人絕不以為那是迷信；一種存在於冥冥之中的神聖力量驅策著他們為國家奮鬥，神佛則隨時隨地在呵護他們，護符只是那種神聖力量的象徵而已。

香港陷落以後，有一對我很熟識的黃氏夫婦住在香港，他們很了解日本人的心理，當一位日本士兵進他們房子盤查時，他們就送了一尊佛像給他。這位日本兵由香港赴九龍時，所乘小船不意覆沒，船上乘客除他之外全體沒頂。他後來回來向黃氏夫婦道謝，因為他相信是那尊佛像救了他的命。但是按照中國人的想法，他之沒有被淹死，不過是運氣而已。

西潮

第七部　現代世界中的中國

　　世界人士對於日本人在戰時的宗教熱狂所知不多，因為日本人自己在他們的宣傳中很少提到它。但是在中國，現代科學卻已削弱了舊的信仰，而且成為使舊信仰解體的一個因素。在日本，現代科學反而成為神的一種有力武器，使日本在侵略戰爭中團結一致。這種由強烈的宗教性愛國心所形成的心理背景，終使日本軍閥無可理喻，使日本兵難於制服，使日本本身成為世界的一個威脅。這就是宗教熱狂與現代科學結合的結果。

　　任何國家有這一位瘋狂的鄰居都會頭痛。在過去60年的動亂時代裡，日本又豈僅使中國頭痛而已！

　　講到這裡，我們不得不責備從明治以來至戰事結束這一時代之日本歷史家，他們仰軍閥鼻息，無古太史之風。其中雖偶有若干史家，敢批軍閥逆鱗，但在環境逼迫之下，亦屬孤掌難鳴，遂使日本歷史成為神權迷信、軍權崇拜之護符。我就在碰見那老尼的同一天，在箱根的一家理髮店理髮。店主自稱其祖若父，曾在封建時代為將軍武士們束髮整容。幼時曾聽人們說，天皇的祖宗是中國人，從中國來的，這些話現在大家敢說了，以前沒有人敢說，說了要被殺頭的。可見這些天皇非神說，早在武士階級及民間流傳。他還有幾句有趣的話，我們可以在此作一插曲。他好蓄古錢，在他的小小蒐集裡，倒點綴了宋金明清四朝的銅錢，及相當時代的日本錢，他說日本錢是用日本銅在中國鑄的。最有趣味的是，把大正、昭和兩代的硬幣排列成行。中日戰爭開始以後，硬幣步步縮小，戰事愈久，錢縮得愈小，在最後一兩年間，縮小了幾等於鵝眼。他很幽默地指著說，這是代表「東亞共榮圈」的。從民間流傳的關於天皇源流故事看來，可以推想到日本歷史雖受軍閥之統制，而民間仍保存著乃祖若宗世代相傳之口史，為軍閥所不能毀滅者。

第三十二章　中國與日本—談敵我之短長

　　戰後因思想言論自由，近年來新出版的日本史是值得我們一讀的。昔韓宣子適魯，見易象與魯春秋，曰周禮盡在魯矣。讀日本最近出版之日本歷史並各種學術的書籍，幾乎使我與宣子有同樣的感嘆！

　　六七十年來，中國與日本所定的國策，同為富國強兵。日本所走的路線為資本主義與軍國主義，用資本主義所產生的財富來養兵，軍閥與財閥聯合操縱軍政大權，他們的權力超越一切黨派與學派。軍國主義與資本主義的日本，一戰而勝中國，再戰而勝帝俄，三戰橫衝直撞而轟炸到珍珠港。

　　中國為何想富國而國不富，想強兵而兵不強呢？

　　第一，內政問題。日本倒幕尊皇，政權統一已數十年。中國初則保皇革命，國是未定。繼則軍閥割據，全國擾攘。等到國民革命軍統一全國的時候，內則戰亂頻仍，外則日本侵略，內憂外患接踵而起，哪裡還談得到富國強兵呢？

　　第二，經濟思想問題。中國儒家「不患寡而患不均」的經濟思想，先天上已有不贊成資本主義的色彩，數十年來一般士大夫復頗有仰慕王安石統制經濟之傾向，故對西洋資本主義，雖不一定反對，卻不熱心擁護。這個事實，是誰也不能否定的。只以此而論，就可知道建設一個資本主義的社會是怎樣的不容易了。

　　第三，門戶開放問題。中國明清兩代均採鎖國主義。日本在德川時代亦採鎖國主義。19世紀之資本主義迫開了兩國之門，在中國稱之為通商，日本稱之為開國。然日本之開國發之於統一之政府，故全國一致而收實效。中國則此開彼閉，前迎後拒，步驟極不一致，故開國之實效未顯，而瓜分之禍兆已見。

　　以上對於中國與日本的比較，和對日本之批評，大部分是抗戰期間

西潮
第七部　現代世界中的中國

我在重慶所想到而記下來的。當全國被日軍蹂躪，千千萬萬人民在日軍鐵蹄下犧牲生命財產的期間，我這記錄似乎相當客觀和公平。這是出於儒家忠恕平衡的傳統觀念，而日本卻缺少了一個「恕」字。對日和約，中國主張維持日本皇室，放棄賠款要求，遣送全體俘虜返國，凡此種種，雖出於政治遠見，根本思想還是出於恕道。中國人民知道「不念舊惡」為維持和平的要道，所以這種和約，為全國人民所擁護。

停戰以後，我視察了好多日本俘虜營（湘西、漢口、南京等址），我未曾看見當地民眾對日俘有嘲笑或侮辱的舉動，使我感覺到中國人民度量的寬宏。

日本戰敗後十餘年，其國內思想頗有變動，有些地方和我們在戰前所見和戰時所論的頗有不同。如民主主義之抬頭，思想和言論之充分自由，神道迷信之漸趨薄弱，歷史之重史實而放棄傳統的虛偽，工業化之加速與產品的進步，學術研究之加速的發達，凡此種種，影響日本本身之將來與東亞之局勢者必甚大。

東歐之西德與遠東之日本，已居冷戰中重要地位。西德則站在西方民主陣線而為其重要的一環。日本則表面似傾向西方，而其內心則猶站在三岔路中，游移未定，親西方乎？中立乎？抑或傾向共產主義集團乎？現在日本各種不同之政見，歸納起來，不外乎此三點。這是日本的內心煩惱，亦是它本身的課題，而亦為西方民主集團的課題。

第三十三章　敵機轟炸中談中國文化

東方與西方不同，因為它們的文化不同。但是你仍舊可以找出東西文化之間的相似之點。無論兩種文化如何相似，不可能完全相同，每一文化的特點也必有異於他種文化。就西方而論，不同的文化特徵使德國人異於英國人，同時也使法國人不同於荷蘭人。但是他們之間仍有共通的特徵，這些特徵使西方國家在文化上結為一體，泛稱「西方文化」。這些特徵又使他們與東方各國顯出不同。因此，文化上的異同，不應該由表面上的類似之點來判斷，而應該由個別的基本特徵來論定。

在這一章裡，我們將從三方面來討論中國文化的特徵：（一）中國文化之吸收力。（二）道德與理智。（三）中國人的人情。

（一）中國文化之吸收力

大約 50 年前，當我還在學校唸書的時候，外國人和前進的中國人都常常說，中國很像一塊絕少吸收能力，甚至毫無吸收能力的岩石，那也就是說中國文化已經停滯不前，而且成為化石，因此中國已經變得無可救藥地保守。她一直我行我素，誰也不能使這位「支那人」改變分毫。

這種說法表面上似乎言之成理，但是結果卻證明完全錯誤。從五口通商開始，至 1894 年中日戰爭為止，中國似乎一直在抗拒西方影響。但是在以前的幾百年內，她曾經吸收了許多先後侵入她生活之中的外來東西。

在音樂方面，現在所謂的「國樂」，實際上多半是用起源於外國的樂器來彈奏的。胡琴、笛和七弦琴，都是幾百年前從土耳其斯坦傳入的。我們現在仍舊保留著中國的古琴，但是隻有極少數人能夠欣賞，至於能

第七部　現代世界中的中國

彈古琴的人就更少了。

從外國介紹到中國的食品更不計其數：西瓜、黃瓜、葡萄和胡椒是好幾百年前傳入中國的；甘薯、落花生、玉蜀黍則是最近幾百年傳入的；在最近的幾十年中，洋山芋、番茄、花菜、白菜和菫菜也傳入中國了。切成小塊，用醬油紅燒的西方牛排，也已經變為一道中國菜。鍋巴蝦仁加番茄汁更是一種新花樣。中菜筵席有時也要加上冰淇淋、咖啡和金山橙子。柑橘原是中國的土產，後來出洋赴美，在加利福尼亞經過園藝試驗家改良後，帶著新的頭銜又回到了本鄉，與中國留學生從美國大學帶著碩士、博士的頭銜學成歸國的情形差不多。中國柑橘還在很久很久以前傳到德國，想不到柑橘到了德國卻變成了蘋果，因為德國人把柑橘叫做「中國蘋果」。

凡是值得吸收的精神食糧或知識養分，不論來自何方，中國總是隨時準備歡迎的。明朝時，耶穌會教士把天文、數學和聖經傳到中國。大學士徐光啟，不但從他們學習天算，而且還信仰了天主，把他在上海徐家彙的住宅作為天主教活動中心。我們從耶穌會教士學到西方的天文學，有些人因此而成為天主教徒。五口通商以後，徐家彙天文臺一直是沿海航行的指標。

明末清初有位學者黃梨洲，他非常佩服耶穌會教士傳入的天文學。他曾說過這樣一句話，中國有許多學問因自己沒有好好地保存，所以有不少已經流到外國去了。他有一次告訴一位朋友說：「就天文學而論，我們與西方學者比起來，實在幼稚得很。」可見中國學者是如何虛懷若谷！

事實上正因為她有偉大的吸收能力，中國才能在幾千年的歷史過程中歷經滄桑而屹立不墜。世界上沒有任何文化能夠不隨時吸收外國因素而可維繫不墜。我想這是不必歷史家來證明的。西方各國文化間的相互

第三十三章　敵機轟炸中談中國文化

依存關係和相互影響，彰彰在人耳目，無庸爭辯。但是東方文化與西方文化間的相互作用卻比較不太明顯。劍橋大學的尼鄧教授曾經告訴我，火藥的膨脹性導致蒸汽機的發明，而儒家的性善學說則影響了法國大光明時代學派的思想。許多東西曾經悄無聲息地從東方流傳到西方。至於這些東西究竟是什麼，我想還是讓西洋人自己來告訴我們吧。

但是我們除了音樂、食物之類以外，並沒有經由西面和北面陸上邊界吸收其他的東西。這些區域裡的民族，所能提供的精神食糧事實上很少，因此我們轉而求諸印度。在藝術方面，中國的繪畫和建築都有佛教的影響，佛教思想在中國哲學方面更占著重要的地位，佛教經典甚至影響了中國文學的風格和辭藻。

在耶穌會教士到達中國之前好幾百年，中國人已經吸收了佛教的道德觀念，但是對佛教的超世哲學卻未加理睬。佛教傳入中國雖已有千百年的歷史，而且千千萬萬的佛教寺廟也占據著城市和山區的最好位置，但是佛教的基本哲學和宗教在中國人的思想裡仍然是陌生的。學者們對佛教保持友善或容忍的態度，一般老百姓把它當作中國的諸多宗教之一來崇拜。但是它始終還是外國的東西。在重實用的中國人看起來，佛教的超知識主義並無可用。超知識主義所以能在中國存在，是因為它含有道德教訓，同時遇到苦難的時候，可以作精神上的避風港。中國人只想把外國因素吸收進來充實自己的思想體系，但是他們絕不肯放棄自己的思想體系而完全向外國投降。

中國人憑藉容忍的美德，對於無法吸收的任何思想體系都有巧妙的應付辦法。他們先吸收一部分，讓餘留的部分與本國產物和平共存。因此億萬人口中的一部分就接納了外國的思想文化，成為佛教徒、回教徒，或基督教徒，大家和睦相處，互不干擾。

第七部　現代世界中的中國

中國歷史上最有趣味的兩件事,一件是關於道家思想的。我們把它劈成兩半。一半為老莊哲學,以此立身,為任自然而無為;以此治國為無為而治。另一半成為道教,起於東漢張道陵之五斗米道。流入特殊社會而成幫會,2,000年來,揭竿而起,改朝換代,都是與幫會有關係的。流入通俗社會則成道教。既拜神也拜佛,臺灣之「拜拜」即此。通俗所迷信之閻羅王,本為印度婆羅門教冥府之司獄吏,由佛教於無意中傳來中國而入了道教。至輪迴之說,入了道教而亦忘其來源矣。

第二件是把佛教也劈成兩半。宗教部分入了道教,哲學部分則合道家而入了儒家。老子之無為主義,湊合了佛家之無為主義,使佛學在中國思想系統裡生了根。故宋儒常把老佛並稱。

自宋以來之儒家,可以說沒有不涉獵道家哲學與佛學的。儒家之灑脫思想,實因受其影響而來。

中國之學人,以儒立身,以道處世,近年以來加上了一項以科學處事。美國本年六月分《幸福》雜誌,以幽默的口氣,謂臺灣有人對美國人說,臺灣的建設靠三子:一孔子,二老子,三鬼子。問什麼叫鬼子,則笑謂洋鬼子。

現在讓我們再回頭看一看過去50年間西方文化傳入中國的情形。在衣著方面過去30年間西化的趨勢最為顯著。呢帽和草帽已經取代舊式的帽子和頭巾。昔日電影中所看到的辮子已失去了蹤跡。女人都已燙了頭髮,短裙、絲襪和尼龍襪已使中國婦女有機會顯示她們的玉腿。女人的足更已經歷一次重大的革命,西式鞋子使她們放棄了幾千年來的纏足惡習,結果使她們的健康大為改善。健康的母親生育健康的子女,天足運動對於下一代的影響至為明顯。現代的兒童不但比從前的兒童健康,而且遠較活潑,不但行動比較迅速,心智也遠較敏銳。

第三十三章　敵機轟炸中談中國文化

在社交方面，男女可以自由交際，與過去授受不親的習俗適成強烈的對照。民法中規定，婚姻不必再由父母安排；青年男女成年以後，有權自行選擇對象。男女同校已經成為通例，男女分校倒成了例外。

在住的方面，一向左右屋基選擇的風水迷信已經漸為現代的建築理論所替代。在若干例項中，古代的藝術風格固然因其華麗或雄偉而保留了下來，但是大家首先考慮的還是陽光、空氣、便利、舒適、衛生等要件。現代房屋已經裝置抽水馬桶、洋瓷浴盆和暖氣設備。硬背椅子和硬板床已經漸為沙發及彈簧床墊所取代。

中國菜餚花樣繁多，因為我們隨時願意吸收外國成分。西菜比較簡單，我想主要是因為不大願意採用外國材料的緣故。不錯，茶是好幾世紀以前從中國傳入歐洲的。香料也是由東方傳去。哥倫布就是為了找尋到印度的通商捷徑而無意中發現新大陸的。有人告訴我，渥斯特郡辣醬油也是從中國醬油發展而來的。但是除此以外，西菜始終很少受東方的影響。美國的「雜碎」店固然數以萬計，而且美國人也很喜歡「雜碎」，但是除此以外，他們就很少知道別的中國菜了。

中國卻一直不斷地在吸收外國東西，有時候經過審慎選擇，有時候則不分皂白，亂學一氣──不但食物方面如此，就是衣著、建築、思想、風俗習慣等等也是如此。吸收的過程多半是不自覺的，很像一棵樹透過樹根從土壤吸收養分。吸收養分是成長中樹木的本能，否則它就不會再長大。

中國由新疆輸入外國文化並加吸收的過程很緩慢，千餘年來只點點滴滴地傳入了少許外國東西。因此她是逐步接受這些東西的，有時間慢慢加以消化，大體上這是一種不自覺的過程，因此並未改變中國文化的主流，很像磁石吸收鐵屑。鐵屑聚集在磁石上，但是磁石的位置並未改變。

第七部　現代世界中的中國

由華東沿海輸入的西方文化，卻是如潮湧至，奔騰澎湃，聲勢懾人；而且是在短短50年之內湧到的。西方文化在法國革命和工業革命之後正是盛極一時，要想吸收這種文化，真像一頓飯要吃下好幾天的食物。如果說中國還不至於脹得胃痛難熬，至少已有點感覺不舒服。因此中國一度非常討厭西方文化，她懼怕它，詛咒它，甚至踢翻飯桌，懊喪萬分地離席而去，結果發現飯菜仍從四面八方向她塞過來。中國對西方文化的反感，正像一個人吃得過飽而鬧胃痛以後對食物的反感。1898年的康梁維新運動，只是吃得過量的毛病；1900年的「義和團之亂」，則是一次嚴重而複雜的消化不良症，結果中國硬被拖上手術檯，由西醫來開刀，這些西醫就是八國聯軍。這次醫藥費相當可觀，共計四億五千萬兩銀子，而且她幾乎在這次手術中喪命。

張之洞「中學為體，西學為用」的主張，事實上也不過是說：健全的胃比它所接受的食物對健康更重要。因此中國很想穩步前進，不敢放步飛奔。但是西方文化的潮流卻不肯等她。西潮沖激著她的東海岸，氾濫了富庶的珠江流域和長江流域，並且很快瀰漫到黃河流域。雖然她最近鬧了一場嚴重的胃病，她也不得不再吃一點比較重要的食物。

到了1902年，胃口最佳的學生已為時代精神所沾染，革命成為新生的一代的口頭禪。他們革命的對象包括教育上的、政治上的、道德上的，以及知識上的各種傳統觀念和制度，過去遺留下來的一切，在這班青年人看起來不過是舊日文化的骸骨，毫無值得迷戀之處。他們如飢如渴地追求西方觀念，想藉此抵消傳統的各種影響。

五口通商後不久，中國即已建立兵工廠、碼頭、機器廠，和外語學校，翻譯了基本科學的書籍，而且派學生留學美國。因為她在抵抗西方列強的保衛戰中屢遭敗北，於是決定先行建立一支海軍。一支小型的海

第三十三章　敵機轟炸中談中國文化

軍倒是真的建立起來了,結果卻在1894年被日本所毀滅。日本是無法容忍中國有海軍的。

海軍既然建不成,中國就進一步進行政治、陸軍和教育上的改革。北京的滿清政府開始準備採取西方的立憲政制,建立了新的教育制度,組織了現代化的軍隊和警察,並且派遣了大批學生出洋留學。這可算是中國文化有史以來首次自覺地大規模吸收外國文明,其結果對往後國民生活發生了非常深遠的影響。

最重要的是教育上的改革,因為這些改革的計畫最完善,眼光最遠大,而且是針對新興一代而發的,傳統觀念對這班年輕人的影響最小。後來這班年齡相若的學生逐漸成長而在政府中掌握大權,他們又採取了更多的西洋方法,使較年輕的一代有更佳的機會吸收新的觀念思想。這年輕的一代接著握權以後,他們又進一步從事西化工作,更多的新措施也隨之介紹到政府、軍隊和學校等部門。因此新興的每一代都比前一代更現代化。

1919年北京的學生運動,北大教授所強調的科學和現代民主觀念,以及胡適教授所提倡的文學革命,只是自覺地致力吸收西方思想的開端,這種努力在過去只限於工業和政治方面。這次自覺的努力比較更接近中國文化的中心,同時中國文化史也隨之轉入新頁。因為中國正想藉此追上世界潮流。中國文化把羅盤指向西方以後,逐漸調整航線,以期適應西方文化的主流。在今後50年內,它在保持本身特點的同時,亦必將駛進世界未來文化共同的航道而前進。

到目前為止,中國已經從西化運動中獲得很多好處。婦女與男子享受同等的社會地位,享受結婚和再嫁的自由,並且解放纏足,這就是受到西方尊重婦女的影響而來的。西方醫藥也已阻遏了猖獗的時疫,麻醉

第七部 現代世界中的中國

藥的應用已使千萬病人在施行手術時免除痛苦。機器和發明已經改進了生產技術,對於人民的生活提供了重大的貢獻。現代作戰武器增加了殺傷的能力,因而也招致了更大的生命損失。現代科學已經拓寬了知識範圍;中國的歷史、哲學和文學的研究工作已採用了科學方法。大家一向信守不疑的迷信,也因科學真理的啟示而漸漸失勢。我們吸收西方思想的能力愈強,中國的文化亦將愈見豐富。中國的現代化工作愈廣泛徹底,則與中國國民生活結著不解緣的貧窮和疾病兩大禍患亦將隨之逐漸消滅。在這一方面,我認為現代化運動和西化運動,即使並非完全相同,也是不可分的,因為現代化運動肇始於西化,而且已經毫無間斷地向前邁進。中國無法取此而捨彼。

西方被迫現代化,多少有點像中國之被迫西化。現代發明浪潮所經之處,隨即改變了生產的方式,招致分配和控制的問題,並進而引起其他新的問題。人類必須適應日新月異的環境,進步就是由環境的不斷改變和人類適應新的環境產生的。你不妨看一看法國革命以後的歐洲情形,你或許會發現自從羅馬帝國以來,歐洲大陸在表面上幾無多大改變。但是你如果再仔細看看工業革命以後 50 年來的歐洲情形,你一定會發現許多顯著的變化。再隔 50 年之後,你又會發現整個歐洲大陸和美洲都已經遍布了鐵路網,一列列的火車則像千萬條蜈蚣爬行在鐵路上。煙囪高聳入雲的工廠像蜂房一樣集中在工業大城裡。裝載工業成品的輪船在港口穿梭進出,準備把工廠產品運送到世界的每一角落。

半世紀以前,這些輪船曾經把自來火、時辰鐘、洋油燈、玩具,以及其他實用和巧妙的外國貨帶到中國。我童年時代在安寧的鄉村裡就曾經玩過這些洋貨。我們天真而不自覺地吸收這些新鮮的玩藝兒,實際上正是一次大轉變的開端,這次轉變結果使中國步上現代化之途,同時

第三十三章　敵機轟炸中談中國文化

也經歷了相伴而生的苦難、擾攘、危險，以及舊中國恬靜生活的迅速消逝。

中國在此以前所吸收的外國東西，不論是自覺的或是不自覺的，都曾使人民生活更見充實豐富，而且並未導致任何紛擾。但是自從西方工業製品和思想制度傳入以後，麻煩就來了。正像現代的磺胺藥品，它們固然可以治病，但是有時候也會引起嚴重的副作用，甚至致人於死。中國所面臨的問題就是如何吸收西方文化而避免嚴重的副作用。此項工作有賴於實驗與科學研究，因為實驗和科學研究是推動心理、社會、工業各項建設的基本工具。不過這些工具仍然是西方的產物。

（二）道德與理智

我在加州大學倫理學班上初次讀到希臘哲學家的著作時，我開始覺得中國古代思想家始終囿於道德範圍之內，希臘哲學家則有敏銳深刻的理智。後來我讀了更多有關希臘生活和文化的書籍以後，更使我深信古代中國思想和古希臘思想之間，的確存在著這種鮮明的對照，同時我相信就是東西文化分道揚鑣的主要原因。這種說法也許過於武斷，但是據我後來的經驗來說，我並未發現有予以修正的必要，而且我至今仍如此深信不疑。

我從美國留學回來以後，曾不斷努力使國人了解發展理智的重要，無論是上課或寫作，我總是經常提到蘇格拉底、柏拉圖和亞里斯多德等名字，以致若干上海小報譏諷我是「滿口柏拉圖、亞里斯多德的人」。我發現並沒有多少人聽我這一套，結果只好自認失敗而放棄了這項工作，同時改變策略轉而鼓吹自然科學的研究。事實上這是一種先後倒置的辦法，我不再堅持讓大家先去看看源頭，反而引大家先去看看水流。他們

看到水流以後，自然而然會探本窮源。

有人曾經請教一位著名的中國科學家，為什麼中國未曾發展自然科學。他提出四個理由：第一，中國學者相信陰陽是宇宙中相輔相成的兩大原則。第二，他們相信金、木、水、火、土，五行是構成宇宙的五大要素，並把這種對物質世界的分析應用到人類生活以及醫藥方面。第三，中國人的粗枝大葉，不求甚解。這是精確計算的大敵。第四，中國學者不肯用手，鄙夷體力勞動。

這些很可能都是自然科學發展的障礙，但是即使沒有這些障礙，我也不相信自然科學就能發展起來，因為我們根本就沒有注意到這方面的工作。

我們中國人最感興趣的是實用東西。我在美國時常常發現，如果有人拿東西給美國人看，他們多半會說：「這很有趣呀！」碰到同樣情形時，中國人的反應卻多半是：「這有什麼用處？」這真是中國俗語所謂智者見智，仁者見仁。心理狀態的不同，所表現的興趣也就不同了。我們中國對一種東西的用途，比對這種東西的本身更感興趣。

中國思想對一切事物的觀察都以這些事物對人的關係為基礎，看它們有無道德上的應用價值，有無藝術價值，是否富於詩意，是否切合實用。古希臘的科學思想源於埃及與巴比倫。巴比倫的天文學和埃及的幾何學，和中國天文數學一樣，都以實際應用為目的。但是希臘學者具有重理知的特性，他們概括並簡化各種科學原則，希望由此求出這些科學的通理。這種追求通理的過程為天然律的發現鋪平了道路。

對希臘人而言，一共有兩個世界，即官覺世界與理性世界。官覺有時會弄玄虛；所以哲學家不能信賴他的官覺的印象，而必須發展他的理性。柏拉圖堅主研究幾何學，並不是為了幾何學的實際用途，而是想發

第三十三章　敵機轟炸中談中國文化

展思想的抽象力，並訓練心智使之能正確而活潑地思考。柏拉圖把思想的抽象力和正確的思考能力應用在倫理與政治上，結果奠定了西方社會哲學的基礎；亞里斯多德把它們應用在研究具體事物的真實性上，結果奠定了物質科學的基礎。

亞里斯多德相信由官覺所得知識的真實性。他並有驚人的分析的理智力，他的這種理智力幾乎在任何學問上都留有痕跡。他認為正確的知識不但需要正確地運用理性，同時也牽涉到官覺的正確運用；科學的進步則同時仰賴推理能力和觀察能力的發展。亞里斯多德從應用數學演繹出若干通則，研究與探討這些原則是一種心智的鍛鍊，他便由此訓練出一種有力而深刻的理智力。憑著這種訓練有素的理智力以及官覺的正確運用，他創造了一套成為現代化科學基礎的知識系統。使西方思想系統化的邏輯和知識理論，也同是這種理智鍛鍊的產物。

中國思想集中於倫理關係的發展上。我們之對天然律發生興趣，只是因為它們有時可以作為行為的準則。「四書」之一的《大學》曾經提出一套知識系統，告訴我們應該先從格物著手，然後才能致知。知識是心智發展的動力。

到此為止，我們所談的還是屬於知識方面的。討論再進一步以後，道德的意味就加強了。心智發展是修身的一部分，修身則是齊家的基礎。齊家而後方能治國，國治而後方能平天下。從格物致知到平天下恰恰形成一個完整的，非常實際的，道德上的理想體系。在中國人看起來，世界和平絕非夢想，而是實際的道德體系。因為國家的安定必然是與國際和平密切關聯的。離開此目標的任何知識都是次要的或無關痛癢的。

在這種學問態度之下，查問地球究竟繞日而行，抑或太陽繞地球而執行，原是無關痛癢的事。

第七部　現代世界中的中國

再說，我們何苦為沸水的膨脹而傷腦筋？瓦特實在太傻了！我們中國人倒是對沸水的嘶嘶聲更感興趣，因為這種聲音可以使我們聯想到煮茗待客的情調。那該多麼富於詩意！

蘋果落地是自然的道理，中國人可以在這件事情中找出道德意義。他們會說，一樣東西成熟了，自然就掉下來。因此，你如果好好地做一件事情，自然就會得到應有的結果，為此多傷腦筋毫無好處。如果你家花園裡的蘋果不是往地下落，而是往天上飛，那倒可能使中國人惴惴不安，認為老百姓即將遭逢劫難。彗星出現，或者其他習見情形失常，中國人就是如此解釋的。只有牛頓這種人才會從蘋果落地想到地心吸力上面去。

我一度鼓吹發展理智，結果徒勞無功，原因不言而喻。這些古希臘人物和他們的學說對中國有什麼用？在我們中國人的眼光裡，自然科學的價值只是因為它們能夠產生實際的用途。希臘哲學家離現代自然科學太遠了，他們還有些什麼實際用途呢？我們中國人對科學的用途是欣賞的，但是對為科學而科學的觀念卻不願領教。中國學者的座右銘就是「學以致用」。

在這樣的心理狀態之下，中國未能發展純粹科學是毫不足奇的，因為純粹科學是知識興趣的表現，而非實際應用的產物。我們曾經建造長城和運河，也曾建設偉大的水利工程；中國建築式樣的宏麗，我們的宮殿和廟宇，都曾獲得舉世人士的激賞。這些工程足與世界上最偉大的工程成就相提並論。但是它們並不是純粹科學的基礎上發展而來的。因此它們無論如何偉大，也沒有進一步發展的可能，直到現代工程技術輸入以後，才見轉機。如果沒有純粹科學，現代工程科學根本無法達到目前的巔峰狀態。中國人所發明的指南針和火藥曾使全世界普受其利，但是

第三十三章　敵機轟炸中談中國文化

發現火藥爆炸的膨脹原理，把這原理應用於沸水，並進而發明蒸汽機的，結果還是西洋人。

在中國，發明通常止於直接的實際用途。我們不像希臘人那樣肯在原理原則上探討；也不像現代歐洲人那樣設法從個別的發現中歸納出普遍的定律。現代歐洲人的這種習性是從古希臘繼承而來的，不過較諸希臘時代更進步而已。中國人一旦達到一件新發明的實用目的，就會馬上止步不前；因此中國科學的發展是孤立無援的，也沒有科學思想足為導向的明燈。科學發展在中國停滯不進，就是因為我們太重實際。

我並不是說中國人不根據邏輯思考，而是說他們的思想沒有受到精密的系統的訓練。這缺點已經反映在中國哲學、政治組織、社會組織，以及日常生活之中。世界其餘各地的人民普遍享受現代科學的光明和工業社會的福利以後，這種缺點在中國已經更見顯著。

除了重實際之外，我們中國人還充滿著強烈的道德觀念。也可以說正因為我們注重道德，我們才重實際。因為道德係指行為而言，行為則必然要憑實際結果來判斷。希臘人在物理學和形而上學方面曾有離奇的幻想和推測，但是我們對行為卻不可能有同樣的幻想和推測。

有時候我們也可能闖出重實際重道德的思想常規，但是我們一旦發覺離開倫理範圍太遠時，我們馬上就會收回心靈的觸角。宋代的朱子就曾有一次超越道德的範圍。他從山頂上發現的貝殼而推斷到山脈的成因。他認為山勢的起伏顯示千萬年以前的山脈一定是一種流體，山頂上的貝殼正可以證明，目前的山峰一度曾是深淵之底。至於這種流體何時凝結為山脈，如何凝結為山脈，以及海底如何突出水面而成高峰等等問題，他卻無法解答了。他的推斷也就到此為止，深恐冒險前進要栽筋斗。在朱子之前以及朱子之後都曾有過同樣的觀察自然的例子，但是中

國思想家在理論方面的探討一向是謹慎的,唯恐遠離倫理關係的範圍。

中國人當然不是缺乏理智的民族;但是他們的理智活動卻局限於道德與實用的範圍。他們像蠶一樣作繭自縛,自立智識活動的界限。他們深愛他們的道德之繭,而且安居不出。中國人的生活就是一種樂天知命的生活。中國哲學的目標是安定。求進步?算了吧——進步勢將招致對現狀的不滿,不滿現狀則會破壞安定,中國人很滿意現實世界,從來不想對大自然作深入的探討。中國未曾發展自然科學,只是因為她根本無意於此。

希臘人卻大不相同。亞里斯多德的思想可以上天入地,無遠弗屆。整個宇宙都是希臘理智活動的範圍。希臘人覺得運用理智,本身就是一種快樂。他們不管它是否切合實際,也不管它與道德倫理有沒有關係。據說古希臘數學家歐幾里得的一位學生曾經這樣問過老師:「我學這些東西能得到些什麼呢?」歐幾里得吩咐他的僕人說:「既然他一定要從所學的裡面得到些東西,你就給他六個銅板讓他走吧。」希臘人甚至對道德也發展了一套倫理學,以理智的研究來檢討道德的正確性。蘇格拉底就是因此而招致了麻煩,被控以危險的研究毒害青年的心靈。

自然科學之能發展到目前的階段,首先歸功於希臘人對大自然的觀念以及對有系統的智力訓練的愛好,中間經過文藝復興、宗教革命、法國革命,後來又受到工業革命的大刺激。工業革命使工具和技術逐漸改進。西歐在自然科學的後期發展中,從未忽視科學的實際用途。不斷的發明和發現更進一步刺激了科學研究。理論科學和應用科學齊頭並進,而相輔相成。

五口通商以後,現代科學開始涓涓滴滴地流傳到中國時,引起中國學者注意的還是科學的實用價值。他們建立了兵工廠和輪船碼頭。他們

第三十三章　敵機轟炸中談中國文化

附帶翻譯了基本科學的書籍。究竟是太陽繞地球執行或者是地球繞太陽執行，他們仍未感覺興趣。在他們看起來，那是無足輕重的，因為無論誰繞誰轉，對人都沒有實際的影響。三百多年前耶穌會教士把天文數學傳到中國時，學者們馬上發生興趣，因為這些科學可以糾正當時中國日曆上的許多錯誤。不但計算日子、月分、年分缺不得日曆，就是播種收穫，日曆也是不可或缺的。

20世紀初葉，進化論傳入中國。中國學者馬上發現它的實用的道德價值。應用「物競天擇，適者生存」這項天然律，他們得到一項結論，知道世界各國正在互相競爭以求生存，而且經過天擇之後只有適者才能生存。中國會不會是適者？她會不會生存呢？她必須競爭，為生存而競爭！進化論如需證據，只要看街頭大狗和小狗打架，小狗會被大狗咬死，小蟲碰到大蟲，小蟲會被大蟲吃掉的事實。俗語說：「大蟲吃小蟲，小蟲吃瞇瞇蟲。」這已經足夠證明「物競天擇，適者生存」的正確性了，又何必向達爾文討證據呢？他們就這樣輕易地為達爾文的科學研究披上了一件道德的外衣。下面就是他們道德化的結果，他們說：「弱肉強食。」中國既然是弱國，那就得當心被虎視眈眈的列強吃掉才行。

進化論的另一面則被應用於歷史上，照中國過去學者的歷史觀，世運是循環的。受了達爾文學說影響以後，他們相信世運是依直線進行的，不進則退，或者停住不動。這種歷史觀的轉變，對中國學者對進步這一觀念發生了重大的影響。

陰陽和五行等觀念顯然是從直接觀察大自然得來，拿這些觀念來理性化宇宙的變幻和人類的行為已經綽有餘裕。我們不必作精密的計算，更不必動手。我估計，中國學者如果有興趣從事體力勞動，他們寧願去製作實用的東西，或者美麗的藝術品，而不願在科學實驗室裡從事試驗。大家仍

舊只根據自己的興趣去思想，去行動。磁針永遠是指向磁極的。

這樣的心理狀態自然不是純粹科學的園地。不過中國已在慢慢地、不斷地改變她的態度，她已經從運用科學進而研究純粹科學，從純粹科學進而接觸到新的思想方法，最後終於切實修正了她的心理狀態。我們已經在道德宇宙的牆上開了一扇窗子，憑窗可以眺望長滿科學與發明果實的理智的宇宙。

這種心理狀態的改變已經使大自然有了新的價值，從此以後，大自然不再僅僅是道德家或詩人心目中的大自然，而且是純粹科學家心目中的大自然。對現代中國人而言，宇宙不僅是中國先賢聖哲心目中的道德宇宙，而且是古希臘人心目中的理智宇宙。

道德家觀察大自然的目的在於發現有利倫理道德的自然法則。科學家觀察大自然則是為了發現自然法則，滿足知識上的興趣，也就是為知識而求知識。中國所吸收的現代科學已經穿越她那道德宇宙的藩籬，近代中國學人正深入各處探求真理。他們的思想愈來愈大膽，像一隻小舟在浩瀚的海洋上揚帆前進搜尋祕密的寶藏。這種知識上的解放已經使年輕的一代對某些傳統觀念採取了批評的態度，對道德、政治和社會習俗予以嚴厲的檢討，其影響至為深遠。年紀較大的一代憂慮寧靜的道德樂園將被毀滅，惋嘆太平盛世漸成過去，年輕的一代則為建築新的知識之宮而竟日忙碌。

我想這就是西方對中國的最大貢獻。

在相反的一方面，把中國的學問加以整理研究，也可能對現代科學世界提供重大的貢獻，希臘人研究巴比倫和埃及科學的結果就是如此。近年來對中國建築、醫學和實用植物學的初步科學研究已經有了可喜的成績。

第三十三章　敵機轟炸中談中國文化

　　世界各國的文化奠基於不同的宇宙觀。中國人所想的是一個道德的宇宙，並以此為基礎而發展了他們的文化。希臘人所想的是一個理智的宇宙，也以此為基礎發展了他們的文化。今日歐洲人的道德觀念導源於基督教教義——一個上帝所啟示的道德的宇宙。但中國人的道德宇宙是自然法則所啟示的。基督徒努力想在地球上建立一個天國，中國人卻只想建立一個和平安定的王國。

　　中國道德觀念本諸自然，基督的道德觀念則本諸神權；在中國人看起來，神祇是大自然的一部分，在基督徒看起來，大自然卻是上帝所創造的。由此可見基督教教條與科學之間的矛盾必然是很嚴重的，西方歷史已經一再證明如此；科學與中國的道德觀念之間的矛盾卻比較緩和，因為二者的出發點都是大自然，所不同的只是發展的方向。

　　有人說過，基督教思想是天國的或神國的，中國思想是為人世的，希臘思想是不為人世的，換言之，即越出人世以外的。引導人類發現自然法則的就是這種超越人世的思想。自然法則是現代科學的基礎。有了現代科學，然後才有現代發明。這種不為人世的思想在科學上應用的結果，如果說未為世界帶來和平與安定，至少也已為世界帶來繁榮。

　　據我個人的看法，歐洲文化的發展過程就是基督教的道德宇宙與希臘的理智宇宙之間的一部鬥爭史。文藝復興、宗教革命和法國革命，都不過是長久淹沒在道德宇宙下的理智宇宙的重現而已，這些運動事實上只是同一潮流中的不同階段。最後工業革命爆發，理智宇宙經過幾百年的不斷發展，終於湧出水面，奔騰澎湃，橫掃全球。工業革命狂潮的前鋒，在我童年時代前後已經突然沖到中國；它沖破了我們的道德宇宙，破壞了我們的安定生活；《西潮》所講的正是這些故事。

　　道德宇宙不可能產生理智宇宙的果實，理智宇宙也不可能產生道德

宇宙的果實。科學之果只能在理智之園成長,在基督教教條或中國的道德觀念之下,不可能產生任何科學。

不錯,我們發現古時的墨子也有過科學思想,但是那只是他哲學體系中無關緊要的一部分,這些科學思想只是行星的衛星,墨子的哲學體系基本上仍舊是屬於道德方面的。

科學的發展有賴於人們全力以赴,需要對超越人世以外的真理持有夢寐以求的熱忱;並且有賴於不屈不撓無休無止的思維和不偏不倚的精神去探索真理;無論身心,均須不辭勞瘁,愈挫愈奮。換一句話說,科學是人的整個靈魂從事知識活動的結果。僅憑玩票的態度,或者偶爾探討大自然的奧祕,或者意態闌珊,不求甚解,絕不可能使人類榮獲科學的桂冠。

在現代科學影響之下,中國正在建立起一個新的道德體系。揚棄了迷信和那些對大自然似是而非的推斷,經過理智探究的考驗,並受到社會科學結論的支持,這些結論是根據對社會的實地調查而獲得的。

在另一方面,我們絕不可忘記中國舊的道德體系,這個舊體系是經過千百年長期的經驗和歷代不斷的努力而建立起來的,建立過程中所運用的方法或工具包括四書五經、一般文學、雕刻、音樂、家庭、戲劇、神佛、廟宇,甚至玩具,這個道德體系曾使中國人誠實可靠,使中國社會安定平靜,並使中國文化歷久不衰。道德觀念如忠、孝、仁、義、誠、信、中庸、謙沖、誠實等等,都曾對中國人的心情個性有過重大貢獻。現代科學所導致的知識上的忠實態度,自將使幾千年來道德教訓所產生的這些美德更為發揚光大。

一片新的知識園地將與新的道德觀念同時建立起來,以供新中國富於創造能力天才的發展。我們將在儒家知識系統的本幹上移接西方的科

學知識。儒家的知識系統從探究事物或大自然出發，而以人與人的關係為歸趨；西方的科學知識系統也同樣從探究事物或大自然出發，但以事物本身之間的相互關係為歸趨，發展的方向稍有不同。

道德宇宙與理智宇宙將和在西方一樣在中國平行並存，一個保持安定，一個促成進步。問題在於我們是否能覓得中庸之道。

(三) 中國人的人情

我們說，學以致用，那麼所謂「用」又是什麼呢？這裡有兩大原則：第一是有益於世道人心，第二是有益於國計民生。這是為世俗所熟知的，亦即《左傳》裡所說的「正德利用厚生」。這兩大原則是先賢聖哲幾千年來訓誨的總結，他們所說所論最後總是歸結到這兩點。學者們從先賢學到這些原則，然後又把所學傳播給老百姓。老百姓在這種影響之下已逐漸而不自覺地形成一種重常識與重人情的心理。他們根據上述兩大原則，隨時要問這樣東西有什麼用，那樣東西有什麼用。

輪船火車傳到中國時，大家都很願意搭乘，因為它們走得比較快。他們採用洋油燈，因為洋油燈比較亮。電話電報使消息傳遞更為便利，而且不像郵寄或者專差送遞那樣遲緩。有了鐘錶以後，可以不必看太陽就知道正確的時刻。大家購買西方貨品，因為它們能夠滿足日常生活中的實際需要。

傳教士到了中國以後，到處設立學校和醫院。中國人異口同聲地說：這些人真了不起啊，他們為患病者診療，又使貧窮的子弟受教育。當中國人上禮拜堂聽福音時，許多人的眼睛卻瞅在醫院和學校上面。他們的手裡雖然拿著《聖經》，眼睛卻偷偷地瞅著牧師從西方故鄉帶來的實用貨品。我父親與當地的一位牧師交了朋友，因為這位牧師替我們修好

西潮

第七部　現代世界中的中國

了抽水機,並且還送給我們咳嗽糖和金雞納霜。他非常誠實,而且對鄰居很客氣。最後一點非常重要,因為中國人不但實際,而且最重道德。那麼,他們所宣揚的宗教怎麼樣?哦,那是一個好宗教,它是勸人為善的。那麼,他們的上帝呢?哦,當然,當然。你說他們的上帝嗎?他是個好上帝呀。我們要把它與其他好神佛一齊供奉在廟宇裡。我們應崇拜它,在它的面前點起香燭。但是它不肯與你們的偶像並供在廟宇裡又怎麼辦呢?那麼,我們就給它也塑個偶像吧!不行,那怎麼可以?它是無所不能,無所不在的。上帝就在你身上,而不是在偶像上。哦,是的,是的。不過它不在我身上時,也許喜歡託身在偶像上呢。不,它住在天堂。是,是,我知道,其他神佛不也都是住在天上嗎?不過,他也許願意到下界來玩玩,拿廟宇作旅館暫住,那時候我們就可以在廟宇裡祭拜它了。不行,它是獨一無二的神——你崇拜它,就不能崇拜其他的神佛。

這可使中國人頗費躊躇了。最後他們說,好吧,你們崇拜你們的上帝,我們還是崇拜我們的神佛算了。「信者有,不信者無。」中國對宗教的包容並蓄,其故在此。

西方人所了解的現代法律觀念在中國尚未充分發展。中國人以為最好是不打官司。不必訴諸法律就能解決糾紛不是很好嗎?還是妥協算了!讓我們喝杯茶,請朋友評個理,事情不就完了?這樣可以不必費那麼多錢,不必那麼麻煩,而且也公平得多。打官司有什麼用?你常常可以在縣城附近的大路旁邊看到一些石碑,上面刻著「莫打官司」四個大字。

這或許就是中國人不重法律的原因。但是現代工商業發達以後,社會也跟著變得複雜了,處理複雜的社會關係的法律也成為必需的東西,

第三十三章　敵機轟炸中談中國文化

法律成為必需時，通達人情的中國人自將設法發展法律觀念。但是，如果能憑飲杯茶，評個理就解決事端，法院的負擔不是可以減輕了嗎？

「己所不欲，勿施於人。」批評家說這是消極的，「己之所欲，施之於人」才算積極。不錯，這說法很正確。但是中國人基於實際的考慮，還是寧願採取消極的作風。你也許喜歡大蒜，於是你就想強迫別人也吃大蒜，那是積極的作法。我也許覺得大蒜味道好，別人卻未必有同樣的感覺；他們也許像太太小姐怕老鼠一樣怕大蒜。如果你不愛好臭味沖天的大蒜，難道你會高興別人硬塞給你吃嗎？不，當然不。那麼，你又何必硬塞給別人呢？這是消極的，可是很聰明。因為堅持積極的辦法很可能惹出麻煩，消極的作風則可避免麻煩。

以直報怨，以德報德。自然，更高的理想應該是愛敵如己。但是歷史上究竟有多少人能愛敵如己呢？這似乎要把你的馬車趕上天邊的一顆星星，事實上，那是達不到的。以直報怨則是比較實際的想法。所以中國人寧捨理想而求實際。

音樂有沒有用處？當然很有用。它可以陶冶性情，可以移風易俗。

藝術有沒有用處？當然很有用。藝術可以培養人民的高尚情操，有益於世道人心。花卉草木、宮殿廟宇、山水名畫、詩詞歌賦、陶瓷鐘鼎、雕塑篆刻等等都足以啟發人的高尚情操。

一個人為什麼必須誠實呢？因為你如果不誠實，不可靠，人們就不會相信你，你在事業上和社交上也會因此失敗，不誠實是不合算的。誠實不但是美德，它的實際效果對人與人之間的關係也有很大的價值。

中國人愛好幽默。為什麼？因為幽默的話不會得罪人；而且你可從幽默中覓得無限的樂趣。你如果常常提些無傷大雅而有趣的建議，你一定可以與大家處得更好。幽默使朋友聚晤更覺融洽，使人生更富樂趣。

第七部　現代世界中的中國

有恆為成功之本。只要有恆心,鐵杵磨成針。

有一個夏天下午,杜威教授、胡適之先生和我三個人,在北平西山看到一隻屎蜣螂正在推著一個小小的泥團上山坡。它先用前腿來推,然後又用後腿,接著又改用邊腿。泥團一點一點往上滾,後來不知怎麼一來,泥團忽然滾回原地,屎蜣螂則緊攀在泥團上翻滾下坡。它又從頭做起,重新推著泥團上坡,但結果仍舊遭遇同樣的挫敗。它一次接一次地嘗試,但是一次接一次地失敗。適之先生和我都說,它的恆心毅力實在可佩。杜威教授卻說,它的毅力固然可嘉,它的愚蠢卻實在可憐。這真是智者見智,仁者見仁。同一東西卻有不同的兩面。這位傑出的哲學家是道地的西方子弟,他的兩位學生卻是道地的東方子弟。西方惋嘆屎蜣螂之缺乏智慧,東方則讚賞它之富於毅力。

中國人多半樂天知命。中國人如有粗茶淡飯足以果腹,有簡陋的房屋足以安身,有足夠的衣服可以禦寒,他就心滿意足了。這種安於儉樸生活的態度使中國億萬人民滿足而快樂,但是阻滯了中國的進步。除非中國能夠工業化,否則她無法使人民達到高度的物質繁榮。或許在今後的一段長時間內,她的億萬人民仍須安貧樂道。

中國人深愛大自然,這不是指探求自然法則方面的努力,而是指培養自然愛好者的詩意、美感或道德意識。月下徘徊,松下閒坐,靜聽溪水細語低吟,可以使人心神舒坦。觀春花之怒放感覺宇宙充滿了蓬勃的精神;見落葉之飄零則感覺衰景的淒涼。

中國人從大自然領悟到了人性的崇高。北京有一個天壇,是用白色大理石建造的,這個天壇就是昔日皇帝祭天之所。一個秋天的夜晚,萬里無雲,皓月當空,銀色的月光傾瀉在大理石的臺階上,同時也瀰漫了我四周的廣大空間。我站在天壇的中央,忽然之間我覺得自己已與天地

第三十三章 敵機轟炸中談中國文化

融而為一。

這次突然昇華的經驗使我了解中國人為什麼把天、地、人視為不可分的一體。他們因相信天、地、人三位一體，使日常生活中藐不足道的人升入莊嚴崇高的精神境界。茫無邊際的空間、燦爛的太陽、澄明的月亮、浩繁的星辰、蔥翠的樹木、時序的代謝、滋潤五穀的甘霖時雨、灌溉田地的江河溪澗、奔騰澎湃的海浪江潮、高接雲霄的重巒疊嶂，這一切的一切，都培養了人的崇高精神。人生於自然，亦養於自然；他從大自然學到好好做人的道德。大自然與人是二而為一的。

大自然這樣善良、仁慈、誠摯，而且慷慨，人既然是大自然不可分的一部分，人的本性必然也是善良、仁慈、誠摯，而且慷慨的。中國人的性善的信念就是由此而來。邪惡只是善良的本性墮落的結果。中國偉大的教育家和政治家始終信賴人的善良本性，就是這個緣故。偉大政治家如孫中山先生，偉大教育家如蔡子民先生，把任何人都看成好人，不管他是張三、李四，除非張三或李四確實證明是邪惡的。他們隨時準備饒恕別人的過錯，忘記別人的罪愆。他們的偉大和開明就在這裡。所以中國俗語說「宰相腹內可撐船」，又用「虛懷若谷」來形容學者的氣度。

大自然是中國的國師。她的道德觀念和她的一切文物都建築於大自然之上。中國文化既不足以控制自然，她只好追隨自然。中西之不同亦即在此。道德家和詩人的責任是追隨自然；科學家的責任則是控制自然。中國年輕一代在西方文明影響之下，已經開始轉變——從詩意的道德的自然欣賞轉變到科學的自然研究。中國此後將不單憑感覺和常識的觀察來了解自然，而且要憑理智的與科學的探討來了解自然。中國將會更真切地認識自然，更有效地控制自然，使國家臻於富強，使人民改善生活。

第七部　現代世界中的中國

　　有人以為科學會破壞自然的美感,其實未必如此。我現在一面握筆屬稿,一面抬頭眺望窗外,欣賞著花園中在雨後顯得特別清新的松樹和竹叢。在竹叢的外邊,我還可以看到長江平靜徐緩地在重慶山城旁邊流過。大自然的美感使我心曠神怡。但是我如果以植物學觀點來觀察樹木,我會想到它們細胞的生長,樹液的循環,但是這種想法並不至於破壞我的美感。如果我以地理學的觀點來看長江,我可能想到挾帶汙泥的江水之下的河床,億萬年之前,這河床或許只是一塊乾燥的陸地,也可能是深海之底。這些思想雖然在我腦海掠過,但是長江優美的印象卻始終保留在我心裡,甚至使我產生更豐富的聯想。如果說對於細胞作用的知識足以破壞一個人對松樹或竹叢的美感,那是不可想像的。我覺得科學的了解只有使大自然顯得更奇妙更美麗。

　　中國人因為熱愛大自然的美麗,同時感覺大自然力量之不可抗拒,心裡慢慢就形成了一種強烈的宿命論。無論人類如何努力,大自然不會改變它的途徑。因此,洪水和旱災都不是人力所能控制的,人們不得不聽任命運的擺布。既然命中注定如此,他們也就不妨把它看得輕鬆點。天命不可違,何必庸人自擾?我們發現中國的許多苦力也笑容滿面,原因在此。苦難是命中注定的,何不逆來順受?

　　抗戰期間,中國人民表現了無比的忍受艱難困苦的能力,祕密就在此。盡力而為之,其餘的聽天由命就是了。你最好樂天知命,秋天的明月、六月的微風、春天的花朵、冬天的白雪,一切等待你去欣賞,不論你是貧是富。

第三十四章　二次大戰期間看現代文化

　　現代文化肇始於歐洲；美國文化不過是歐洲文化的一支而已。中華文化是中華民族自己發展出來的，歷史悠久，而且品級很高。現代思潮從歐美湧到後，中國才開始現代化。在過去 50 年內，她已經逐漸蛻變而追上時代潮流，在蛻變過程中曾經遭受許多無可避免的苦難。中國已經身不由主地被西潮沖到現代世界之中了。

　　「現代文化」是個籠統的名詞。它可以給人許多不同的印象。它可以指更多更優良的作戰武器，使人類互相殘殺，直至大家死光為止。它也可以指更優越的生產方法，使更多的人能夠享受安適和奢華，達到更高的生活水準。現代文化也可以指同時促成現代戰爭和高級生活水準的科學和發明。它可以代表人類追求客觀真理，控制自然的慾望，也可以指動員資源和財富的交通建設和組織制度。對民主國家而言，它可以代表民主政治；對極權國家而言，它又可以代表極權政治。

　　這一切的一切，或者其中的任何一項，都可以叫現代文化 —— 至於究竟什麼最重要，或者什麼最標準，似乎沒有任何兩個人的意見會完全相同。那麼，在過去多災多難的 50 年中，中國究竟在做些什麼呢？她可以說一直在黑暗中摸索，有時候，她似乎已掉進陷阱，正像一隻蒼蠅被蜜糖引誘到滅亡之路。有時候，她又似乎是被一群武裝強盜所包圍，非逼她屈服不可。她自然不甘屈服，於是就設法弄到武器來自衛。總而言之，她一直在掙扎，在暗中摸索，最後發現了「西方文化」的亮光，這亮光裡有善也有惡，有禍也有福。

　　哪些是她應該努力吸收的善因，哪些又是她必須拒斥的禍根呢？這問題似乎沒有一致的結論，個人之間與團體之間都是如此。她所遭遇的

第七部　現代世界中的中國

禍患,也可能在後來證明竟是福祉。鴉片是列強用槍炮硬加到她身上的禍害,但是她卻因此而獲得現代科學的種子。在另一方面,她接納的福祉在後來卻又可能夾帶著意想不到的禍患。例如我們因為過分相信制度和組織,竟然忘記了人格和責任感的重要。因缺乏對這些品德的強調而使新制度新組織無法收效的例子已經屢見不鮮。

少數以剝削他人為生的人,生活水準確是提高了。汽車進口了,但是他們從來不設法自己製造。事實上要靠成千的農夫,每人生產幾百擔穀子,才能夠賺換一輛進口汽車的外匯。現代都市裡的電燈、無線電、抽水馬桶等等現代物質享受,也必須千千萬萬農夫的血汗來償付。我們以入超來提高生活水準,結果使國家愈來愈貧困。但是生活水準是必須提高的,因此而產生的禍害只有靠增加生產來補救。為了增加生產,我們必須利用科學耕種、農業機械和水利系統。

這種工作勢將引起其他新的問題。我們吃足了現代文化的苦頭,然而我們又必須接受更多的現代文化。我們如果一次吃得太多,結果就會完全吐出來。1900年的義和團之亂就是一個例子;如果我們吃得太少,卻又不夠營養。現代文化在中國所產生的影響就是這樣。無論如何,中國還是不得不跟著世界各國摸索前進。

西方在過去100年中,每一發明總是導致另一發明,一種思想必定引發另一種思想,一次進步之後接著必有另一次進步,一次繁榮必定導致另一次繁榮,一次戰爭之後必有另一次戰爭。唯有和平不會導致和平,繼和平而來的必是戰爭。這就是這個世界在現代文化下前進的情形。中國是否必須追隨世界其餘各國亦步亦趨呢?

大家都在擔憂發生第三次世界大戰,如果另一次大戰爭真地發生的話,很可能仍像第一次大戰一樣爆發於東歐和中歐,也可能像第二次大

第三十四章　二次大戰期間看現代文化

戰一樣爆發於中國的東三省。中歐的人民想在別處找個生存空間，至於中國的東北，則是別國人民想在那裡找生存空間。中歐是個人口稠密的區域，境內的紛擾很容易蔓延到其他區域；東三省則是遼闊的真空地帶，很容易招惹外來的紛擾。二者都可能是戰爭的導火線，戰爭如果真地發生，勢將再度牽涉整個世界，未來浩劫實不堪設想。

確保東方導火線不著火的責任，自然要落在中國的肩膀上。因此今後二三十年間，中國在政治、社會、經濟和工業各方面的發展，對於世界和平自將發生決定性的影響。一個強盛興旺的中國與西方列強合作之下，即使不能完全消弭戰爭的危機，至少也可以使戰爭危機大為減低。西方列強如能與中國合作，不但同盟國家均蒙其利，即對整個世界的和平亦大有裨益。西方國家在今後五六十年內至少應該協助中國發展天然資源，在今後 20 年內尤其需要協助中國進行經濟復員和社會重建的工作。

在西方潮流侵入中國以前，幾百年來的禍患可說完全導源於滿洲和蒙古。甲午中日戰爭之後，日本一躍而為世界強國，遂即與帝俄搶奪滿洲的控制權，終至觸發日俄之戰。日本處心積慮，想利用東三省作為征服全中國的跳板，結果發生「九一八事變」。如果唐朝滅亡以後的歷史發展能夠給我們一點教訓的話，我們就很有理由相信，東三省今後仍系中國的亂源，除非中國成為強大富足的國家，並且填補好滿洲的真空狀態。

在建立現代民主政治和工業的工作上，中國需要時間和有利的條件從事試驗。這些條件就是和平和安全。國內和平有賴於國家的統一。國家安全則有賴於國際間的了解。只有在東北成為和平中心時，中國才有安全可言。

我們必須從頭做起,設法把廣大的東北領土從戰亂之源轉化為和平的重鎮。在這件艱鉅的工作上,我希望全世界——尤其是美國、英國和蘇俄——能夠與中國合作。如果它們肯合作,這件工作自然會成功,那不但是中國之福,也是全世界之福。

　　1921年,我承上海市商會及各教育團體的推選,並受廣州中山先生所領導的國民黨政府的支持,曾以非官方觀察員身分列席華盛頓會議。翌年我又到歐洲訪問現代文化的發源地。那時剛是第一次世界大戰結束後不久,歐洲各國正忙於戰後復員,主要的戰勝國則忙於確保永久和平。但是當時似乎沒有一個國家意識到,實際上他們正在幫著散布下一次大戰的種子。

　　法國已經精疲力竭,渴望能有永久和平。它目不轉睛地監視著萊茵河彼岸,因為威脅它國家生存的危機就是從那裡來的。法國的防禦心理後來表現在馬奇諾防線上,它認為有了這道防線,就可以高枕無憂,不至於再受德國攻擊了。秦始皇(前259－前210年)築長城以禦韃靼,法國則築馬奇諾防線以抵禦德國的侵略。但是中國的禍患結果並非來自長城以外,而是發於長城之內,法國及其「固若金湯」的防線,命運亦復如是。

　　英國忙於歐洲的經濟復興,並在設法維持歐陸的均勢。戰敗的德國正在休養將息。帝俄已經覆亡。一種新的政治實驗正在地廣人眾的蘇俄進行。這就是第一次世界大戰後的歐洲政治情勢。

　　美國因為不願捲入歐洲紛擾的漩渦,已經從多事的歐陸撤退而召開華盛頓會議,九國公約就是在這次會議中簽訂的。此項公約取代了英日同盟。所謂山東問題,經過會外磋商後,亦告解決,日本對華的「二十一條」要求終於靜悄悄地被放進墳墓。巴黎和會中曾決定把青島贈

第三十四章　二次大戰期間看現代文化

送給日本,所謂山東問題就是因此而起的。中國人民對巴黎和會的憤慨終於觸發了學生運動,在中日關係上發生了深遠的影響,同時在此後20年間,對中國政治和文化上的發展也有莫大的影響。巴黎和會的決定使同情中國的美國政界人士也大傷腦筋,終至演化為棘手的政治問題。共和黨和民主黨都以打抱不平自任,承諾為中國伸雪因凡爾賽和約而遭受的冤抑。因此,美國固然從歐洲脫身,卻又捲入了太平洋的漩渦。20年後的珍珠港事變即種因於此。

美國雖然是國際聯盟的倡導者,結果卻並未參加國聯的實際活動;法國唯一的願望是避免糾紛,防禦心理瀰漫全國;英國的注意力集中在維持歐陸均勢上面;結果國際聯盟形同虛設。它只會唁唁狂吠卻從來不會咬人。但是會員本身無法解決的問題,還是一古腦兒往國際聯盟推,結果國聯就成了國際難題的垃圾堆。中國無法應付東北問題的困難時,也把這些難題推到國聯身上,因為日本是國聯的會員國。法國對瀋陽事變漠不關心,英國所關切的只是歐洲大陸的均勢,唯恐捲入遠東糾紛,因此國聯連向日本吠幾聲的膽量都沒有,結果只懶洋洋地打了幾個呵欠,如果說那是預設既成事實,未始不可。

國聯雖然一事無成,卻是一個很有價值的教訓。世界人士可以從它的失敗中學習如何策劃未來的和平。國聯誕生於美國之理想,結果因會員國間利益之衝突,以及列強間的野心而夭折。

凡爾賽和約訂立後約20年間,世局演變大致如此。由凡爾賽和約播下的戰爭種子在世界每一角落裡像野草一樣蔓生滋長,這些野草終於著火燃燒,火勢遍及全球。

但是政治究竟只是過眼雲煙,轉瞬即成歷史陳跡。恆久存在的根本問題是文化。我們無法否認歐洲已經發展了現代科學和民主制度,為人

第七部　現代世界中的中國

類帶來了許多幸福。

在我看起來，德國是個遍地是望遠鏡、顯微鏡和試驗管的國家。它的發明日新月異，突飛猛進。上海人甚至把高級舶來品統稱為「茄門貨」（德國貨）。德國人在物質發明上的確稱得起能手，但是在人事關係上卻碌碌無能。我想，這或許就是他們無法與其他國家和睦相處的原因。他們透過望遠鏡或顯微鏡看人，目光焦點不是太遠就是太近，因而無法了解人類的行為和情感。他們不可能把國際關係或人類情緒放到試管裡去觀察它們的反應。在人類活動的廣大領域裡，德國人常常抓不到人性的要點或缺點。他們已經發展了其他民族望塵莫及的特殊才智，但是欠缺常識。他們的特長使他們在科學上窮根究底，對世界提供了許多特殊的貢獻；但是他們在常識方面的欠缺，卻使德國和其他國家同受其害。

英國人剛剛與德國人相反。他們是個常識豐富的民族，也是應付人事關係的能手。他們對國際事務的看法以及有關的政策富於彈性和適應性。他們從來不讓繩子拉緊到要斷的程度。如果拉著繩子另一端的力量比較強，英國人就會放鬆一點免得繩子拉斷。如果拉著另一端的力量比較弱，英國人就會得寸進尺地把繩子拉過來，直至人家脫手為止。但是他們絕不會放棄自己拿著的這一端 —— 他們會堅持到底，不顧後果。在國際關係和殖民政策上，英國人的這種特性隨處可見。

英國人的特性中，除了彈性和適應性之外，同時還有容忍、中庸、體諒、公平以及妥協的精神。他們的見解從來不走極端，而且始終在努力了解別人的觀點，希望自己能因此遷就別人，或者使別人來接受他們自己的觀點。他們愛好言論自由和思想自由，憎惡無法適應不同情況的刻板規律。

英國的拘謹矜持幾乎到了冷酷的程度，這是英國人最受其他民族討

第三十四章　二次大戰期間看現代文化

厭的一種特性,而且常常因此引起猜疑誤會。這種特性使英國人喪失了許多朋友。但是當你對他們有較深的認識時,或者說當他們對你了解較深時,你就會願意與他們交朋友了。

這許多特性湊合在一起時,英國的民主政治才成為可能。因為民主不是抽象的東西,也不是天上掉下來的,民主政治包含著民主先進國家的所有特長。翻開英國的憲政史,你會發現其中充滿了偏執、迫害、腐敗和殘忍的史實。許多生命,包括一位君主,曾經為民主犧牲。英國實行民主的經驗的確值得我們好好研究。

不過,我們必須記住一項事實:英國的民主政治在聯合王國達成統一之後才迅速發展,美國的民主政治也是在南北戰爭之後才突飛猛進。歷史告訴我們:只有統一與安全同時並進時,有組織的民主政治才能實現。英國幸而是小島組成的王國,四圍有海洋保護著。在古代,外國侵入英國是不容易的,因此英國人得以永久安全,有足夠的時間從事民主實驗。在民主的孕育和實驗期間,英國的生存始終未受外來侵略的威脅。

美國的情形也很相似。北美大陸本身就是一個大島,周圍的海洋使它不受外來的侵略。從英國來的早期殖民者帶來愛好自由的種子,這些種子遂即滋長為自由大樹,海洋則保護了這些大樹,免受外來侵略者的斧斤之擾。經過約 100 年的發榮滋長,美國的民主已經根深蒂固,不但人事方面普遍進行實驗,即在物質方面也是如此,換一句話說,科學研究之風已吹遍美洲的每一角落。美國的民主固然由英國模型發展而來,美國的科學卻受德國之惠不淺。

美國的高等教育制度是英國學院和德國大學的混合體。打個比喻,美國的學術服裝是由一件英國袍子和一頂德國帽子湊合而成的。美國大

第七部　現代世界中的中國

學裡男女學生的友好相處，與交際自由，建立了自由研究的基礎。知識不受嚴格的管制，人與人的關係是經由學生團體的自由接觸而學到的，年輕一代的目光並未受到望遠鏡、顯微鏡或試驗管的局限，凡是有興趣的人都可以接受一種普遍文化的陶冶。

在大學部和研究院裡，美國學生普遍接受研究方法的訓練。德國學者的徹底精神普受讚許與提倡，但是這種徹底精神直到我進大學的時代才充分發揮。第一次世界大戰期間，中國舊國旗中的紅黃藍白黑五色一度只剩下黑白兩色。理由是德國顏料因戰事關係已經無法再輸入中國。紐約一位美國化學家告訴我，在德國，通常是好幾位專家共同研究一種顏料，在美國卻是一位化學家同時研究好幾種顏料。這是20多年前的事了，目前的情況已經有了改變，因為在過去二三十年間，美國人民已經深獲德國徹底精神的訣竅。

英國民主和德國精神在美國攜手並進，相得益彰。美國以其豐富的天然資源，強大的組織能力，以及對大規模建設的熱誠，已經一躍而登民主國家的首座。有一天，重慶的美國大使館舉行酒會，會中一位英國外交官對我說：「英國美國化了，俄國美國化了，中國也美國化了。」

「英國在哪一方面美國化了呢？」我問道。

「好萊塢電影就是一個例子。」他回答說。

「那麼俄國呢——你是不是指大工業？」

「是的。」

這使我聯想到中國的政治制度、教育制度、社會改革和工業發展，這一切都帶著濃厚的美國色彩。但是我並沒有忘記：中國也已使沖激著她海岸的汪洋染上了她自己的色彩。

第三十四章　二次大戰期間看現代文化

這位英國外交官用手指著綴有 48 顆星星的美國國旗,帶點幽默地轉身問站在他身邊的一位美國高級將領說:「這上面是六行星星,每行八顆。如果你們增加一個新的州時,你們預備怎麼安排?」

「呃,我想它們排成七行,每行七顆星就成了。但是你問這個幹什麼?你心裡所想的是哪一個新的州?」

「英格蘭。」這位外交官回答說。我們大家都笑了。這當然只是一個笑話,但是從笑話裡,我們可以看出時代的潮流。

昔日西方在東方爭取殖民地時,西方列強除了美國之外都曾或先或後地侵略過中國,甚至連葡萄牙也從廣東省咬走一小塊土地——澳門。美國取自中國的唯一東西是治外法權,但是美國所施於中國者實遠較其所取者為多。這些人人皆知的事實,用不到我浪費筆墨。現在美國與英國都已放棄了在華的治外法權,英國雖然仍舊保持香港,卻已交還了所有的租界。全世界雖然歷經戰爭慘禍,國際烏雲之中已經透露出一線曙光了。希望這一線曙光,在大戰勝利之後,能夠漸漸擴大而成為光芒萬丈的霽日。

美國已經決意參加未來的國際和平組織,它已經英勇地參加戰鬥,為永久和平而戰鬥。歷史上的一個新時代正在形成中。中、美、英、蘇俄如能合力謀求和平,再由一個有效的世界組織來維護和平,永久和平並非不可能的。

就中國而論,在未來 20 年或者 30 年裡,她尤須加倍努力,從事建設和復興。今後二三十年將是中國的興衰關頭。我們的努力能否成功,要看我們有無遠大眼光,有無領導人才,以及盟國與我們合作的程度而定。盟國與我們合作的程度,又要看我們國內的政治發展以及我們對國際投資所採取的政策而定。戰爭的破壞,敵騎的蹂躪,更使我們的復興

西潮

第七部　現代世界中的中國

工作倍形困難。

　　在另一方面，中國必須完成雙重的任務：第一是使她自己富強。第二是協力確保世界和平。在儒家的政治哲學裡，世界和平是最終的目的。中山先生根據儒家哲學，也把世界和平定為他的三民主義的目標。

　　我們如果能夠度過這二三十年的難關，自然就可以駕輕就熟，繼續進行更遠大的改革和建設，為中國創造輝煌的將來，到那時候，中國自然就有資格協助世界確保永久的和平了。

　　有許多地方，中國仍得向西方學習。自從唐朝覆亡以後，中國曾經一再被來自附近亞洲地區的異族所征服。唐亡以後中國文化的衰退，就是蠻夷戎狄不斷蹂躪中國的結果。異族一再入寇中原，加上饑饉、疾病和內亂，終使中國元氣衰竭，人民創造能力大為削弱。西方影響開始侵入中國時，正是中國文化陷於最低潮的時候。

　　現在我們中國人一提到唐朝文化，不禁眉飛色舞，心嚮往之，滿望能恢復舊日的光榮。唐朝的文化比起後來宋朝禁慾主義的文化要近人情得多。如果我們能從唐朝文化得到些靈感與鼓舞，也未始不是一件好事。從唐人的繪畫裡，我們深深讚嘆唐人體格的強健。唐朝的音樂、舞蹈、詩歌、繪畫和書法都有登峰造極的成就，後代少能望其項背。

　　但是中國要想回到歷史上的這個輝煌時代是不可能的。千百年來我們一直在努力恢復過去的光榮，但是我們的文化卻始終在走下坡。因為環境已經改變了。唐代文化賴以滋長的肥沃土壤，已經被歷代禍亂的浪潮沖刷殆盡，但是我們如果能避免重蹈唐代滅亡的覆轍，轉向在藝術、科學、軍事、政治、衛生、財富各方面均有高度成就的現代文明國家如美國等學習，我們或許會發現唐代的光榮將有重臨的一日。在維護和平的工作上，中國的職責將是相當重大的。中國的歷史上曾經有過不少次

第三十四章　二次大戰期間看現代文化

的戰爭，但是這些戰爭多半屬於國內革命的性質。對外的比較少，國內戰爭多半是被壓迫的農民和苦難人民反抗腐敗的政府所引起。至於對外戰爭，性質上也是防禦多於攻擊。中國受外國侵略者多，侵略外國者少，從築萬里長城的秦始皇開始，中國就一直希望能閉關自守，長城本身就是防禦心理的象徵。

孔子的忠孝、仁愛、信義、和平的教訓，和孟子的民主觀念，都使中國適於做一個不願欺凌其他民族的現代民主國家。中國在戰後必須強調的是現代科學和民主政治；科學方面應注重生產方法的應用，民主方面應強調國家的統一。科學和民主是現代進步國家的孿生工具，也是達成強盛、繁榮和持久和平的關鍵。

中國人民深通人情，特別注重待人接物的修養，生活思想習於民主，這一切都使中國具備現代民主國家的堅強基礎。我們在前面已經提到，中國的民主社會組織相當鬆泛。中國人對於個人自由的強烈愛好，並未能與現代社會意識齊頭並進。強烈的家族觀念已經阻滯了使個人結合為廣大團體的過程。不過這種褊狹的觀念正在迅速衰退；現代社團已經在大城市裡相繼出現；進一步工業化之後，家族關係自將愈來愈鬆弛，個人社會化的程度也將愈來愈深。

在知識方面，中國人看待事物的態度使她深通人情，但是也使她忽視概括與抽象的重要。她以詩人、藝術家和道德家的心情熱愛自然，因而胸懷寬大，心平氣和。但是這種對自然的愛好尚未推展到對自然法則的研究，人類要控制自然，必須靠這些法則作武器。以中國文化同化能力之強，她必定能慢慢地吸收西方在科學上的貢獻；以中國天然資源之富，人民智慧之高，科學的發展將使她前途呈現無限光明。物質文明發展之後，她的道德和藝術更將發揚光大；她的文學和哲學也將在現代邏

輯方法和科學思想影響下更見突出而有系統。

在這個初步的和平與繁榮的新基礎上，中國將可建立新的防衛力量來維護和平。只有戰鬥中的夥伴才有資格成為和平時期的夥伴。中國八年抗戰對世界和平的貢獻，已使舉世人士刮目相看。

現代科學，特別是發明和工業上的成就，將與中國的藝術寶藏和完美道德交織交融。一種新的文化正在形成，這種新文化對世界進步一定會提供重大的貢獻。

新 潮

■ 新潮

引言

　　這本書裡要講的是一個人、一個民族、一個時代的經驗。經驗是寶貴的；可是寶貴的經驗是付重大的代價買來的。個人的經驗如此，一個民族、一個國家、一個時代的經驗，也是如此。

　　鳥獸能把經驗傳給他們自己的兒女，可是影響本能的變化是很有限的。

　　小松鼠在秋天會跟著它們的父母挖地穴藏果物，小雞在老母雞的教導下懂得怎樣逃避在天空的飛鷹，這些知識固然是從仿效得來的，但大部分卻是本能的動作。

　　學習的「習」字解釋為「鳥數數飛」。不斷地學飛叫做習。「學」字含有原理的意思多，「習」字含有仿效的意思多，所以孔子說「學而時習之」，俗語通稱「學習」，是含有兩重意義的：一面根據思想而學，一面根據仿效而習。故人類的進步是靠學與習互動而行的。

　　學是學前人的經驗，習是習前人的榜樣。「以身作則」是說給人家可以練習的一個榜樣。「格物致知」是指示一條求學的道路，在事事物物裡求知識。

　　禽獸是靠本能生存的，而人類卻能學能習，並將學到的和習成的經驗傳給後代。

　　我寫這本書的用意，就是想把幾十年的經驗，傳給現代的青年和後代的兒孫。我們這一代所經驗的無限苦痛，希望可以為下一代的人們作指示和教訓：當避免的要避免，當保存的要保存，當改進的要改進，當

新潮

推翻的要推翻。

舊的忘不了，新的學不會，是我們過渡時代的人們的一個通病。左也不是，右也不是，中也不是，是人們的一種痛苦。

我們受了西方來的狂潮的激盪以後，國內一切思想制度都起了莫大的變化，勢如洪濤洶湧澎湃！我們叫這變化為「新潮」。

以前我用英文寫的一本書，名為《西潮》，是戰後在美國出版的，後來又在臺灣發行了中文版。《西潮》是寫由西方來的外力影響了內部的變動；《新潮》是寫內部自力的變動而形成了一股巨大潮流。雖然這種新潮的勃起，也可以說是受了西潮的激動，不過並不完全是受外來的影響，而是由內部自己發展起來的。「五四」前後北京大學學生羅家倫、傅斯年等發刊一本雜誌，也叫《新潮》，當時英文譯為「The Renaissance」，就是代表中國文化復興的意義。當然本書採用《新潮》為名，是受了那本雜誌的啟示的，而且這新潮之掀起，北京大學是很有關係的。

著者大半光陰，在北京大學度過，在職之年，但知謹守蔡校長餘緒，把學術自由的風氣，維持不墮。最近十餘年來，把「五四」運動所提倡的德先生（民主）與賽先生（科學）從象牙之塔的學府裡，移植於臺灣廣大的農村裡，而得顯著的實效，因此又得了不同的經驗。

著者現在且把這幾十年來在中國大陸和臺灣的前後的經驗寫出來，希望供青年們參考和抉擇。

青年們，不要想找萬靈丹啊！因為世界上是沒有服了能使百病消散的萬靈丹的。我們要眼看天、腳踏地，看得遠、站得穩，一步一步地前進、再前進！

第一章　轟轟烈烈的土地改革

　　中國自 1937 年始，經八年之長期抗戰，敵軍鐵騎所至，毀壞了廣大鄉村之生產組織，又因政府在西南、西北大後方區域內徵兵徵糧，窒息了人力和物力。戰事終了後數年，中美兩同盟國政府，想把蕭條而生產落後之中國農村，用近代科學方法，重新建設起來，於是合組了一個委員會，叫做中國農村復興聯合委員會，簡稱農復會。這個委員會的委員們，為了要了解農村的實際狀況和問題，便包了飛機，計劃了一個旅程，以南京為中心，分向全國各地作穿梭似的飛行。在考察的過程中，我們經常碰見我的學生來幫我們的忙。

　　有一次我們的包機臨時在漢中降落；漢中據漢水上游，是盆地中心，故物產豐富，昔漢高祖因之以成帝業。我們一時心血來潮，想在這裡推行農村建設工作。站在機場中矚目四望，但見阡陌縱橫，麥浪迎風，極視線而無際。當年諸葛亮便是屯軍於此，北伐中原的。

　　因為是臨時降落，事先未曾與當局接洽。正在徘徊之際，有一妙齡女郎迎面走來問我：

　　「校長，您為什麼到這裡來？」

　　「你是哪一位？我們要找胡宗南將軍。」

　　「我是您的學生，我們有好幾個同學在機場裡服務。聽說胡宗南將軍正在開軍事會議，今天恐怕找不到他。」

　　於是有幾位學生引導我們到一個小飯店。菜餚十分可口，餐後頗有齒頰留香之感。等到算帳的時候，胡將軍的副官已先付了帳，使那幾位學生因未做成東道主而大為掃興。

新潮

飯後即直飛蘭州，大家因目的未達，不免失望，以後胡將軍雖曾派代表來廣州請我們再去，但我們已鼓不起勇氣，婉辭謝絕了。

農復會的同仁們，尤其是美國的朋友們，覺得很奇怪，何以一個當過校長的人，有這麼多的學生，幾乎在全國各地的城市或鄉間到處都會碰到。

另一次在飛機上，一位美國朋友跟我開玩笑說：「你在天空裡難道還會碰見學生嗎？」

「那是不會有的了！」我回答。話未說完，有一位制服整潔，身材高大的飛行員，走來向我恭恭敬敬地行了一個軍禮，對著我叫了一聲「校長」。

「你是哪一位？」我問。

「我是您的學生啊！」他回答。

「你怎會在這裡？」

「我是副駕駛員。」

「你是幾時學了飛行的？」

「是很早以前，校長保送我學航空的。」

這時我可抖了，我就很自豪地對機內同仁們說：「你們瞧，幾十年苦校長不是白當的吧，苦有苦的報酬啊！」

談笑間，飛機已接近臺灣的上空了。

我們向窗外望去，但見海天一色，清波蕩漾，雲朵在晚霞中向後飛渡，使我不覺順口吟出李商隱的兩句詩：「夕陽無限好，只是近黃昏！」

因為當時大陸情形，已夠使人擔心了！

正在沉思的時候，在斜陽普照的一幅美景裡，松山機場已經在望。

第一章　轟轟烈烈的土地改革

映入眼簾的，一邊是叢林蓊鬱的山巒，一邊是阡陌縱橫的田疇。雖然眼前風景如畫，但當時我們所想的只是如何工作的問題。美麗的寶島風光，只有留待將來再欣賞了。

回溯抗戰初期，從臺灣松山機場起飛的日本木更津飛機隊，曾到杭州轟炸莧橋飛機場。他們派去五架轟炸機，卻沒有驅逐機保護。到了杭州以後，我們莧橋的防禦人員當即迎戰。五架敵機，竟打下了四架，另一架狼狽逃去，飛到紹興附近，終於墜毀。我曾經到那邊去看過，見到那跳傘降落的日本飛行員。我問他，他不肯說什麼。以後他才跟管理他的我方人員說了，當五架日機從臺灣起飛的時候，日方的司令官說：「杭州方面沒有高射炮，也沒有驅逐機，你們放膽去炸好了。」

這時見到當年日軍轟炸機基地的松山機場，不禁勾起我那段回憶；那時在杭州我還是第一次領教敵機轟炸的滋味，那恐怖的經驗，竟使我永生難忘。

下機後，便有省政府派來接我們的人上前寒暄，然後登車駛入市區。我坐的那一部車子裡，也有一位我以前的學生，他告訴我，這是省政府最好的一部汽車，專給我用的。他並很幽默地說：「這部汽車，是以前的省主席夫人的座車，我們把它保留起來，今天給校長坐。」我笑了笑說：「那位主席夫人是我的老朋友。」他聽了謙恭地一笑，也便不講什麼話了。

汽車不久便到了圓山橋附近的一個政府招待所，我們就在那裡安頓下來。當時已經有幾位農業人員等在那裡，報告臺灣農業的近況，並討論應該用什麼方法來推行工作。後來我們到省政府去見省主席陳辭修先生，我們對他說，農復會的工作方針是兩方面的，好像一把兩面快的劍，一面用之於社會，以推行公平的分配；一面則運用近代的科學方法

來增產。因為我們相信,只講生產而不講公平的分配,那麼增加生產以後,會使富者愈富,貧者愈貧,結果必會造成社會的糾紛,不但於事無補,恐怕對整個社會而論,反而有害。如果只講公平分配而不講生產呢?結果等於分貧或均貧,而不是均富。我們的目的是要均富,均富並不是說平均分配,而是公平分配,使大家得到合乎公道的一份,不是使人人得到大小一樣,輕重相等的一份。我們一方面講公道,一方面講生產,這就是我們的兩邊鋒利的一把寶劍。這個政策,經我代表農復會說明之後,辭修先生聽了非常贊成,說:「好啊,我們很歡迎。」

我們又說,公平分配最要緊的是土地改革,那便是耕者有其田。要講生產,就必須用近代的科學方法,否則生產量不會增加的。陳辭修先生說,他贊成這個辦法,當他任湖北省政府主席時,也曾經作過土地改革,收效很大。所以他也想在臺灣做。不過目前的臺灣百廢待舉,單憑他一個人與政府的力量,恐不易做到。經費既不夠,技術人才也不足,是不是農復會願意幫忙?我當時就代表農復會說:「只要省政府有推行土地改革的決心,農復會一定盡量幫忙。」主席說:「好,我們就這樣辦吧!」

經我們在全國好多地方視察之後,深覺最重要的首推水利問題。土地必須有水,才能生產。至於其他各種生產方法,當然也應注意:臺灣是亞熱帶地方,容易發生蟲害,而且傳布極速,應加強防治;還要注意肥料,改良舊品種,介紹新品種。不過,要增加生產,單靠技術和物質是不夠的,組織農民也是不能忽視的一件事。我們曾經派人調查過,臺灣有個日治時代留存的農會制度。不過這個農會掌握在地主手中,它的宗旨並非替農民謀福利,只是為以前的殖民政府在臺灣排程糧食供給日本之用,實際上那只是政府收購糧食的一個機關。我們建議把這種農會

第一章　轟轟烈烈的土地改革

改組，主席對我們的建議都很贊成。商討結果，決定一方面將農會改組為真正農民的農會；一方面推行耕者有其田的政策。關於生產方面，則著重水利建設，注意施肥，因為臺灣土地是沒有大陸肥沃的。其餘像防除病蟲害，改良品種，以及各式各樣的生產辦法，我們都詳盡地研究過，務求達到改善國民生活的目的。

離開省政府後，大家都覺得很愉快，感到這位省主席決斷力很大，看來他的行政經驗很豐富，我們可盡量和他合作，以推行土地改革和耕者有其田的計畫。

由於這幾個月的經驗，我們深知政府方面如沒有決心，那就什麼事也不能做。現在省主席既然有如此重大決心，我們對於在臺灣實行土地改革的計畫和統籌的農業計劃，都抱著很大的信心。

於是我們到各處調查了一下臺灣的情形，又看了幾個試驗場，並與農業界人士會談過，才乘飛機到了廈門。在鼓浪嶼一個西式的旅館裡，我們開會討論改進臺灣農業與推行土地改革的辦法。這時候我們的工作人員正在離廈門不遠的龍巖縣幫助土地改革的工作，已經有了相當的時間。據該縣出來的人以及我們派去視察的人說，那裡自土地改革以後，生產的能力增加了，農民的耕作興趣也提高了，社會上忽然繁榮起來。因為人民有了屬於自己的土地之後，都加倍努力耕作。農民們豐衣足食，顯得很高興，連土匪也沒有了，熙熙攘攘的，很太平。從這小地方看來，臺灣若能夠把土地改革辦成功，也會一樣的安定而富庶。目前臺灣農村的進步和農民的快樂，在當時的龍巖縣就已經看見具體而微的一部分；也因此增強了我們當時主張土地改革的信心，知道土地改革的政策，對國民的水準的確可以提高。

我們在鼓浪嶼開會後，正預備到龍巖去看一趟，在地方上發現「推

新潮

行偽土地改革者，殺，殺，殺！」的標語。因為我們是一個國際團體，不得不終止前去。經開會討論後，我們就飛往廣州，又轉飛成都，在那裡研究四川土地改革的問題。當時的省主席王陵基先生，對於這件事情，也相當熱心，贊成在那裡進行土地改革。臺灣做的是三七五減租，那兒做的是二五減租。二五減租與三七五減租，相差甚微。但今日臺灣所實行的耕者有其田政策，就比較減租還要進一步了。那時候會裡有兩種意見：一部分人主張非土地改革不能振興農村，還有一部分人卻不贊成用土地改革的方式來改良農村。彼此雖然並未公開辯論，但對於解決中國農村問題卻各有主張。至於美國委員方面的意見，似乎以為這個問題還是讓中國委員們自己決定為是，故未公開表示贊成與否。不過在談論之間，還是贊成土地改革的。中國委員們，雖然無人公開表示反對土地改革，但積極主張非如此不能復興農村的卻只有我們少數幾個人。大概這少數人在那時候的言論舉動過於積極，所以有一位委員在背後批評我們說：「唉，那些人發神經病了，一天到晚，只知道講土地改革。」後來在臺灣時，有人對我說，因為我在廣東中央政治會議中曾代表那少數人說過：「你們廣東地主們，現在不肯推行土地改革，將來不但你們的土地被奪去，連你們的頭也會被殺下來。」所以有某君批評我說：「糟了，這老頭兒也變了。」

這老頭兒的確是變了，他生長在擁有數百畝良田的小地主家庭裡，1928年的時候，他在浙江就跟在人家後面推行「二五」減租運動了。變了，時代變了。

我們少數人那樣瘋瘋癲癲的言論和舉動，畢竟感動了全體委員，都願合力來推動土地改革。於是我們就包了飛機，飛到重慶，謁見張岳軍長官請他幫忙。繼飛回成都，勸王陵基主席從速推行「二五」減租。

王主席慷慨地說：「好，我們就這樣做罷，我先把我所有的一千多畝田，實行『二五』減租，不過問題在某鉅公，他有好幾千畝田呢。」他想了一會兒，就繼續說道：「有法子了，我自己實行後，就對他說：我們先幹了，老兄請你照辦。不然，我就幫助你們的佃戶，向你要求減租。他現在沒有槍桿兒，不敢不贊成。」我們聽了這番話，心裡覺得好痛快。

有一天我們在四川鄉下，坐了幾頂轎子，視察農村情形。我和轎伕邊走邊談。四川人都健談，雖是販夫走卒，也不例外，這就是所謂擺龍門陣。當時我問他們：

「你們這裡減租了沒有？」

「哦，聽說有這回事，看見有告示，說要減租的。」

「減了沒有？」

「啊！先生，政府的話，哪裡靠得住？」

「要是真能減租，好不好？」

「那當然極好了！」

由於這一段短短的談話，足證一般農民是多麼擁護土地改革的政策！

到達目的地時，我的耳朵裡似乎充滿了人民微弱的呼聲──「那──好──極──了。」這使我立下了一個志願，一定要貫徹我們少數人的意志，把「二五」減租做成功。

於是我們留下一部分人在成都計劃減租的辦法。我則乘飛機自成都經桂林、廣州到香港，停了一晚，第二天便飛向臺灣。

那時臺灣的土地改革政策，已完成了立法的程序。陳主席對省議會說：「我一切事都聽從民意，唯有這『三七五』減租案及連帶的法案，務必請大家幫忙通過。」當然，握軍政大權的主席，說那些話，到底含有

幾分「先禮後兵」的意義。

　　於是，省議會果然好好地通過了主席的提案。十幾年後，回想起來，這個法案真正帶來了臺灣的安定與繁榮。

　　我在農復會臺灣辦事處，曾親自擬了一張電稿，給成都王主席。我記得稿裡有「吾兄當不讓辭修兄專美於前」的一句話。

　　這是一個「請將不如激將」的辦法。

　　第二天成都回電來了，其中有「一切當遵命辦理」的一句謙虛話。

　　天下事只有少數人肯發神經病，把一件事似瘋如狂地向前推進，終有達到目的的一天！

第二章　改革方案的施行

　　前面所說的土地改革的情形，足證少數人瘋狂似的熱忱，是促使一件事情成功的重要關鍵。但專靠熱忱仍舊不夠，還要明白所做的事與歷史的關係。歷史是無形的，看不見的。但它對個人、家庭、社會、國家都具有很大的影響力。所以我們要做一件事，尤其是比較重大的事情，一定要先弄清我們所負的使命是什麼，看清楚這點，才不致失之毫釐，謬以千里。

　　我們對本身所擔負的工作，先要有一種基本的看法，或者就應該根據一種基本的哲學。這就是全盤問題裡最重要的原則。這樣，不論工作或解決問題，均可循此原則進行。此外還要了解國際的大勢，能看清這一點，那麼你所做的一切，就不至於違反時代的精神。若反其道而行，就會和世界的趨勢扞格難通的。

　　我們還該知道本身所處的環境其要求是什麼？然後設法解決，而且要用科學的技術去解決它。誰都知道近世的進步與中古世紀的落後，其主因就是近世有科學技術。用科學技術，一兩個人在短時間內便可完成古代千百人耗費長時期才能完成的工作。所以東方的某些科學落後的國家，實應努力發展科學技術始能趕上時代！

　　除上述各點外，政府的態度，社會的輿論也是非常重要的。根據我這幾年做事的經驗，深感凡做一件事，如果得不到當局和社會上一般人的信任，即使成功，也是事倍功半的，反之必可事半功倍。這幾年來，臺灣農村建設的成功，這是一個主要的原因。

　　不過多產幾十噸米，多養幾百頭豬，多出口幾萬斤橘子等等是看得見的有形的成績；但在這些有形的成績後面，還有許多看不見但更重要

的因素,我將在這本書裡,時時予以說明。

　　1948年夏的一天早晨,我在南京紅十字總會辦公室裡辦公時,來了一個電話,要我親自接聽。我拿起聽筒先說道:「我是蔣某人,你是哪一位?」我講的是紹興國語。對方一聽我的紹興國語,便用他的寧波國語回答說:「這裡是委員長公館,委員長要請蔣先生中午來吃便飯。」紹興官話和寧波官話大致相似,所以這幾句話,彼此都聽得很清楚,知道沒有弄錯。到了12點鐘,我赴約前往。進了委員長公館,招呼客人的就領我到一間飯廳裡去。這裡是我很熟悉的地方,因為委員長常在此約我們吃飯的。當時我看到桌上有兩付碗筷,一個主座,一個客座,已經安排好了。不到幾秒鐘,委員長便走出來,說:「請坐,請坐,吃點便飯吧!」我就依言坐下去了。委員長接著說:「我有一件事情,要請你去擔任。」我問:「什麼事情啊?」他說:「現在有一個中美共同組織的開發農村的委員會,請你去擔任這個會的主任委員。」我說:「委員長,我現在正在辦行政院善後事業保管委員會,這個機構很大,凡是聯合國援助中國抗戰後期所剩下來的錢和物資,都由這個委員會處理,這已經夠忙了,而且都是關於工業方面的工作,範圍很大,從上海到成都,從北方到廣州都在其內。」委員長說:「這個我都知道,我要你擔任這個農村工作,就是因為你擔任工業工作的關係,農和工是不好分開的,我就是這個意思,你兩個工作都要擔任,這兩個工作不能分離的。」我也沒有客氣,就說:「委員長要我擔任,我就擔任了。」他說:「你有什麼意見沒有?」我當即回答:「我有點意見。」於是我說道:「農村建設如果不從改革土地著手,只是維持現狀,是不會成功的。」委員長點頭道:「對了,你有什麼辦法?」我說:「我希望劃出一個地區做試驗,實行土地改革。」委員長問我:「你要劃出什麼地方?」我說:「我想劃出無錫來,因為無

第二章　改革方案的施行

錫是一個已經半工業化的縣份,那個地方有資本家,有地主,而無錫的地主不一定靠土地生活,所以把他們的土地拿來做土地改革,他們也不至於激烈反對。」委員長馬上同意地說:「哦!那可以的。」我又補充道:「我指定無錫,還有一個理由,因為土地改革是要地主拿出土地來的,雖然無錫已相當工業化,但要地主們拿出土地來,總好像是與虎謀皮,不是容易辦到的事。那是可能要用兵力來打老虎。無錫與南京鄰近,容易派兵,將來我們試驗的時候,如果需用兵,不知委員長是不是可以派兵?」委員長果斷地說:「可以,要用兵的時候,當然派兵。好了,就這樣做吧!其餘的事情慢慢地想。你去負責任,要什麼人你去派,派了之後,你和行政院長商量好了,不必跟我說,我事情也忙,這件事情,就請你全權去辦吧。」

「全權去辦」這幾個字,今天回想起來,已經 12 年了。這 12 年之中,政府對於農復會的工作和一班負責工作的人,只有信任,沒有一點懷疑。所以我說,得到政府的信任,是最重要的事。假如政府不信任,不但土地改革的問題不能解決,其他一切事情也都會辦不通的。

讀前文,足證促成農村建設成功的幾個重要因素,其形成絕非偶然。我們參考著歷史,根據基本哲學,採用近代的科學技術,再適應著社會的環境,隨時隨地的研究,時時與政府保持聯繫,12 年來,沒有一天間斷過,鬆懈過。我在本書裡,不但要寫農復會在臺灣的工作情形,同時還追溯一部分過去的事。這樣寫法,才能使讀者明白我們工作的過程,以及農復會所負的使命。

農復會的基本哲學,前面已經說過,一方面要公平解決社會分配的問題,也就是所謂社會公道的問題;一方面要採用近代的科學技術來解決各種生產問題。我們從事農村工作的目的,是為大多數人謀幸福,而

不是為少數人謀利益。這個想法從何而來呢？這也是一個偶然的事。往往有好多偶然的事，會發展為一個時代的歷史。

1947年我在倫敦參加一個國際學會，有一天這會裡推舉兩個人出來說話，一個代表西方的，就是現在很有名的英國歷史家湯因比(Toynbee)；另一個代表東方說話的，他們推舉了我。湯因比當時說的話，我現在還記得。他把俄國與美國作了比較，說：「現在世界上有兩個問題，一個是社會公道的問題，換句話說，就是人民福利的問題；另一個是國防問題，也就是一個國家維持軍備的費用問題。這兩個問題常常互相衝突。如著重社會公道或社會福利，就得犧牲國防的經費。反之，如著重國防，就不能不犧牲多數人民的利益。」他並舉了兩個例子說：「一個是俄國，正在拚命地建設國防，所以不得不把人民的福利犧牲了，因此現在俄國的人民生活得很苦。可是美國就不同了，他們在大戰以後，便解散了龐大的軍隊，積極建設起各種公共事業，為大多數人民謀幸福，以徹底維持社會公道。」他又說：「現在這個世界好像一條沉下去的船，大家都想找一個比較安全的地方立足。」這個意思很明白，船沉了，哪裡都是不安全的。

湯因比講完後便讓我講。我開頭說，「如果世界像一條沉下去的船，那麼中國就正在這隻船的最不安全的一面。」我說這句話的時候，大家都很注意地聽著。這話是我偶然衝口說出來的，事前並未細想。不過記得離開南京的時候，有一次我和陳果夫先生談天時說過：「果夫先生啊！現在情形真不對了，這個政府要僵掉了，什麼事情也辦不通，我們要做一件事，真吃力啊！簡直推不動。在行政院兩年的經驗，我真夠苦了。我曾經和委員長說過，好多事情辦不通，僵極了。他問我為什麼僵極了，我一時又說不出來。只覺得僵得很厲害，簡直不能動了！」後來果夫先

生說:「唉!你這話是對的,我們大家再跟委員長去談談罷。」我說:「既然僵了,他也沒有辦法。不過我們再去談談,倒也不妨。」後來我即匆匆起程赴倫敦,並沒有找委員長再談過,但我心裡總想著如這個問題不能解決,就會影響整個中國的問題,這形成一團陰影,一直存在我的潛意識裡,所以當時輪到我說話的時候,便不自覺地衝口而出。

國防啊!社會公道啊!從此便常在我耳邊無聲地呼喊著,並不斷地提醒著我。以後我就把「社會公道」保留了,而將「國防」改為「科學技術」生產。但是我沒有把經過的原委向委員們說明。農復會的委員們接受了我的建議,遂定為農復會的基本政策——即一面講公平分配,一面講生產。

第三章　土地問題

　　土地問題是中國歷史上改朝換代最重要的一個原因。漢唐宋元明清歷代末期的變動，都是由農村問題引起的。最早的我不講它了，讓我從漢朝講起。

　　漢太學生賈誼有幾句話，說明當時土地與人民的關係。他說：「富者田連阡陌，貧者無立錐之地。」從這兩句話裡，可知當時田地都集中在豪富手裡，真正耕種的農民，反而一點土地都沒有。這種情形，到西漢末年尤為顯著。王莽知道情勢嚴重，便想把土地問題作個徹底的解決，於是擬定了一個土地政策，把天下所有的土地通通收歸國有。但這種土地國有政策很糟，無論是大地主、小地主，以及佃農，群起反對，不滿的情緒日益高漲，他們說我要地啊！土地被國家收去以後，人民全都沒有地，是不智之舉，所以後來人民終於起來反抗，結果造成了西漢末年的大亂。

　　後來到了北魏、唐，對於土地問題，有了一個相當好的解決辦法，那就是所謂授田辦法。一個人出生後，便授與一份田地，男女都有規定的數量。這樣暫時算解決了問題。但是等到人口增多，土地就不敷分配了，等到國家已沒有田再授給人民的時候，就只好讓人民自由去買賣，結果又回到「富者田連阡陌，貧者無立錐之地」的情況。

　　我出生於小地主家庭，家裡有幾百畝良田，雖然是祖宗積下來的，但是我們就靠祖宗的這點遺產不勞而獲，坐享其成。在這種土地制度之下，有些人弄點鴉片抽抽，有些人讀讀書，去參加科舉考試，有些人遊蕩著無所事事。社會裡有了一個不勞而獲的階級，就會造成人心的不平，又因要保存資本的安全，土地就變成一種資本，購買土地成了保存

第三章　土地問題

家產的一個最好辦法。

列代的叛亂以及朝代的改變，大都是因土地問題引起的。洪楊之亂時，洪秀全的太平軍有一個號召：「跟著來，大家有田了！」大家分到田，當然誰都高興，於是大家都跟了去。不過等到大局安定了以後，土地問題就不談了。這是什麼緣故？因為起初一般百姓為了得到土地，跟了去。等到打進了城，放肆的機會來了，女子玉帛，任由大家搶掠一番。一搶就糟了，這班鄉下來的人，從此再不肯回田間去了。他們心想，何必要種地呢，鄉下老婆又醜又笨，城裡人的老婆又美又伶俐，一搶就搶來了，只要當兵，女子玉帛都有了，還種什麼地。而且每次朝代換了之後，人口減少，好多人被殺掉，地也就足夠分配了。

據說，關於湖南湘繡的來歷，還有一段有趣的故事。我們知道刺繡中最講究的是江蘇的蘇繡。湘繡的得名是因戰事而來的。太平天國的時候，政府軍裡多半是湖南人，所以後來有所謂「無湘不成軍」的話。我們在大陸的時候，軍隊裡也是湖南人多。刺繡這東西，本來是蘇州人的特長，這班湖南人，脾氣憨憨的，怎會刺繡呢？但這是有道理的。當戰事結束，曾國藩把軍隊解散，這班三湘子弟也帶了搶來或娶去的蘇州老婆回去了。蘇州老婆到了湖南，把蘇繡傳開來，便成了湘繡。

譬如在浙江於潛、昌化兩地，在洪秀全戰亂以後，土地沒有人種。因為太平軍到浙江來，是從於潛、昌化進來的。沿路的農民，被太平軍擄的擄，殺的殺，以致過了好幾十年，人口還是不夠，土地因此也都荒廢了。那時候政府想了一個絕妙的辦法，就是以田地分配給犯罪的人作為刑罰。譬如一個人犯了罪，縣知事便判道：「好，你犯罪了，罰你領20畝地去。」這個鄉下人說：「大老爺！求求你開恩，給我領兩畝吧，我不要20畝啊！」大老爺說：「那麼你拿10畝去！」這現象我們一定覺得

很奇怪，為什麼給了田人家不要呢？殊不知這個田要用本錢去開闢的。試想一二十年沒有耕種過的田，已長滿了野草，要開闢當然是非常困難的，同時人民死於戰爭太多，能出勞力的人手不夠，何況有了田便要付稅，這個稅可受不了。土地問題本來是很複雜的，每次朝代變更之後，人們何以便把這個問題忘了呢？這是因為人口減少，本來要土地的人，好多已經死掉了。又等到太平若干年以後，人口日漸增多，土地的分配又發生了困難。所以農村問題，尤其是土地問題，永遠是中國禍亂循環的原因。

中山先生倡耕者有其田，就是看到歷史上這個重要問題的癥結所在，想要解決它。起初我不明白中山先生為什麼特別重視耕者有其田，後來我到廣東去工作才明白了。中國土地制度之壞莫過於中山縣。有一次我在廣州碰到孫哲生先生，我說：「哲生兄！你老太爺中山先生提倡耕者有其田，可是你們中山縣土地制度最壞了。普通的比較正常的辦法所謂『五五』，是地主得五成，佃農得五成。後來慢慢改為三七，地主得七成，佃農得三成，甚至一九都有，那就是地主得九成，佃農得一成。試問農民生活哪得不苦？他們住在茅屋裡邊，窮得連粥也沒得喝，幸虧中山縣漁產豐富，他們可以利用農閒時去捕魚，否則叫他們怎麼生活呢？」中山先生因為看見農民生活困苦，所以提倡耕者有其田，是有他的社會背景的。有一次中山先生問梁士詒先生：「燕蓀先生，袁項城贊成土地改革是什麼緣故？」梁士詒說：「那是當然的，因為北方土地生產力量差，而大多數農民都有他們自己的土地，所以人們認為耕者有其田是當然的。袁項城又怎麼會反對呢？」中國南方和北方的情形不同，當我們到陝西、甘肅去做工作的時候，知道這兩省本來就是耕者有其田，只有在南方土壤肥沃的地方，土地才成了買賣的商品和財富的資本。這

已經不只是吃飯的問題，而且變為資本問題了。南北不同，就在這個地方。所以我們推行耕者有其田，首先著重南方。

中山先生有生之年，迄無機會實現他的耕者有其田的理想，只留下了一個主張，那是民生主義裡最重要的一部分。中國第一次試驗此一政策是北伐成功以後，在浙江開始的，那是民國十八年。當年試行二五減租由省黨部和省政府聯合推行。減租的結果，民間的經濟，很快就繁榮起來了。我記得那一年過年的時候，爆竹聲似乎特別熱烈。農民吃得好，穿得漂亮，農村裡洋溢著一片歡樂。但僅在浙江一省進行試驗，當地的地主們當然不高興。其所以能夠推行，是因國民軍到達杭州以後，政府的權力有了後盾，所以省政府和省黨部決定要試辦二五減租，當時是沒有法定機關或民意機構可以反對的，像現在的臺灣，那就要經省議會通過了。那時是革命軍訓政時代，只要黨部與政府合作即可。所以一般地主即使要反對，也沒有辦法。不過他們心裡是不願意的，所以到後來，他們終於買通了職業凶手，把進行二五減租的一個領袖──沈玄廬刺死了。以後，二五減租雖還繼續了一段時期，但是糾紛愈來愈多。地主想出種種的辦法來阻撓，結果還是取消了。今天在臺灣已由三七五減租改為耕者有其田。在推行過程中，政府方面要是沒有相當的毅力是行不通的，我們在上面說過臺灣的土地改革，是由政府竭力主張，經省議會通過後才辦理的。而省議員們多是代表地主一方面的，所以要他們通過土地改革法案，不是一件容易的事。

抗戰期間，陳辭修先生任湖北省主席。因戰時有安定社會的需要，他就在湖北推行減租，眼看減租以後，民間的經濟狀況果然好轉起來了。經過這兩次試驗，並在前面說過龍巖的例項，證明減租確能夠使社會經濟繁榮，因此政府才決定在臺灣推行。若沒有湖北、浙江和龍巖的

前例,或許大家還不會有這樣的信心和熱心。

有一年美國最高法院的法官道格拉斯(Justice Douglas)到臺灣來研究土地改革實況。他曾問我臺灣實行土地改革有無困難?我說,要地主把地拿出來,當然經過了種種阻難。我們中國有一句俗話,所謂與虎謀皮,和老虎講價錢要它把皮剝下來,你想老虎肯嗎?後來我看見他所寫的一本書裡有一章叫做「與虎謀皮」,並未說出何人所講,只說是在臺灣時,聽到一個人說的。

有一年陳果夫先生在南京跟我說,他竭力主張要把南京城裡的地,尤其是現在還沒有造房子的地,通通由政府收購,來辦土地改革。等到開會時,他把計劃提出後,竟左右碰壁,大多數的人都不贊成。他不明白是什麼緣故,後來才知道南京的地,多半早被政府裡的大官用很便宜的價錢收買了。所以你要他們來通過他的計畫,當然是很困難的。我那時與陳果夫先生說:「果夫先生啊!南京的地是老虎皮,你要用強力,才能把老虎打倒,剝下它的皮啊!你跟老虎商量,要想通過剝虎皮的法案,那是辦不到的。」果夫先生說:「真的,起初我不懂,後來我才懂。」

1953年美國民主黨總統候選人史蒂文生(Mr. Adlai E. Stevenson)來臺灣,曾到農復會來討論土地改革和農業生產問題。我代表農復會,作三分鐘的致辭。在這短短時間內,要包括歡迎辭並說明建設農村的基本哲學。其意義與我們初到臺灣時省主席所講的大致相似。在此不妨譯出來重述一遍。當我寫講辭時,曾經仔細考慮過,在極短的時間內對外國上賓講話必須扼要中肯,精密簡明才好。後來史氏在美國講演或寫作,常常引用我這歡迎辭裡的話,譯文如下:

史蒂文生先生!

這是您第一次到自由中國麼?

（答「是」。）

但是我們對於您覺得有一種親密感，這親密感是以您在美國幾篇著名的講演中得來的。

您的講演，能把美國人民的理想人格化，並超越黨派，透過國界，將此宣示於全世界。

這種人格化的理想，如空谷傳音，撥動了千千萬萬人民的心弦。

我們希望您能在這裡的農復會裡，看見與您相等的精神，雖然看起來，不免渺小一點。

農復會的工作，是根據兩個基本原則：(一)社會的公道，換言之為公平分配。(二)物質的福利，換言之為增加生產。

我們要想把這兩者達成平衡的境界。單獨地只講社會公道或公平分配，其結果是均貧。反過來說，若只講生產，其結果會使富者更富，貧者仍貧，貧富懸隔的鴻溝因此更為加深。

土地改革，為講社會公道最要緊的工作。臺灣的土地改革，在今年（1953）年底可完成。土地問題，自漢代以來，就是循環不已的人民叛變之源。好幾個強大的朝代，為農民革命狂潮所捲去。

增產最基本的工作，是水利、肥料和病蟲害之防治。很謹慎地能把分配與生產配合起來，在世界這角落裡，是解決農村問題的一把鑰匙。

我們的眼看著天上的星，我們的腳踏著地下的草根，我們從農民那裡學習，不以我們的幻想去教農民。

我們的理想是很高的，我們的辦法是很切實際的。

史蒂文生先生，我們想您會贊成的。

■ 新潮

第四章　大後方的民眾生活

　　自從珍珠港事件發生後，中國大後方和淪陷區的一般民眾，都相信最後的勝利，必屬於我。日本不自量力，居然和美國打上了，其結果一定會失敗的，這是全國人民一致的看法。

　　人們都覺得很奇怪，為什麼日本人看不到這一點，難道他們自己不覺得那樣小的一個島國，就能夠打倒英美兩國聯軍的勢力？竟膽敢偷襲珍珠港呢？他們的理由是：如不把美國的海軍毀掉，日本遲早要吃虧的，與其那時候被他們打，不如現在先打他們。日本自明治維新以後，一方面採取了資本主義，一方面採取了帝國主義，雙管齊下，同時向國外發展。他們為了爭取國外市場和擴展國家的勢力，不擇手段，不顧信義地向他國侵略著，除非碰到強而有力的阻止，他們是不會停止的。這就是日本突襲珍珠港的原因。只是他們軍閥的眼光短淺，太高估自己的力量！

　　自19世紀的中葉，以迄20世紀的中葉，這100年的期間，西洋發展了一種資本主義。由於資本主義發展的結果，而造成了一種向外擴張的帝國主義。日本就是因為採取了資本主義與帝國主義，而成為一個強國。我們呢，也想照日本的維新辦法，富國強兵。日本用資本主義來發展產業，以充實國庫，然後再用以強兵。富國強兵是給他們做成功了。那麼我們呢？我們想富國，但是沒有富國之道。因為我們中國人向來的思想，尤其是儒家，是講不患寡而患不均，不主張私人資本主義。所以我們那個時候的富國政策，不是要發展私人資本，而是發展國家資本。如招商局、開灤煤礦，以及鐵道、銀行（如大清銀行）等，都是國營的，私人資本向來不受重視，而且政府時時在設法阻止它的發展。因為大家

第四章　大後方的民眾生活

相信個人資本的發達，會造成社會的不均的。這種思想實違背了 19 世紀發展工商業的基本條件 —— 私人資本主義。因為國家資本所經營的工商業，沒有同業間的競爭，則必然影響其進步與發達，國庫也就因而不豐，當然沒有錢來強兵。數十年來，我們一直希望國富兵強，而結果是國既愈搞愈窮，兵也愈養愈弱了。

珍珠港事件以後，大家都認為最後的勝利必屬於聯軍，但是在中國大陸和歐洲戰場，都還有一段艱苦的時間需要奮鬥。那時候，我剛接任紅十字會會長。由於職責的關係，我曾和一個學生，帶了許多美國紅會贈送的藥品，坐了一部美國紅會贈送的很漂亮的大救護車，到後方去視察紅十字會的工作。我們從昆明到貴陽，再到桂林，然後轉衡陽，再折回桂林，到湘西鎮遠，又回到貴陽，最後又到了重慶。因為我們紅十字會的總會在重慶，在那裡稍事勾留，即駛往昆明紅十字會的辦事處。由該地沿滇緬路西行，視察各地紅十字會的工作，到保山為止。在這幾個禮拜的視察途中，看到好多極其殘酷的事，使我心悸神傷，迄今難忘。

當時我是以紅十字會的會長資格，去視察各地壯丁收容所的。管收容所的人，見我帶了藥品，他們以為我是一位醫生，因為裡面生病的人很多，所以都讓我進去了。

在貴陽一個壯丁收容所裡，我曾經和廣州來的壯丁談話，我問：「你們從哪裡來的？」他們說：「廣東曲江來的。」「你們一共有多少人？」他們說：「我們從曲江動身的時候有 700 人，可是現在只剩下 17 個人了！」我說：「怎會只剩下 17 個人呢？是不是在路上逃跑了？」他們說：「先生，沒有人逃跑啊！老實說，能逃跑到哪裡去呢？路上好多地方荒涼極了，不但沒有東西吃，連水都沒有的喝。我們沿途來，根本沒有準備伙食，有的地方有的吃，吃一點；沒有吃的，就只好挨餓。可是路卻不能不走。

新潮

而且好多地方的水啊，喝了之後，就拉肚子。拉肚子，患痢疾，又沒有藥，所以沿途大部分人都死了。」聽了這些話，我不禁為之悚然！當時那 17 人中有幾個病了，有幾個仍患痢疾，我便找醫生給他們診治。照那情形看來，我相信他們的確沒有逃跑，像那荒涼的地方，不但沒有飯吃，喝的又是有傳染病菌的溪水，能逃到哪裡去呢！

我看到好多壯丁被繩子拴在營裡，為的是怕他們逃跑，簡直沒有絲毫行動的自由，動一動就得捱打了，至於吃的東西，更是少而粗劣，僅是維持活命，不令他們餓死而已。在這種殘酷的待遇下，好多壯丁還沒有到達前線就死亡了。那僥倖未死的一些壯丁在兵營裡受訓練，大多數東倒西歪地站也站不穩。這是因為長途跋涉，累乏過度，飲食又粗劣而不潔，體力已感不支，又因西南地方惡性瘧疾流行，因此一般壯丁的健康情形都差極了！

押送壯丁的人，對於壯丁的死亡，似毫無同情心，可能因為看得太多，感覺也就麻木了。

我在湘西、廣西的路上，屢次看見野狗爭食那些因死亡而被丟掉的壯丁屍體，它們常因搶奪一條新鮮的人腿，而紅著眼睛厲聲低吼，發出極其恐怖的叫聲，令人毛骨悚然！有的地方，壯丁們被埋起來，但埋得太草率，往往露出一條腿或一隻腳在地面上，有的似乎還在那邊抽搐著，可能還沒有完全死去，便給埋進去了！

在貴陽城外，有一塊壯丁經過的地方，因為棄屍太多，空氣裡充滿了濃烈的臭氣，令人窒息欲嘔。

有一天晚上，貴州馬場坪一個小市鎮裡，屋簷下的泥地上零零星星地躺著不少病倒的壯丁。我用手電筒向他們面部探照了一下，看見其中的一個奄奄一息。我問他怎樣了？他的眼睛微微睜開，向電光注視片

刻，只哼了一聲，便又閉上，大概從此就長眠了。

在雲南一平浪，我看見一班辦兵役的人，正在賭博。因為通貨膨脹的關係，輸贏的數目很大，大堆的鈔票放在桌上，大家賭得興高采烈，根本不管那些已瀕於死亡的壯丁。有一個垂死的壯丁在旁邊，一再要求：「給我一點水喝，我口渴啊！」辦事人非但不理，反而怒聲喝罵：「你滾開去，在這裡鬧什麼？」

我沿途看見的，都是這些殘酷悲慘令人憤慨的事。辦兵役的人這樣缺乏同情心，可以說到處可見。

有一天我看見幾百個人，手與手用繩子穿成一串，他們在山上，我們的車子在山下馳過。他們正在集體小便，好像天下雨，從屋簷流下來的水一樣；他們連大便也是集體行動，到時候如果大便不出，也非大便不可。若錯過這個機會，再要大便，是不許可的。

有好多話都是壯丁親口告訴我的。因為他們不防備我會報告政府，所以我到各兵營裡去，那些辦兵役的人都不曾注意我。

以我當時估計，在八年抗戰期內，未入軍隊而死亡的壯丁，其數不下1,400萬人。當然，曲江壯丁從700人死剩17個人，只是一個特殊的例子，不可作為常例。當時我曾將估計的數字向軍事高級長官們詢問意見，他們異口同聲地說：「只會多不會少。」可惜我把估計的方法忘記了。因為那時所根據的各項數字是軍事祕密，我沒有記錄下來。現在事過境遷，為保留史實計，我在這裡寫出來，反正不是官方的公文，只可作為野史的記載看。

我在赴滇緬路視察以前，曾飛往重慶一次，把預備好的一篇致軍事最高當局的函稿，面呈給陳辭修將軍看了。他長嘆了一聲說：「我把你的信遞上去吧。」我說：「不要，我自己會遞的，何必讓你得罪人呢？」

新潮

　　於是我親自將信送到軍事最高當局的收發室，取了收條，收藏起來。不料等了好久，迄無消息。我就去問辭修將軍他處有無消息，他說沒有。於是我們商量了一下，便去找陳布雷先生。布雷先生對此事也毫無所聞，但見許多查詢。他知道此事重要，就面詢軍事最高當局，有沒有看見紅十字會會長某某先生的信？答說沒有。查詢起來，此信還擱置在管軍事部門的祕書室裡。最高當局看了信以後，就帶一位極親信的人，跑到重慶某壯丁營裡，親自去調查。想不到調查的結果，完全證實了我的報告，於是把主持役政的某大員，交付軍事法庭。法庭不但查明瞭他的罪案，而且在他的住宅裡搜出了大量金條和煙土，於是依法把他判處死刑而槍斃了。

　　當我從滇緬路視察完畢回昆明後，因恐第一個報告不會發生作用，又預備好第二個視察報告，正準備再遞上去，杜聿明長官得到某大員被捕的消息，來通知我說：「你的報告已經發生效力，那位仁兄已被捕交給軍事法庭了。」於是我就把預備好的第二報告燒了。

　　過了幾天，軍政部長行了一角公文，送到紅十字會昆明辦事處來，內有最高軍事當局批示給軍政部長的話。現在我所記得的為：「役政辦法如此腐敗，某之罪也。但該部所司何事，腐敗一至於此，可嘆可嘆。」可笑的是，軍政部的報告中竟說某處患病壯丁，已送醫院治療；某處被狗吃過的壯丁屍體，已飭掩埋。這些話真是牛頭不對馬嘴，壯丁早已死了，而且那地方並無醫院，狗吃人肉早已吃完了，還要埋什麼呢？這真是「科員政治」的徹底表現了。

　　天下竟有這麼湊巧的事，戰後還都以前，內子陶曾谷先飛南京去找住房。經市政府介紹了一所大宅子，她走進去一打聽，才知道那正是被槍斃的那位仁兄的產業。我太太嚇了一跳，拔腳就走，陪去的人

莫名其妙，忙問其故，我太太說：「啊呀！這幢房子的原主要向我先生討命的呀！」

平心而論，兵役辦得這樣糟糕，並非完全由於人事關係。即使主持人認真辦理，好多缺點也沒法補救：交通梗阻，徒步遠行，體力消耗過甚；食物不夠，且不合衛生，易起疾病；飲水含微生物，飲之易致腹瀉；蚊子肆虐，瘧疾為災。凡此種種，苟無近代科學設施，雖有賢者負責，亦無重大改進之可能。後經中美當局之研究，從事有效之措施。其最大的改革，為分割槽設立若干小型飛機場，將附近若干里內之壯丁，集合於機場，飛往訓練中心。自各村落至機場，沿途設有招呼站、衛生所，供給飲食醫藥。果然，此制度實行後，壯丁在途中死亡者百中不過一二而已。

附：1941年7月作者任中國紅十字會總會長時一篇有關兵役狀況的原視察報告

夢麟此次視察桂湘紅十字會醫務工作，道經貴陽至獨山，計程230公里，再自貴陽至鎮遠，公路263公里，均東來壯丁必經之道。沿途所見落伍壯丁，骨瘦如柴，或臥病道旁奄奄一息；或狀若行屍，躑躅山道；或倒斃路旁，任犬大嚼。所見所聞，若隱蔽而不言，實有負鈞座之知遇。謹舉列上瀆，幸賜垂鑑：

（一）落伍壯丁手持竹杖，髮長而矗立，形容枯槁，均向東行，蓋其心必念家鄉也，沿途所見者十餘人。

（二）在馬場坪見一落伍壯丁，年約二十左右，病臥街旁，詢之，則以手劃地作「吾傷風」三字，問其自何來，曰：「宣化。」繼曰：「頭痛眼看不見。」遂囑同行醫生以藥物治之，並予以法幣10元。翌晨，見其已

能立起。同地又見落伍壯丁倒臥街旁，以電棒照之，但略舉目，已不能言語，翌晨死矣。

（三）在離龍裡縣城一華裡公路旁，午前10時左右，見一大黃狗在一死壯丁左臂大嚼。

（四）渝築路上桐梓縣，在寓所後面院子裡見壯丁百數人正在訓練中，面黃肌瘦，食時，見只給兩中碗。旁觀有中央軍校畢業之李上校嘆曰：「天哪！這種兵怎麼打仗？唉！辦兵役的人啊！」

（五）據黃平縣長云：「有一湘人挑布擔過重安江時，遇解送壯丁隊，被執，堅拒絕肯去，被毆死。即掩埋路旁，露一足，鄉人恐為犬所食，重埋之。湘人蘇，送縣署，詢之，得知其實。」

（六）黃平縣長檢得道旁臥病壯丁七人，送醫院治之，死其六，其餘一人病癒逸去。

（七）據馬場坪醫生云：「有湘人十餘人，挑布擔迤邐而行，近貴定縣，遇解送隊，數人被執，餘者逃入縣城報告。適一卡車至，持槍者擁湘人上車，向貴陽行駛。湘人賂之，被釋。方下車時，以槍擊斃之曰：彼輩乃逃兵也。」

（八）據鎮遠紅十字分會長云：「分會有掩埋隊，見有死而暴露者，有半死而活埋者，有將死而擊斃者。」

（九）韶關解來壯丁300，至築只剩270人。江西來1,800人，至築只剩150餘人。而此百餘人中，合格者僅及20%。龍潭區來1,000人，至築僅餘100餘人。以上所述，言之者有高級文武官吏醫生教員，所言大致相同。

（十）戰事起後數年中，據紅十字會醫生經驗，四壯丁中一逃一病一死，而合格入伍者，只四分之一，是為25%。以詢之統兵大員，咸謂大致如是。若以現在之例計之，恐不及10%矣。

第五章　中國文化

　　文化是個有生命的有機體,它會生長,會發展;也會衰老,會死亡。文化,如果能夠不斷吸收新的養分,經常保持新陳代謝的作用,則古舊的文化可以更新,即使衰老了,也還可以復興。

　　歷史上多少燦爛的文化,如巴比倫文化、迦太基文化、古埃及文化,在人類文化史上,都像曇花般一現就消歇了。但也有若干文化,綿延不斷,歷久彌新。其間盈虛消長,是值得我們深長思索的。

　　大凡文化的發展,有兩個重要的因素:一個是內在的,基於生活的需要。人類有種種生活的需要,為了滿足這些需要,不得不想種種方法來創造,來發明。這是促進文化發展的一個動力。另一個是外來的,基於環境的變遷。環境變遷多半是受外來的影響。這是因為四周環境改變了,為了適應新的環境,就不得不採取新的適應方法。人類如不能適應新的環境,就不能在這環境裡生存。我們從歷史上看,這兩個因素總是互動影響的。

　　中國文化是少數古文化現在還巍然屹立的一枝。它之所以能夠如此,就是因為能不斷吸收新的文化與適應新的環境。歷史上較早的較顯著的一個例子發生在戰國。

　　戰國時候的趙武靈王為了國家的生存,不管王公大臣和國內人民的反對,毅然採取了匈奴的服裝(胡服)和他們的騎射之術(騎在馬上射箭)。胡服和騎射都是外國的東西。他的叔叔公子成對此大表反對。他說:

　　臣聞中國者,聖賢之所教也,禮樂之所用也,遠方之所則效也;今王捨此,而襲遠方之服,變古之道,逆人之心。臣願王熟圖之也。

趙武靈王聽了這席話，便自己親自去向他叔叔說明。他說：

吾國東有齊、中山，北有燕、東胡，西有樓煩、秦、韓之邊；今無騎射之備，則何以守之哉。先時中山負齊之強兵，侵略吾地，繫累吾民，引水圍鄗，微社稷之神靈，則鄗幾於不守也。先君醜之。故寡人變服騎射，欲以備四境之難，報中山之怨。而叔順中國之俗，惡變服之名，以忘鄗事之醜，非寡人之所望也。

上面這段話，把公子成說服了。於是下令變服，習騎射。

胡服騎射的結果，中原出現了兩種東西：一種是褲子，一種是騎射。中國人向來不穿褲子，褲子是從胡人那面學來的。我們推想大概在打仗的時候，要騎在馬上射箭，沒有褲子不大方便。騎射在戰術上更是一個重大的改革。以前我們的箭是徒步的兵卒從地面發射的，也有站在戰車上發射的。自從胡人那兒學得了騎射以後，戰車便少用了，甚至於不用了。這是因為戰車太笨重，在中原平地，沒有山的地方，可以橫行，可以打仗。但趙國（現在的山西）境內多山，戰車在山裡無法使用，所以非採取騎射不能抵抗敵人。從此以後，戰爭的方法起了革命性的改變，也保障了中華民族的生存。

騎射引進以後，馬成了非常重要的一種工具，所以有「苜蓿隨天馬，葡萄逐漢臣」之句。漢武帝在宮外好幾千畝地裡種了苜蓿。天馬是指西域來的馬。阿拉伯古稱天方，從那邊來的馬稱天馬。馬要用苜蓿來飼養，所以要引進馬，同時還要引進苜蓿。這時戰車不用了，原來徒步的兵卒，現在已成了馬上的騎士。從此軍隊的活動範圍變得既廣且遠，運用也迅速了，因此戰術便整個變了。

雖然胡服騎射是外面來的，但進來以後，就慢慢地變成了我們自己的東西了。我們內部長期發展和適應的結果，到漢武帝時，中國已經繁

殖了不少的馬，戰術也變得高明了，所以能把匈奴逐出去。

漢武帝是一個雄才大略的國君，他一面發展中國的文化，同時發展軍略，改進戰術，文治武功，都極一時之盛。憑了新發展的戰術，引軍西向，把匈奴趕得遠遠的。歷史上說：「匈奴遠行，不知去向。」現在我們知道他們跑到歐洲去了，他們騷擾歐洲400多年，結果把羅馬帝國毀了。

所以外來的文化，如果能夠採取適當，並適應本國的環境，是能夠幫助解決本國問題的。進來之後，便成了我們自己文化的一部分。再經過相當時期的發展，便可以產生一種更高的新的文化。胡服騎射就是一個很好的例子。

外來的文化，固然可以刺激本國文化的發展；而本國的文化，受了外來的影響，也可以更適應環境。如果食而不化，便不會產生像漢代一樣燦爛的文化。所以最危險的事情是只以為我們自己的文化好，對外國來的瞧不上眼。這是很危險的事情，知識不夠識見近，往往患這種毛病。譬如最近義和團的事情，西太后以至於北方一班老先生，恨外國的文化，用中國義和團的符咒、刀槍想打外國人，結果一敗塗地。我們不是說外國來的都是好的。外國來的東西，如果不能適應中國的需要，當然不會採取。外國來的東西與中國有好處的，是拒絕不了的。

譬如我們的音樂，就是我們現在所稱的國樂，大都是從西域外國來的。如琵琶、胡琴、羌笛，好多樂器，都是外國來的。中國原來的音樂，只能在孔廟裡聽見。許多人都不知我們現在所稱的國樂，是受外國影響很大的。唐代的各種宮廷音樂，大都是西域來的。現在日本宮廷裡還代我們保存了一部分。我們中國人並不都是守舊的，我們一向很願意取人之長，補己之短。我們這民族能夠這樣長久存在，原因就是願意向外國學習。

第五章　中國文化

又譬如佛教，是從東漢時起，慢慢地進來的，到唐朝大盛。從東漢到宋朝（從 2 世紀到 11 世紀）經過八九百年的功夫，佛教變成了中國自己的思想，與中國原有的儒道兩家思想一直共存到現在。等到北宋的時候，宋儒起來了，宋儒是我們原有的儒家思想受佛教影響而產生的一種新思想。它把中國自己原有的思想改變了，所以近人把宋儒叫新儒學。

現在我們講新儒學。我們現在稱宋儒明儒之學為新儒學。新儒學有兩派：一派以中國原有思想為主，所受佛教思想影響較輕。這派叫做程朱學派。程指程顥、程頤兄弟，朱即朱熹。另一派以宋之陸象山、明之王陽明為領袖，所以稱為陸王派。這派受佛教思想較重，所含中國原來的思想較輕。我們至少可以這樣說，陸王派對外來的佛教思想與中國本來的儒家思想是並重的。兩派比較，則程朱一派較為側重儒家思想一些，這是兩派的分別。陸王一派到了明朝，佛教思想特別濃厚，這是受了禪宗思想的影響。陸王、程朱兩派彼此互相詆毀，互相傾軋。陸象山曾作詩譏諷朱熹，他說：「易簡工夫終久大，支離事業竟浮沉。」其實陸王與程朱兩派，都同受佛教影響，不過輕重之分而已。

明朝末期，西洋耶穌會士來了，他們一面傳布耶穌的教義，同時把西洋的科學也傳了進來。科學思想與科學方法的傳入，影響了清代的學風。有清一代，因為受科學的影響，考證之學便成了清代學術的中心。

近代西洋文化的輸入，初期是由日本轉譯而來，稍後才直接從西洋輸入。自西洋文化直接從歐洲輸入，中國文化就開始發生大變動了。這個大變動可以五口通商、割讓香港作起點。此後，外國的資本主義、帝國主義、殖民主義都一起洶湧地進來了。中國所受影響，也愈來愈厲害。1898 年戊戌政變，就是康有為和梁啟超想幫助光緒皇帝把中國徹底改革，實行西化。但因當時反動的力量太大，政變沒有成功。到 1900 年

新潮

（庚子年）的時候，忽然發生一項反西化的大反動——義和團之亂，他們想幫助清朝消滅外國人。所謂「扶清滅洋」，就是他們的口號。這事鬧下了很大的亂子。從此以後，中國的國勢，便一天不如一天了。

日本人趁這個機會，用西洋文化來打我們。起初是甲午戰爭，我們被打敗以後，便把臺灣割讓給日本。此後日本又繼續不斷向中國侵略。到第一次歐戰時，日本人的侵略特別變本加厲，「二十一條」條件就是在這時候提出來的。後來凡爾賽和會想把青島讓給日本，消息傳來，國內大表反對，學生反對得尤其厲害。這是一次純粹的愛國運動。由這次愛國運動，匯出了一次要求文化改革與社會改革的五四運動。五四運動之後，中國的思想，便起了絕大的變動。日本人一連串的侵略，我們一連串的抵抗。後來革命軍北伐，國民政府成立，與日本的衝突愈大，到1937年，日本開始大規模進軍侵略我們。等到襲擊珍珠港的時候，日本人把世界各國都打上了。一直等到中國八年血戰，才在同盟國共同協力下，把這遠東侵略國家打敗。

所謂中華民族，本來由中國境內的各民族混合而成的。先秦記載，就有東夷西戎南蠻北狄之稱。東部地方居住的叫夷，西部的叫戎，南部的叫蠻，北部的叫狄。這是我們歷史上常常看見的名字，所謂蠻夷，所謂戎狄，都是外國人的通稱。這種民族，不但散居我們國境四周，而且還雜處在我們國境之內。所以在這種狀況之下，我們只能以文化為中心，來教育他們同化他們。春秋時候，所謂「諸夏而夷狄者則夷狄之，夷狄而諸夏者則諸夏之」，就是這個意思。所謂夷狄，所謂諸夏，不是種族的差別，只是文化的異同。夷狄而接受諸夏文化的，則夷狄也是諸夏，諸夏而採取夷狄文化的，則諸夏也變為夷狄了。夷夏之分，本來如此。後來內部慢慢統一，就成了一個華夏大民族，一個中國統一的民族。

第五章　中國文化

所謂東夷、西戎、南蠻、北狄等稱謂，是我們初期歷史對外來民族的通稱。到了漢朝，凡從外國來的就叫胡，或稱夷了。到了唐朝，外面來的就叫做番了。所以我們常常稱自己為漢人，稱外國人為夷人。唐朝時自己稱唐人，稱外國為番子。後來我們把自己的國土稱中國，旁的國家稱外國。所以胡與漢，唐與番，中與外，都是中國與外國之別。

這些夷狄與中國本土民族相接觸，外來的文化與原有的文化因接觸而彼此吸收。外國文化，經過中國吸收，便變為中國文化了。我們前面講趙武靈王吸收胡人的戰術，胡人的騎射，到了漢朝便發展成功為一種新的戰術。到了唐朝，吸收印度的文化，不但是佛教，還有從佛教帶來的美術。印度美術含有希臘的成分，這是亞歷山大（Alexander）征服印度邊境時帶來的。中國美術，尤其是雕刻內容都深受影響的。外來文化的進入有兩個途徑，其一是由衝突與戰爭而進來的，其一是由和平的交往而進來的。因為戰鬥而進來的像胡服騎射，因為文化交往而進來的像佛教、希臘的美術。中國吸收了外國文化以後，經過一個時期的融合，就成了中國文化了。中國文化受它的影響，從此發出光明燦爛的新的文化出來，在歷史上斑斑可考。所以中華民族是吸收外來文化的民族，不是拒絕外來文化的民族。這是我們大家要知道的。能夠吸收外來的文化，吸收得適當，而且能夠把它適應於中國，這是中國文化進步的一個重要的關鍵。

以前我寫過《西潮》，那是講外來的文化，所予我們中國的影響。現在我在這本《新潮》裡，要講的是中國文化因受外來文化的影響，自己所生的種種變化。我們從歷史上知道每次外來文化輸入以後，經過相當時間，一定會產生一種新的文化，這就是進步。

西潮與新潮：

從清末動盪、民國分裂到抗戰歲月，蔣夢麟筆下的中國如何走向民族復興之路

作　　　者：蔣夢麟	**國家圖書館出版品預行編目資料**
發　行　人：黃振庭	
出　版　者：複刻文化事業有限公司	西潮與新潮：從清末動盪、民國分裂到抗戰歲月，蔣夢麟筆下的中國如何走向民族復興之路 / 蔣夢麟 著. -- 第一版 . -- 臺北市：複刻文化事業有限公司 , 2024.12
發　行　者：崧燁文化事業有限公司	
E-mail：sonbookservice@gmail.com	
粉　絲　頁：https://www.facebook.com/sonbookss/	面；　公分
網　　　址：https://sonbook.net/	POD 版
地　　　址：台北市中正區重慶南路一段 61 號 8 樓	ISBN 978-626-7620-20-5(平裝)
8F., No.61, Sec. 1, Chongqing S. Rd., Zhongzheng Dist., Taipei City 100, Taiwan	1.CST: 回憶錄
	782.886　　　　113018693

電　　　話：(02)2370-3310
傳　　　真：(02)2388-1990
印　　　刷：京峯數位服務有限公司
律師顧問：廣華律師事務所 張珮琦律師
定　　　價：450 元
發行日期：2024 年 12 月第一版
◎本書以 POD 印製
Design Assets from Freepik.com

電子書購買

爽讀 APP　　　　臉書